# The Transformation of Media Giants

# 传媒巨轮如何转向

## 移动互联网时代的国际传媒集团

张咏华　曾海芳　柯文浩　刘鑫　郭玲◎著

南方日报出版社
NANFANG DAILY PRESS
中国·广州

## 图书在版编目（CIP）数据

传媒巨轮如何转向：移动互联网时代的国际传媒集团/ 张咏华，曾海芳，柯文浩，刘鑫，郭玲著. -- 广州 : 南方日报出版社，2014.1
ISBN 978-7-5491-0930-2

Ⅰ. ①传… Ⅱ. ①张… ②曾… ③柯… ④刘… ⑤郭… Ⅲ. ①报社－企业集团－企业管理－研究－美国－现代 Ⅳ. ①G219.712

中国版本图书馆 CIP 数据核字(2014)第 008123 号

CHUANMEI JULUN RUHE ZHUANXIANG
**传媒巨轮如何转向**——移动互联网时代的国际传媒集团

作　　者：张咏华 曾海芳 柯文浩 刘鑫 郭玲
出版发行：南方日报出版社
地　　址：广州市广州大道中 289 号
电　　话：（020）83000502
经　　销：全国新华书店
印　　刷：广州市怡升印刷有限公司
开　　本：16 开
印　　张：15.75
字　　数：300 千字
版　　次：2014 年 1 月第一版
印　　次：2014 年 1 月第一次印刷
定　　价：38.00 元

投稿热线：（020）83000503　读者热线：（020）83000502
网址：http://www.nfdailypress.com/

# 目 录

CONTENT

# 第一章　绪论

对于传媒研究者来说，20 世纪 90 年代以来的岁月可说是迄今最为激动人心的岁月。伴随着以电脑、电脑联网技术和移动通信技术为代表的信息传播新技术的日新月异，横空出世的互联网在世界范围迅速普及且功能不断拓展，移动终端上网现象异军突起，种种数字化传播新形式在电脑互联网络平台上和移动互联网络平台上不断涌现，人们的传播行为、交往互动方式乃至整个生活方式都发生了巨大的变化。如果我们把现代大众传媒史上印刷传媒在社会传播系统中占主导地位的阶段称为“谷登堡星系”时代（借用麦克卢汉的话），把广电传播占主导地位的阶段称为“麦克卢汉星系”时代（借用《信息时代三部曲》的作者卡斯特尔的话），那么我们现在正在步入的阶段，则是“互联网星系”时代（借用卡斯特尔的话）。在这一阶段，先是由大量电脑互联网络组成的国际互联网以其全球瞬时传播等一系列特点迅速在世界范围普及，形成了以电脑网络为载体的全球信息传播系统，后又见证了大量网上传播新形式的推出，并因移动通信技术和互联网的结合而使国际互联网的联结“持续不断”、无时不在，从而使移动互联网成为当下发展态势尤为剧烈的数字化传播创新形式。不仅如此，传统大众传媒早已加盟互联网，形形色色的网上传播方式、形形色色的移动互联网应用技术正在大众传媒业中结合运用，融合了各种媒介形态的、多形态的、多渠道的数字化传播系统正在形成。这些现象，为传媒研究者提供了鲜活的材料。

## 一、从信息社会中一天的景象谈起

中美传播学者合力撰著的《大众传播通论》一书，描绘了“在一个更加先进的信息社会里典型一天的情形”：

“早上好!”你床边的多媒体电脑的扬声器在讲话，“现在是早上 7 点，您的咖啡已经准备好了。室外的温度是 3 摄氏度，气象预报说有大雨。”

但是你太困了以至于不能通过远程遥控器的声卡连贯地作答，所以你用键盘控制打开百叶窗并在起床前调节好房间的温度。透过打开的百叶窗，你看见外面的天气真的很糟糕，你就通过语音呼叫索要最新的天气地图，在卧室墙上的超平背投上就出现了全彩的气象图。卫星图像告诉你风暴距离此地还有不到15分钟，交通线路图也指出可供你走的高速公路已经全部堵塞。所以你决定今天要在家里用电脑进行远程工作。

你喝完第一杯咖啡，梳洗完毕，并穿好牛仔裤和圆翻领毛衣，以便使自己看起来仪表像样，然后你就拨通办公室经理的视频信箱通报你的决定，同时你意识到需要把11点的办公室会议改为四通道电视会议。接下来，通过宽带网络，你接通了办公室的电脑，下载了关于昨天跨文化研究项目成果的一些数据和视频资料文件，其中包括一些最新的来自日内瓦、新加坡、悉尼和芝加哥的研究点的多媒体信息。

在吃早餐百吉饼的时候，你分析了来自每一个研究地点的数据，并将分析结果揉合成一个三维四色的展示图表，立即与全球合作研究者共同分享。悉尼的同事建议修改其中一个图表中的一个较小的版式。经过思考，你很快同意了他的建议并作了修改。在一个半小时之内，你就准备好了多媒体报告，并且将之和国内外研究同行们分享。

短暂的休息之后，你到多媒体中心预览来自43部叙事录像的预告片。但是当天供新闻发布的最新的商业宣传预告片太多了，用快速浏览软件都不能方便地预览，所以你输入了几个关键词：故事片长度，国内的，哥特派的和悬疑故事，然后发现有三部今天发布的预告片符合这些标准。你浏览了这三部预告片，你认为你可能会看其中的两部，于是你通过电脑调用有关这两部的评论。有一部的评论是高度肯定这个片子的，所以你就做出了你的决定。

你在个人数码助理上记下这部预告片的名字和号码，并告诉个人数码助理在你的电子日历上留个便条，说明今晚你将观看这部预告片。这部片子有三种版本可供观看，一个强调了从认知角度去解释犯罪，第二个更加注重于个性的发展过程和罪犯、英雄的心理，第三种充满动作场面，这些场面是为了制造悬念而设计的。你决定等到晚上晚一些的时候再视心情而决定看哪一个版本。当然，如果你想要和影片进行互动，你可以选择“自由式”的版本状态，你甚至可以参与到解决这个疑案的过程中去。

因为你计划一整天都在家独立工作，你想你大概会想要一些人陪伴你，所以你就登陆了你所在城市中的“悬疑故事”BBS，并在电子留言箱里留下了“请回复”的留言给三个悬疑故事迷朋友。虽然你到现在还没有与他们中的任何一个进行面对面的接触，但是通过电子邮件和电脑会议这种电子文化，你已经和他们很亲密了。

现在是上午10点45分，虽然马上就要召开电视会议了，但是你还是要问候一下你的母亲，于是就通过母亲的电脑声卡呼叫她。因为她使用轮椅，而且有一个乱放遥控器的习惯，所以你还发了一个信息，大意就是这个呼叫不紧急——你仅仅是问候一下。她的交互式声音反应系统检查你的安全许可，在确定你的特殊地位之后，指出你母亲正在网上和她专职护士在一起进行一种远程医学监控。

你换了一杯新的咖啡的工夫，你的母亲就回复你的寻呼了，她的笑脸就出现在你的屏幕上。

"妈妈，谢谢您这么快回复，护士说什么？"

"我的情况还不错，甘油三酸脂含量降低了，血压又恢复了正常。这肯定是病毒消失的缘故。今天早上我查看了老年人和残疾人的电脑会议，发现另外三个人和我有同样的症状。"

"您感觉好点了可真好。晚上我早些回去看您。您还需要什么吗？"

"不需要了，谢谢。昨天在线/网上药店给我补充了一张药方。对了，今天有一个惊喜。张贴在我的健康会议上的一个消息说今天晚上外科主治医师会来市里参加一个关于新式的高级网络保健改革立法的多媒体演讲讨论会议。

我用电脑预定服务已经选择并预定了会议上比较好的轮椅专位，并且订好了往返汽车接送业务，而且我还安排了会议结束后在 Valencia 享受一顿美味的意大利晚餐。我选了一份新推出的钠含量很低的小牛肉片，这个菜在立体菜单上看起来很好吃。因为我要早一点出去，你能不能在 6 点之前回来呢？"

"当然可以了，我会在 5 点 15 左右去看您。我必须走了，11 点有关于我和 Benke 博士的新的研究项目的电视会议，我们研究组的成员都会在线等待。"

"那好吧，再见，亲爱的。谢谢你的问候。"

"妈妈，再见。晚上见。"

你的一天就这样过去。当你工作的时候，你不会去想由于国际电子信息高速公路的基础设施的到位使你节省的时间和精力以及避免的工作上的矛盾。你从来不会去想每分钟都在全球交叉传递的千万条信息，正是这些信息允许你工作生活上很少受到限制。①

该书中所描述的信息社会一天的图景，就细节来说大约不会全部与我们生活中的情形相重叠，但是其中所提到的交往互动的技术手段和服务方式却已切切实实地出现在我们的社会中。而且，出现在我们生活中的场景还不只如此。公交车和地铁上许多人手捧 iPhone、IPad 或其他手机、平板电脑津津有味上网冲浪，盯着手机屏和平板电脑屏上的内容，这样的景象已成为当下人们社会生活中的一道

① ［美］杰伊·布莱克，詹宁斯·布莱恩特，苏珊·汤普森，［中］张咏华．《大众传播通论》．上海：复旦大学出版社，2009 年，5—6.

新的亮丽景观。如果20世纪80年代以前出生的读者仔细回忆，当不难发现，我们今天的生活状态与互联网出现前相比，显然是差异巨大的。当然，差异的动因并不仅仅在于新技术的出现，只是我们此书的关注焦点，在于同信息传播新技术的突飞猛进相关的传媒业转型。因此，我们在谈到我们生存状态的变化时，偏重于探讨与此类新技术相关的变迁。

## 二、数字化技术大放异彩时代的媒介转型研究

当前，信息传播新技术的发展不仅是改变我们生活方式的重要因素，而且也和依据经济产业结构划分的社会特征紧密相关，与农业社会和工业社会向信息社会的转型密切相关。

**1. 社会转型背景下的媒介转型**

美国罗格斯大学（Rutgers University）的乔格·谢蒙特（Jorge Schement）在20世纪80年代末指出信息社会有6个显著的特征：

①信息物质化，或者说信息被当作商品来交换；

②大量的信息技术工作者；

③个人和公共机构之间的互联；

④科学知识的特殊地位；

⑤充斥着信息和渠道的社会环境；

⑥广泛扩散的信息技术。[①]

这些特征，彰显出信息与信息传播产业在当今社会的特殊重要性，也彰显出信息传播高新技术在当下的特殊地位。而诚如20世纪80年代曾在华盛顿特区的乔治敦大学任教的小威尔逊·迪扎德（Wilson P. Dizard Jr.）所言，在信息社会，我们始终处于进化的过程中。[②]当信息成为社会生产的重要资源，信息传播产业成为社会的支柱产业时，传媒业这一从经济部门角度而言属于信息传播产业部门的行业，当然首当其冲地受到信息社会态势剧烈的变迁的冲击，也不可避免地处于嬗变的过程中。

试看今天的报社或广播台、电视台，电脑和网络的使用，已渗透至其新闻和其他内容的生产流程的各个环节，移动设备的应用正日益展现其优势；而媒体机

---

① Jorge Reina Schement. The Origins of the Information Society in the United States: Competing Visions, In Jerry L. Salvaggio (ed.) (1989. The Information Society: Economic, Social, and Structural Issues (29—47), Hillsdale, N. J.: Lawrence Erlbaum Associates, 1989, 30—31.

② Wilson P. Dizard Jr. (1989) The Coming Information Age: An Overview of Technology, Economics, and Politics, New York: Longman, 103.

构的结构，也不乏变动：增加新媒体部门的做法，在媒体中已成普遍现象。而中国许多媒体利用社交媒体的功能开官方微博的举措，也是传统媒体将新媒体融合进自身传播活动的佐证。

在上述媒介转型的大背景下，本书集结了上海大学国际传播研究中心4位青年成员（先后在上海大学孜孜求学的博士研究生和硕士研究生）分别对纽约时报集团、维亚康姆集团、迪士尼集团以及贝塔斯曼集团的数字化转型展开研究的成果。这些研究分别是中心承担、展开的世界著名传统媒体在数字化时代的生存与发展研究项目的组成部分，其成果文稿集结在一起，构成这一耗时数年、由上海市教委重点研究基地——上海大学影视与传媒产业研究基地立项、资助的研究项目的最终成果。

**2. 世界著名传媒集团典型个案的研究缘由**

本书选择以上述这几家各具特色并且在各自的类别中长期以来享有盛誉和坐拥牢固地位的世界著名传媒集团作为研究对象，通过它们考察传统媒体的数字化之路，是经过一番慎重考虑的。

①深受信息传播高新技术影响的传媒转型。既然媒介的转型如同整个社会的转型一样，深受信息传播高新技术的影响，那么，作为新闻传播研究领域的学人，作为传媒研究者，探讨数字化技术作为重要影响因素的、社会转型背景下的媒介转型，顺理成章地成为了我们乐意为之做贡献的研究课题或者说研究领域。而正是因为考虑到信息传播数字化高新技术的崛起对媒介转型及宽广的社会转型的有力影响，我们在这一领域的研究中不禁要把探索的目光，投向既有的传统媒体如何在数字化时代或者说信息化时代的大背景下，适时进行调整和变革，以变应变，以适应变化了的传媒格局，在新的格局中找到自己的增长点和自己的位置。而一些世界著名的传媒集团，不仅因其久享盛名而常常成为其他媒体机构的标杆，而且也确实为了维护自身在传媒界的地位、自身内容产品的品牌和市场份额及利益而不遗余力地在这方面展开尝试，这使得它们在媒介转型中，同样深有影响力，因而深入分析它们的转型策略和时间，对于这一领域的研究，同样具有典型意义。

而作为高校国际传播研究中心的成员，我们在研究中也往往会考虑我们的研究方向，这也促使我们倾向于对国际上著名的传媒集团的有关实践投入较多的关注。此外，这些世界著名的传媒巨擘，长期在市场经济下运作，对于在市场上为了自己的生存和发展不断调整自己的业务以适应传媒环境的变迁，长期以来可说是得心应手，游刃有余，而中国的传媒，则在市场经济下运作的历史还不长，还不够成熟：中国在1992年才正式提出建立社会主义市场经济的目标，传媒集团在中国出现得更晚。此外，当今时代也是全球化时代，传媒领域像其他领域一样，其运作已经不止于一国的疆界之内。世界著名传媒集团均是分支机构遍及世界上许多地方的媒体。因而，它们在数字化背景下创新转型的实践，不论是卓有成效的成功，还是未能达到目标的败笔，不论是经验还是教训，对中国传媒业在当下时代背景下的发展，均有一定的启迪意义。

有鉴于此，我带领上海大学国际传播研究中心的几位青年成员——孜孜求学的博士研究生和硕士研究生，承担和开展了世界著名传媒集团的数字化转型研究。诚然，传媒转型、传媒融合等与数字化新媒体问世后新老传媒的博弈与互动相关的研究，在国内外均算不上全新的领域，而是已经开展了20来年，相关的研究成果发表，也已达到较大的数量。但是，如下这样的研究，说不多见即使不算保守，至少可以肯定地说并不夸张，即系统、细致地聚焦于典型的跨国、跨媒体经营的传媒机构，对其数字化转型的实践进行深入研究，将之置于其历史发展脉络和现实依据中展开分析；不仅通过既有相关文献和报道，而且通过收集这些媒体集团的年报、出国访学期间的访谈等多种方法收集第一手资料；在一定的理论视野下处理所得资料，考察其实施数字化转型的路径和经验，透视其在网络领域、移动领域和传统业务领域的创新与再创新及经验得失，探索其组织结构等方面的相应变革；并结合中国的传媒业发展，从中找出它们的实践可资参考和借鉴之处。而选择不同类型的世界传媒业巨擘作为研究对象，分别对之展开具体、深入的系统研究，更是本研究的特点。

②选定主营不同业务起家而殊途同归成为综合传媒集团的4家媒体作为研究对象。在展开世界著名传媒集团的数字化转型研究中，我们选定了以纽约时报集团、维亚康姆集团、迪士尼集团和贝塔斯曼集团这4家世界级传媒集团作为研究对象。《纽约时报》不仅是具有150多年历史的美国“老字号”报纸，而且有档案记录报纸之称，以其充实的内容、详尽的资料而享有高层次的读者群，尤其是包括了美国乃至世界很多的政界风云人物。而且，它历经一个多世纪的沧桑而发展成跨国、跨媒体经营的集团公司，且依然保持着长盛不衰的声誉，在美国报业乃至世界报业中极具影响力。此外，该集团在数字化平台上的在线业务也日趋发展，其网站的读者遍布全美乃至全世界；在移动媒体伴随着移动终端的智能化发展而悄然崛起的当下，纽约时报集团在发布移动版，布局移动互联网应用领域的创新发展中也走在前列。因此本研究将之作为报业的典型而列为研究对象，重点考察其在“传播形态融合”中的创新与扩散。

维亚康姆同样是极具盛誉的世界级传媒集团，2011年的数据显示它是全球第四大传媒集团，在全球传媒市场有着举足轻重的地位，而且它的一些媒体业务早在1995年起就逐步进入中国，步入21世纪以来更是与中国媒体展开了多种形式的合作。尽管 2006 年起它曾一度陷入业务发展困境，但该集团积极推行数字媒体战略，有惊无险地渡过了金融危机。作为主营电影、电视，以 BET 电视网、MTV 电视网和派拉蒙影业为主体的传媒集团，其目前的业务已涵盖电视、电影、网络和移动平台，观众/用户遍布世界上 160 多个国家和地区，其经营的品牌中包括数百个数字媒体品牌。本研究因而将之作为电影电视业的代表而列作研究对象，重点探讨其将“内容为王”与渠道拓展有机结合的数字化转型的过程及其实施效果。

以制作动画片起家的迪士尼公司是世界五大跨国传媒集团之一，并且号称“全球最大的娱乐传媒帝国”。经过长期的发展，目前其业务已涵盖电影、主题公园、其他娱乐事业和房地产等多个领域。并且，该集团在数字化战略转型方面尽管初时曾有些反应滞后，但后来积极调整，立足于自身内容与品牌发展数字平台，并且已于 2008 年成立迪士尼互动部门，集中管理游戏和在线服务，从而具有了媒体网络、主题公园、影视制作、消费品和互动部门五大业务部门。本项目将迪士尼公司选为代表娱乐传媒业的典型，重点探析其数字化时代的发展概况和战略，以及该集团在中国的发展状况，尤其是该集团如何采用具体措施在发展数字化媒体平台中适应当地文化。

以书刊出版印刷起家的德国贝塔斯曼集团之历史可以追溯到 1835 年，创立之初仅为一家经营出版印刷的家庭小作坊。而今，经过 177 年的风雨历程，它已发展成世界五大传媒集团之一，在 4 个主要领域积极展开业务，即报纸杂志出版，图书出版和书友会/书友俱乐部，包含音乐、电视和多媒体的娱乐业务，以及印刷、纸张生产和其他传媒相关领域的产业业务。其遍布世界上不同国家和地区的数百家子机构中最为著名的有在欧洲处于领导地位的广电娱乐内容制作和传播公司 RTL 集团，全世界最大的图书出版集团公司兰登书屋，欧洲最大的杂志出版商古纳雅尔 G+J，音乐公司 BMG/Music，全球联网的媒体和沟通服务供应商欧唯特集团（Arvato），媒体俱乐部直播集团（DirectGroup）等。对我们的媒体数字化转型研究而言，尤其值得一提的是贝塔斯曼也是最早涉足新媒体业务的大型传统传媒公司之一，早在 20 世纪 90 年代中期，该集团就已经开始与美国在线组建合资公司开拓数字化市场，此后贝塔斯曼始终坚持其在数字化媒体领域的探索，不畏数字化道路上的困难与曲折，在数字化业务开拓中有出色的表现。更为重要的是，这家分支机构遍及世界上许多国家和地区的跨国传媒集团，也是较早深入中国传媒市场发展的国际传媒巨头，在中国积累了相当的知名度。将这样一家世界著名传媒集团作为书刊出版印刷业发展的代表列为研究对象之一，重点探究该集团如何在数字化技术处于方兴未艾之时即率先开拓新媒体业务，如何直面数字化战略实施过程中的困难和曲折，总结经验教训继续探索在当今数字化新媒体时代的生存和发展，这对于我们的研究项目而言，同样顺理成章。

3. 研究意义与目标

本书深信，一项对象覆盖印刷、广电和娱乐传媒业，探讨力求细致深入，分析阐述结合中国传媒业发展的研究，对于弄清数字化时代传统传媒业何去何从颇具现实意义。尽管这一领域的研究成果已有较大数量，本书的付梓出版依然有其价值。

①研究意义。概括而言，从理论上来说，本研究的展开和成果发表，通过在大量资料的基础上对几家分属不同类别的世界传媒巨头在数字化背景下的发展实践和战略进行系统考察和深入分析，有助于加深我们对于以它们为典型代表的欧美传统媒体在当今时代背景下的运作及其背后的传媒理论和经营理念等的认知，并为中国学术界和业界展开传媒企业的数字化运作研究，提供一定的参考素材，从而有利于当前语境下新闻传播学科的专业知识更新及新媒体研究领域的学术积累。就像当下日常生活中我们在厨房中的做餐活动，早已不再和烧木材或烧煤球（煤饼）相联系，当今传统媒体集团生存和运作的生态环境，也早已不再是以往传统的大众传播生态环境。将当初建立在传统大众传播语境下的国际著名传媒集团置于电脑网络和移动网络在社会传播中风生水起的生态中进行考察，可望于大众传播理论在数字媒体时代的丰富与发展有所贡献。这是本研究的理论价值所在。

从实践价值的角度来说，纵观全球知名的传媒集团的成功史，适时进行媒介创新是其成功背后的重要原因。而今，面对基于数字化技术的新媒体的崛起，朝着数字化方向、媒体融合方向发展已成为世界范围内传媒业发展的历史潮流。诚然，数字化业务在经济上而言前景依然不很明朗，然而从数字化新兴媒介在公众中快速普及的势头来看，从它们在满足公众的交往互动等信息传播及相关需求中的优势来看，媒体数字化发展的趋势却无法阻挡，这是中外传统传媒业均需正视的媒介现实。而对于中国传媒业而言，还需直面自身在市场经济下运作还不够成熟，在世界传媒市场上的竞争力亟待提高的现实。对这几家世界著名传媒集团在当今全球化及数字化媒体大行其道的时代背景下的生存和发展状况进行深度剖析，探讨它们如何应对新媒体咄咄逼人的发展态势的挑战，进行发展战略调整以化危机为新的发展机遇，探讨其数字化转型过程中的得失成败，能为中国传媒企业寻找一条适合自身发展的数字化道路提供借鉴和参考，也有助于为中国传媒业在国际传媒市场上提升整体竞争力和地位，提供一得之见。

②研究目标。本书的研究目标是：通过具体考察上述 4 家世界著名传媒集团

在当今时代背景下拓展数字化业务的战略、实践和成败得失，寻找传统媒体在当今数字化语境下的生存和发展规律，从一系列方面——新老传媒的特点及优势与弱点，传统传媒业在与新媒体产业的博弈中如何扬长避短，如何在新的全球传媒生态中与后者和谐并存、互补发展，如何不断以媒介创新及采纳新媒体业务保持和提升自身的实力等方面，探讨规律，并进而从这些规律中探寻推动中国传媒业在数字化时代的发展之元素，从而为中国传媒业的发展提供参考。

## 三、视野、方法与基本内容

由于对4个研究对象的研究，分别是由4位青年研究者展开的，其研究分别有自身的特点，研究者所使用的理论视野、内容框架、研究方法和写作风格，也不尽相同。(事实上，由于被研究的4家国际著名传媒集团的数字化转型过程各有不同，研究的框架等也不可能完全一样。)为了尽可能保持这些研究成果的文稿的原貌，客观地反映本研究的不同组成部分，本人在对全书进行统稿中没有强求一律。在这里，本人也同样无意于刻意用统一的话语概括各个研究部分或对其视野和方法进行详尽的介绍。因此，笔者将仅对本书中所使用到的理论视野和研究方法，以及基本研究内容的大的方面（在这些方面本书的4个组成篇具有一致性)，进行大致的概括。

**1. 研究视野**

本书的几个组成篇中涉及到的研究视野主要有：

①媒介生态学。这是《〈纽约时报〉："传播形态融合"的创新与扩散》那一章考察问题的主要理论视野。在这一视野下，纽约时报集团的数字化转型被视为是开放的、不断演进的媒介生态系统同政治、经济、文化和技术等因素之间相互影响的必然结果，反映了媒介生态系统在与人类社会和自然界的互动中的最新演变。

②创新与扩散理论。在《〈纽约时报〉："传播形态融合"的创新与扩散》那一章中，该理论也是研究者使用的主要理论视角；她运用这一理论视角，分析了网络版/网络报、移动版/手机报等创新事物在美国报界的扩散过程，尤其突出探讨了纽约时报集团作为创新扩散中的"早期大多数"之一对这些媒介创新的采纳，以及在采纳过程中的再创造举措。这一理论视角同样也是《贝塔斯曼：出版巨擘的"创造性价值"聚焦》那一章考察贝塔斯曼集团数字化新发展的研究视角，研究者将媒介创新视为贝塔斯曼发展史上的指导性思路，视为该集团成功的原因。

③产业经济学的视野。本书的4个组成篇可以说均或多或少地应用了这一视

野，在这一视野下或探讨研究对象拓展数字化媒体业务乃至跨领域业务的经济运营，或分析研究对象的经营理念及其变迁，或探究研究对象的数字化转型举措带来的经济效应得失，等等。

④媒介管理学的视野。这一视野在本书中，主要用于透视研究对象为应对数字化新媒体的挑战而调整其组织结构，推行组织结构革新。

此外，书中还涉及到传播学中的受众本位论等。

**2. 研究方法**

根据本书的研究目标、研究对象和我们所处的研究条件，我们在研究过程中交叉使用了文献研究法、历史分析法、个案研究法和比较研究法；在条件许可的情况下，还部分使用了实地考察法和深度访谈法。鉴于本书的4家研究对象，都是国外的（更确切地说都是欧美的），本书的4个组成篇章一致采用的最主要的研究方法是文献研究法，这里的文献不仅是指相关研究的学术文献，而且也是指关于研究对象的事实性资料，4位研究者想方设法，从各种信息资源渠道获取这些事实性资料而且做到尽可能纳入最新资料，其中包括研究对象官方网站上的事实性资料，研究对象的年报及财政报告，以及其他国外信息资料，其中不少资料是既有的相关研究成果中所未有的。而这些事实性资料对于作为应用性研究的本项目也许更重要。此外，还有与研究对象有关的新闻报道等。历史分析法也是各组成篇章都运用的主要研究方法。各研究者均将研究对象的数字化转型置于其整个发展史中予以考察。再有，其中1家研究对象的研究者利用自身曾到美国访学的机会，在研究中还使用了实地考察和深度访谈法。此外，书中还涉及到个案研究法。例如，《维亚康姆：以退为进的“内容卫道士”》篇，将该集团旗下的尼克儿童频道在数字化语境下进入中国市场发展业务的战略当作个案展开了细致分析。另外，根据本研究的目标，即旨在从寻找当今数字化语境下传统媒体的生存和发展规律的基础上，从中寻找推动中国传媒业在数字化时代的发展之要素，本书也在一定程度上使用了比较分析法。

如上一段所述，文献研究法是本研究中采用的最主要的研究方法。文献资料中，事实性基础数据资料，即研究对象的官方网站上的事实性资料，研究对象的年报和财政报告，以及与研究对象有关的新闻报道中的数据，等等，构成我们探讨分析研究对象的基本材料，就像砖头是砌墙的基本建材一样。这些，读者可从本书4个组成篇章中看到。而国内外既有的相关研究学术文献，则从研究思路、研究视角等方面为我们提供了许多有益的参考和启发，也为我们判断数字化语境下传统媒体的生存和发展研究领域存在哪些哪怕是微小的空白和盲点，存在哪些可供进一步开拓、探讨的课题和空间提供了依据，并为我们深入研究本项目的研究对象，奠定了学术资料积累的基础。鉴于本研究属于应用性研究而非基础理论性研究，我们的重点也并非空泛的理论探讨，因此，在绪论中以下部分本人将仅限于简单归纳直接相关的学术资料的大类别，并简单列举代表性的文献。至于为我们提供理论视野的纯理论文献，考虑到其中经典的文献已经为研究界熟知，而本研究并非理论性的基础研究，且对于此类文献的探讨也宜深不宜过于简化，在此限于篇幅，就不作讨论了。

**3. 学术资料和基本研究内容**

①学术资料总体说来，根据我们对Sage在线期刊库、牛津期刊库、中国知网等学术性的电子数据库的检索，以及通过图书馆中的资料收集，我们发现，既有的直接围绕数字化语境下传统媒体的生存和发展的研究成果，按其主要覆盖的大的方面或者说大的主题，主要包括：

新媒体与传统媒体的关系研究。从20世纪八九十年代互联网开始在全世界普及起，新老媒体的关系研究就是国内外学者关注的一大研究主题。例如，著名美国传播学家桑德拉（鲍尔一洛基奇（Sandra Ball-Rokeach）早在1988年就以其学术睿智和对传播新现象的敏感，关注到了基于形成与发展中的信息传播新技术的传播形态同现存的社会传播形态的关系问题，探索了：这究竟意味着现存的社会传播形态即人际传播或大众传播形态的延伸，还是意味着人类传播的第三种社会形态的出现？她与凯瑟琳·里尔登（Kathleen Reardon）合作发表了题为《独白、对话和电子对话》（Monologue，Dialogue and Telelog）的论文进行这方面的探讨，提出了人类传播形态的10个方面的评判标准，据此把以信息传播新技术为手段的传播，概括成电子对话式的传播形态。①

又如，有的学者从受众对广电媒体使用习惯受到新媒体影响的角度，讨论了新老媒体的关系问题，Jane Delano Brown和Kim Walsh Childers等人1990年发表的《新媒体和家庭结构对青少年广播电视收视习惯的影响》（The Influence of New Media and Family Structure on Young Adolescents' Television and Radio Use），②就是一篇这样的文章。

20世纪90年代，新媒体与传统媒体的关系问题，还曾引发争议。在中国，关于国际互联网/因特网的兴起是否意味着传统媒体将像“泡沫”化为乌有于20世纪90年代引发了第一波争辩。朱光烈、邵培仁、张咏华、段京肃等均曾围绕互

---

① Sandra Ball-Rokeach and Kathleen Reardon，（1988）Monologue，Dialogue and Telelog：Comparing an Emergent Form of Communication with Traditional Forms，in Robert P. Hawkins et al.（eds.）（1988）. *Advancing Communication Science：Merging Mass and Interpersonal Processes*，Newbury Park，California：Sage，135－161.

② Jane Delano Brown，Kim Walsh Childers，et al.（1990）The Influence of New Media and Family Structure on Young Adolescent' Television and Radio Use，in *Communication Research*，Vol. 17（2），65－82.

联网崛起后传统媒体的未来撰文各抒己见。[①]

进入21世纪以来，围绕新老媒体的关系之研究尽管已不再是全新的话题，然而，伴随着网上传播新形式的不断涌现及对传媒领域的深入渗透，这一主题依然吸引了大量的学术注意力。在国际上，伊利诺伊大学的布鲁斯·威廉斯（Bruce A. Williams）和宾夕法尼亚大学的迈克尔·德里·卡皮尼（Michael X. Delli Carpini）针对1998年个人博客网站"德拉吉报道"率先捅出克林顿与莱温斯基的绯闻事件，探讨了新媒体环境对传统的媒介把关和议程设置功能的冲击[②]；思坦普尔（G. H. Stempel III）等人，纵向考察了1995—1999年期间传统传媒使用的变迁同因特网使用的增长之间的关系，提出了"互补的信息寻求行为"的观点[③]；荷兰学者利恩·黑能斯（Leen d'Haenens）等人，比较研究了在线新闻与报纸新闻在消费者习惯和记忆方面的差异[④]……在国内，也涌现出了更多的探讨新老传媒关系的著述。包括陈力丹、喻国明、吴信训、崔保国、陈婉莹等在内的许多学者，均对此展开了论述。[⑤] 在大量探讨两者关系的著述中，有探讨两者的依存度的，有阐述两者的融合问题的，有考察新媒体发展推进传统媒体变迁的，有分析博客等自媒体与传统媒体的竞争与共生等问题的……在此就不一一列举了。

传统媒体的转型和变革。早在1987年，印第安纳大学的诺伯特·蒙多尔夫（Norbert Mundorf），就发表文章展望了信息传播高新技术冲击下欧洲传统广电业转型的模式。[⑥]随着因特网在世界范围的日益普及和它向大众传媒业的渗透的趋势日益明朗化，传统媒体纷纷加盟网络，其转型和变革也就很自然地成为数字化时代传媒业发展研究的又一大主题。在国际上，史蒂夫·奥廷（Steve Outing）（2000）提出了"报业的数字化觉醒"的观点，[⑦]艾瑞克·克里能伯格（Eric Klin-

---

① 参见朱光烈．我们将化为"泡沫"——信息高速公路将给传播业带来什么？．《北京广播学院学报》，1994（2），3；邵培仁．论人类传播史上的五次革命．《中国广播电视学刊》，1996（7），6—8；张咏华．归于消失，还是再获新生？——试论传媒的发展前景兼与朱光烈先生商榷．《国际新闻界》，1996（5），19—24．等。

② 参见 Bruce A. Williams and Michael X. Delli Carpini：Monica and Bill All the Time and Everywhere. The Collapse of Gatekeeping and Agenda Setting in the New Media Environment. American Behavioral Scientist，Vol. 47（5），1208—1230.

③ G. H，Stempel III et al.（2000）Relation of growth of use of the Internet to changes in media use from 1995 to 1999，in *Journal of Mass Communication Quarterly*，Vol. 77，71—79.

④ Leen d'Haenens，Nicholas Jankowski and Ard Heuvelman.（2004）News in Online and Print Newspapers：Differences in Reader Consumpsion and Recall. Vol. 6（1），363—382.

⑤ 参见陈力丹．数字化新闻中介挑战传统媒体．《报业研究》，2012（6），71—73；喻国明．微博：一种蕴含巨大能量的新型传播形态．《新闻写作》，2010（1），59—61；吴信训．"三网融合"后上海传媒蚕业的创新发展研究．《科学发展》，2011（6），46—59；陈婉莹．传统报纸媒体如何应对网络媒体的新挑战．《新闻记者》，2007（11）32—34；崔保国．新媒体形态与报业转型研究．《广告人》，2012（1），46—47．等。

⑥ 参见 Norbert Mundorf.（1987）From traditional broadcasting to new technologies：A model for the transition in Western Europe，in *International Communication Gazette*，Vol. 39（1），123—143.

⑦ 参见 Steve Outing（2000）．Newspapers and New Media：The Digital Awakening of the Newspaper Industry. GATF.

enberg）阐述了数字化时代新闻生产中的媒体融合[①]……在国内，也出现了大量讨论全球化时代传统传媒的变迁的著述。数据库检索（2013年6月）发现，在知网上，分别键入“媒介融合”和“媒体融合”进行标题的跨库检索（1998－2012年期间），结果发现标题中含有这些语汇的分别有1000多和900多篇；键入“媒体转型”和“传媒转型”进行同样的检索，结果发现标题中出现这些提法的分别有近500篇和近250篇。此外，标题中包含“数字化转型”的有近240篇；包含有“全媒体转型”的文章也为数过百。

值得一提的是，尽管国内的既有相关成果中，“全媒体”一词近年来频频出现，但本书并未过多使用该词，即使使用，也往往将之放在引号中以示这是近年来在我国研究界出现的新术语，因为就我们所知，迄今很难在国际上的学术话语中，找到相应的术语。

②基本研究内容。本书研究内容的基本方面（在这些方面本书的4个组成篇章具有一致性）如下：a. 回顾作为研究对象的国际著名传媒集团的沿革简史，厘清其发展脉络及其与现代信息传播技术变迁的关系；b. 考察它们在当今媒介融合语境下为继续发展自身所实施的数字化战略转型，分析这一轮转型同其历史上的创新变革之间的关联性；c. 阐释这些传媒集团的数字化探索之得失；d. 探讨它们在涉足数字化新媒体领域并进行新老融合中的经验对于中国传媒集团的启示。此外，4个组成篇中有3个都将这些传媒集团的在华业务及其中的数字化举措作为个案展开了研究。

参与研究的中心成员在展开本项目时自身的媒介实践经历非常有限，这也许会对感悟传媒实践的需求等，造成不利影响。尽管后来有一位已正式就职于新闻传媒单位，并通过工作对数字化时代中国传媒业可从国外同行的经验中借鉴之处，产生了新的基于实践的领悟，此次本书集结出版时也将这些充实在内；还有的也踏上了相关工作岗位，此次也对文稿进行了更新。但是总体说来书稿的作者队伍的传媒实践经历仍然很不够。然而，正如宋朝著名诗人、大文豪苏东坡的名句“不识庐山真面目，只缘身在此山中”所提示的，在一定意义上来说，距离有助于对事物的客观观察，身在媒体之外也许可对客观考察和分析传媒发展的趋势等，别有一番帮助。我们由衷希望，本书中的阐述和分析，分享的不是拍脑袋式的信口开河，而是在很大程度上身在媒体之外的书生之一得之见。我们更希冀，本书的研究，以其试图将有关理论视野的运用同应用性的目标相结合的尝试，能够为中国媒介研究中学者、业界和管理层三股力量的有机融合，奉献绵薄之力。

---

① 参见 Eric Klinenber (2005) Convergence: News Production in a Digital Age, in Annals of the American Academy of Political and Social Sciences, Vol. 597, 48－64。

# 第二章 《纽约时报》：“传播形态融合”的创新与扩散

自20世纪90年代起，传媒生态格局再次面临巨大的变化。继报纸、广播、电视奠定其三大新闻媒体的坚固地位之后，互联网和手机以其各种新颖的特征获得了惊人的发展速度。根据美国学者汤姆·赫林（Tom Helling）和安娜·多米诺（Anna Domino）等的观点，从1900年到2010年，美国历史上出现了两次根本性的技术变革：一次发生在1945－1975年期间，革新的结果是商业广播和电视的诞生；而最近的另一次则出现在1995年之后，由互联网所引发的传媒界的技术革命，[①]它改变了受众媒体消费的习惯，使得传统报业面临着发行和广告收入急剧下滑，读者人数和新闻从业人数不断减少的生存危机，美国报业集团不得不试图借助新媒介的平台进行报业的数字化转型。

## 一、是危机，也是转机

美国报业的危机始于20世纪90年代，在2008年至2009年，即美国经济进入衰退时期时，危机进一步加剧。危机之中，报业人士在思考对策。而他们在为报业的不景气现象担忧的同时，也没有停止对攻克危机、在变动中的传媒生态格局中再创辉煌的追求。

### 1. 危机冲不垮的美好憧憬

据美国报业协会的统计，从20世纪60年代起到90年代初期，美国日报的发行总量一直稳步地保持在6000万份左右，但自从1993年开始，日报的发行量开始缓慢下滑，到2004年之后下滑幅度愈加增大，2008年跌至4860万份，2009年跌至4565万份，2011年更是跌落至4442万份，相当于20世纪40年代初报纸发

---

① Barkemeyer, R, Figge, F, Holt, D, & Hahn, T (2009 ) What the papers say: trends in sustainability: a comparative analysis of 115 leading national newspapers worldwide. *The Journal of Corporate Citizenship*, March. 22, 69－86.

行的总份数。[①]发行量的下挫与读者量的减少直接相关。相比之下，年轻一代的读者更倾向于从互联网上获得新闻，许多人因此取消了原本对报纸的订阅。根据皮尤研究中心的调查显示，2009 年至 2011 年间，全美各个年龄段和各种学历的读者报纸阅读率都出现了不同程度的下降，其中 18－24 岁和 25－34 岁两个年龄群的读者报纸阅读率最低，分别只有 27％和 26％；而年龄在 65 岁以上的读者，其报纸阅读率最高，达到 62％。从学历看，研究生学历的读者报纸阅读率最高，达 55％；高中学历的读者最低，为 41％。[②] 与美国报业日渐惨淡的发行量和读者量相对应的是其持续下滑的广告收入。从 2005 年开始，美国报业的广告额每年都呈现负增长的态势，其中 2006 年的广告收入为 466 亿美元，比上一年下滑 1.7％，2007 年的下滑幅度则升至 9.4％，该年广告额为 422 亿美元。美国报业广告收入下跌的顶峰出现在 2008 年和 2009 年，其分别较前一年下滑 17.7％和 28.6％；而 2010 年和 2011 年的下滑幅度稍有减少，分别为 8.2％ 和 9.2％，其广告收入分别为 228 亿美元和 207 亿美元，相当于 20 世纪 80 年代初的报业广告收入额。[③] 发行、广告等传统营业指标的负增长迫使各大报纸不得不以裁员、缩小编辑部门或其他节流措施来维持报纸的继续运营。于是，数千记者和编辑被迫离职，据《2011 年美国新闻媒体状况报告》透露，在 2007－2010 年间，美国报业编辑部从 55000 个工作岗位缩减到不足 40000 个，约有 16000 名全职记者和编辑被解雇，新闻编辑部的人员缩减幅度近 30％，基本接近 1978 年的水平。进入 2011 年以来，这样的裁员并没有停止，在《2012 年美国新闻媒体状况报告》中显示，2011 年全美再次裁减了 1000 多个全职新闻岗位，比上一年减少 2.4％。[④] 在这场美国报业危机中，经不起巨额亏损的报纸和报团只能选择无奈地退出市场。据汕头大学范东升教授的统计，从 2008 年 12 月至 2010 年 3 月 25 日，全美有 200 多家报纸结业关门，其中不乏一些拥有百年历史的“老字号”报纸；同样从 2008 年 8 月至 2010 年 4 月，美国连续有 13 家大大小小的报业集团因经营不善而申请破产保护，1 家报业公司宣布破产，[⑤]其余资金基础相对牢固的报纸和报业集团则在继续苦苦支撑。

另外两则与报业大亨相关的公司易主的消息是：据报道，亚马逊公司创始人

---

① NAA：*Total Paid Circulation*. http：//www. naa. org/Trends-and-Numbers/Circulation/Newspaper-Circulation-Volume. aspx.

② Pew Research Center. （2011）. *The State of the News Media* 2011. http：//stateofthemedia. org/2011/.

③ NAA：*Advertising Expenditures*. http：//www. naa. org/Trends-and-Numbers/Advertising-Expenditures/Annual-All-Categories. aspx.

④ Pew Research Center. （2012）. *The State of the News Media* 2012. http：//stateofthemedia. org/2012/08/2012 _ sotm _ annual _ report. pdf.

⑤ 范东升等．拯救报纸［M］．广州：南方日报出版社，2011.

杰夫·贝索斯以2.5亿美元的价格收购了美国《华盛顿邮报》[①]，此举被有的媒体报道的标题称为“华盛顿邮报易主于互联网大亨”。而纽约时报集团旗下的包括《波士顿环球报》在内的新英格兰媒体集团也已易主[②]。这些事件，显然同报业需要应对来自数字化新媒体的挑战有关。

美国报业的惨淡境况令许多学者为其前景深深担忧，一时间学界、业界众说纷纭。不少对报业持悲观态度的人更是毫不客气地把报业称为“垂死的产业”或“死去的产业”，他们认为纸质报纸已经无药可救，将完全被互联网和新媒体所取代。[③]美国锡拉丘兹大学教授因·克罗斯比（Vin Crosbie）预言，到下一个十年结束，美国目前剩余的1400家报纸中将有一半以上会面临倒闭。[④]而北卡罗莱纳州立大学的教授菲利普·迈耶（Philip Meyer）在《正在消失的报纸：如何拯救信息时代的新闻业》一书中甚至给出了报纸消亡的时间：“2043年春季的某一天，美国一位读者把最后一张报纸扔进了垃圾桶——从此报纸就消失了。”[⑤]

尽管美国的报业遭遇了前所未有的危机，但大多数美国业界人士仍然对报纸具有信心，他们在新媒介的数字化传播方式中似乎看到了报纸未来的希望。纽约时报集团发行人小苏兹伯格将眼前报业的困境称为“需要调适的改变”，他认为，“成功的报业集团能创造出最有效的内容发行平台，或适应任何平台，因此报纸必须要调整策略，以便能融入因特网（of the Internet），而不是栖息于因特网之上（on the Internet）……《纽约时报》集团将致力于数字化创新，尤其是在信息革命加速进行的此时。”[⑥] 同样，传媒大亨默多克也认为，以移动电话和互联网为代表的新媒体以及各种新技术“恰恰为报纸提供了更为广阔的前景，而达到这一前景的关键在于如何将它们为我所用”。[⑦]倘若固步自封，不求变革，等待它们的自然是失败的命运。相反，如果积极创新，找到新的途径以满足受众的需要，那么报业很可能将迎来第二个春天。正因为此，美国传播界流行一句出自狄更斯《双城记》中的名言：“那是最美好的岁月，也是最糟糕的岁月。”糟糕之处在于包括报纸在内的传统媒体可能就此被新媒体强势颠覆，但同时传统媒体也可能通过

---

① 《华盛顿邮报》官网 http：//www.washpostco.com/phoenix.zhtml? c=62487&p=irol-landing.

② 《纽约时报》官网 http：//www.nytco.com/company/index.html.

③ 范东升等．拯救报纸［M］．广州：南方日报出版社，2011.

④ Suzanne M. Kirchhoff. （2009）. *The U. S. Newspaper Industry in Transition*. *Congressional Research Service Report*，*Sept*. 8，2009. （http：//www.crs.gov R40700）.

⑤ Philip Meyer. （2009）*The vanishing newspaper*：*saving journalism in the information age*. University of Missouri Press.

⑥ Everette E. Dennis，Stephen Warley，James Sheridan. （2006）*Doding Digital*：*An Assessment of the Top* 25 *U. S. Media Companies and their Digital Strategies*. Journal of Media Business Studies，3（1），33—51.

⑦ Rupert Murdoch. （2009）*From Town Crier to Bloggers*：*How Will Journalism Survive the Internet Age*? Speech before the Federal Trade Commission's Workshop. December 1，2009.

数字化转型与新媒体整合，从而获得美好的前景。

面对“是危机，也是转机”的大趋势，美国报界的有识之士意识到必须切实采取行动，推进报纸的数字化进程，将眼前报业的这场“危机”化为“转机”。担任《纽约时报》执行主编25年之久的比尔·凯勒（Bill Keller）认为，“过去的10年间，我们的读者在变，我们生存的环境在变，我们也必须改变。对于我们行业来说，长期面临的最大挑战之一就是创造一种数字报业和为读者提供新的服务”。①

**2.《纽约时报》数字化进程研究的缘起、视角与方法**

①研究缘起。尽管多数报业集团管理人士已经认识到“报业如果要生存，必须进行数字化转型”，但就像凯勒所言，这种转型并非易事，对于报业来说，它既是一个挑战，也是一种前所未有的探索与创新的过程。正因为如此，本研究选取目前美国发行量排名前三的《纽约时报》作为研究对象，试图从媒介生态学的角度探讨美国报业的生存现状以及该报的数字化战略，以期获得美国报纸数字化创新的经验，加深对美国报业集团运作规律和应变的了解，从而为中国报业的数字化发展提供可供参考的借鉴和启示。

②主要研究视角。我们所采用的是理论阐释与业务考察相结合的研究思路，试图通过理论与案例相结合的方式揭示美国报业数字化转型的内在动因与转型逻辑，以期加深对美国主流报业集团发展趋势的了解，为中国报业的数字化发展提供参考。在理论的阐释上，本研究立足于媒介生态学的视角，并在此基础上运用创新—扩散理论分析网络报纸在美国报界的创新扩散过程，尤其突出分析纽约时报集团在采纳了网络报纸创新之后在数字化转型中的再创造举措。

③研究方法。我们所采用的研究方法有：

历史研究法。我们将从美国报业的现实背景出发，探寻自“数字化”出现以来《纽约时报》数字化探索的历史轨迹，以期深入讨论在这一历史阶段的数字战略和发展变化。

文献研究法。我们的研究基于大量外文文献的考察，这些文献主要来源于《纽约时报》的官方网站、时报集团的年报及财政报告、国外专业期刊和新闻网站等。通过参阅和借鉴国外学者关于报业的研究成果，我们希望通过外文文献的翻译借鉴为我所用。

实地考察与深度访谈法。笔者曾于2009年8月至2010年5月在美国肯塔基大学进行交流、学习，其间结识了不少国外的学者和新闻界的从业人员，通过与

---

① Bill Keller. *A Message from Bill Keller and Martin Nisenholtz*. http://www.poynter.org/forum/view_post.asp?id=10027.

他们的交谈以及参观当地报社的工作情况对美国的报业有了更直观的了解。此外，笔者还与《纽约时报》的工作人员取得了联系，通过电话和电子邮件的方式对其进行了访谈，获得了许多宝贵的资料。

## 二、博弈与嬗变：数字化背景下报业生存状态的写照

毋庸置疑，新媒介给传统报业带来了巨大的冲击：它改变了传统新闻报道的方式，提供了受众参与报道的机会；它掀起了报纸与网络、广播电视交叉互动报道的序幕；它引发了新闻编辑室中人才需求和文化的大转型；它催生了融合记者、机动记者等新兴职业的诞生；它对受众注意力的占有更是直接导致了美国的报业危机。在这场危机中，即便是《纽约时报》这样的大报也无法避免发行下挫、广告惨淡、人员减少等问题。毫不夸张地说，新媒介几乎将传统报业逼上绝境，然而另一方面，新媒介却又以其融合的特性为报纸提供了绝处逢生的新的发展机遇。

### 1. 新媒介的崛起及其与传统报业的博弈

众所周知，新媒介是一个不断发展的概念，它随着时代的进步、技术的发展而不断地被人们赋予新的内涵。400 年前，报纸是新媒体；80 年前，广播是新媒体；70 年前，电视是新媒体；17 年前，互联网是新媒体；如今，以手机为终端的移动网络和 iPad 是新媒体……各种新兴的传播形式以惊人的速度改变着人们对新媒体的界定。即便在当下的时代，不同的学者对新媒体也有不同的理解。鉴于我们探讨的是传统报业的数字化发展道路，报纸与网络等新媒体的数字化融合，因此，我们认为新媒体是指利用数字技术，通过计算机网络、无线通信网、卫星等渠道，以及电脑、手机、数字电视机等终端，向用户提供信息和服务的传播形态，它包括网络媒体、手机媒体、网络电视等媒体形态。①

①技术发展与媒介形态变迁。媒介的变革在很大程度上得益于技术的发展，而技术的发展又与人类的进步息息相关。以媒介生态学的视角来看，五千多年的人类历史可以采用“媒介历史分期”的方式被划分为：口语时代、文字时代、印刷术时代和电子时代。每一个时代都代表着一种文明，映射出这一时期传播媒介的不同特点。事实上，任何一种媒介形态的变迁都不是自发的、孤立的，从系统论的角度看，传播媒介身处于横向与纵向两个系统中——纵向的系统由口语媒介、印刷媒介、电子媒介、新媒介等不同的媒介形式组成，而横向的系统则由政

---

① 匡文波．“新媒体”概念辨析［J］．《国际新闻界》，2008，6.

治、经济、社会、文化、技术以及媒介共同组成。两个系统相互影响，相互存在，在它们的共同作用下，人类送走了某些旧媒介，又迎来了另一些新媒介。新媒介从旧媒介当中演化出来，通常它们在技术上更加先进，更能适应人类的需求，而此时的旧媒介或者被淘汰，或者继续挣扎，或者也向前进化，保护自己最后生存的权利。而本研究试图呈现给读者的，是世界传统报业的佼佼者纽约时报报业集团如何在新的传媒生态中为求生存“以变应变”。

②新媒介强势崛起后新老传媒的博弈。近几年来，新媒介一直是人们关注和讨论的热点话题之一。新媒介的形态日益丰富，外延不断扩展，通过电脑平台和移动终端平台，人们可以“持续不断”地享用互联网的联结性，互联网已成为新的媒介版图中的核心部分。根据中国互联网络信息中心 CNNIC 的最新调查显示，截止到 2012 年底，中国的网民数量已经达到了 5.64 亿，其中通过笔记本电脑和台式机上网的网民数量有所降低，而手机上网的比例保持较快增长，总人数达到 4.2 亿，所占比例从 69.3%上升至 74.5%。[①] 世界范围内，国际电信联盟最新的调研也显示，全球网民规模已经突破 20 亿大关。网民数量的激增一方面体现了传播技术的普及和传播环境的改善，另一方面也反映了人们对互联网的认可和接受。根据艾瑞咨询发布的《2012 年第三季度数据产品监测报告》数据显示，2012 年第三季度网络广告投放呈现稳步增长，广告投放天次、广告主数量、投放预估费用环比都保持增长。其中，网络广告投放总天次为 315 万天次，环比增长率达 10.3%，较去年同期增长 36.8%；广告主数量方面，共有 12055 家广告主选择了网络平台进行投放，环比增加 9.2%，同比去年增长率达 22.9%。而美国方面，根据美国互动广告署（The Interactive Advertising Bureau，简称 IAB）的调查显示，2012 年上半年美国的网络广告市场规模高达 170 亿美元，比去年同期增长了 14%，其中第一季度网络广告收入 83 亿美元，第二季度 87 亿美元。

从下图可以看出，从 2002 年到 2007 年底，美国网络广告收入经历迅猛的增长之后，2008 年受金融风暴的影响有所下滑，2008 年到 2010 年期间一直处于震荡，但总体的趋势仍是向上发展，尤其从 2010 年开始有复苏的迹象。IAB 的执行总裁 Randall Rothenberg 认为，网络技术的创新总是能给受众带来各种各样的新网络体验，因此他们对互联网的探求是永无止尽的，而受众的偏向又带来了广告商们对网络的青睐。先进的平台，涌入的广告，这为新媒体吸引了更多优秀的人才，这些人才或是刚毕业的学生，或是从传统媒体跳槽而来，他们对新媒体有着无限的

① http://www.cnnic.net.cn/hlwfzyj/hlwxzbg/hlwtjbg/201301/t20130115_38508.htm.

（单位：十亿）

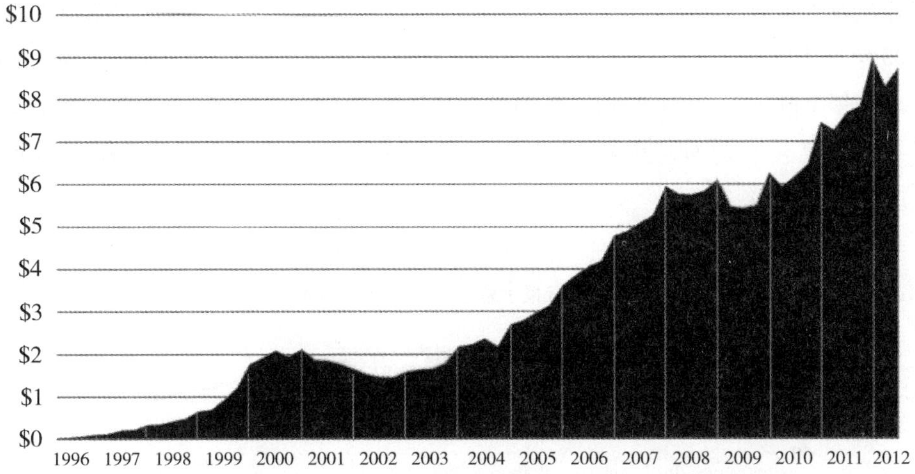


**图 2－2－1　1996 年－2012 年美国网络广告市场规模增长趋势**①

憧憬，他们的加盟同时又壮大了新媒体的力量。② 和传统媒体的困顿相比，新媒体眼下正处于一个良性的循环发展之中。

尽管新媒体这厢风景无限好，但新媒体的强势崛起并不代表着传统媒体末日的到来。多米尼克（Joseph R. Dominick）认为，传播的新进展似乎会改变那些在它之前产生的进展，但却不会使它们消失。如，电视没有使广播消失，但它让广播媒介的使用方法发生了巨大的变化。同样，电脑和互联网可能不会让任何一种传统媒介蒸发，但它们可能会改变我们使用这些“老”媒介的方法。③这是因为，互联网作为新媒体的代表以其融合性的特征使得不同媒介的不同运作方式能够在网上聚合成新的数字化传播形式，这种新型的数字化传播方式正是新媒体给传统带来的增殖，它为传统媒体提供了新的发展方向和发展空间。而数字化正是新老媒体对接、融合的一个切入点，新老传播媒介将在数字化的推动下进入一个既激烈竞争又融合发展的新时期。

③新媒介环境中美国报业的衰退及原因。美国是一个传媒业高度发达的国家，在互联网兴起之前，报纸、杂志、广播、电视占据着美国传媒领域的主要阵地。作为历史悠久的传媒之一，报纸最辉煌的年代，每天都有 1000 多万份报纸被

---

① Source：The IAB Internet Advertising Revenue Report，retrieved from the website of The Interactive Advertising Bureau，http：//www. iab. net/media/file/IAB _ Internet _ Advertising _ Revenue _ Report _ HY _ 2012. pdf.

② The IBA Internet Advertising Revenue Report，retrieved from the website of The Interactive Advertising Bureau，www. iba. net.

③ Joseph R Dominick.（2004）Dynamics of Mass Communication：Media in the Digital Age. McGraw-Hill，72.

生产、发行。目前，美国共有 1400 家日报以及数千家每周或双周发行的社区报，报业从业人员有大约 44 万。然而这些报纸在 2008 年都遭遇到了发行下滑的问题，2009 年这个问题尤为明显。其中，日报发行量比上一年下降了 10.6%，而周日报比上一年下降了 7.5%。目前，美国付费日报的总发行量为 4350 万份，周日报的总发行量为 4560 万份。和 25 年前的峰值相比，日报和周日报的读者量分别下跌了 31.5%和 27%。[①]

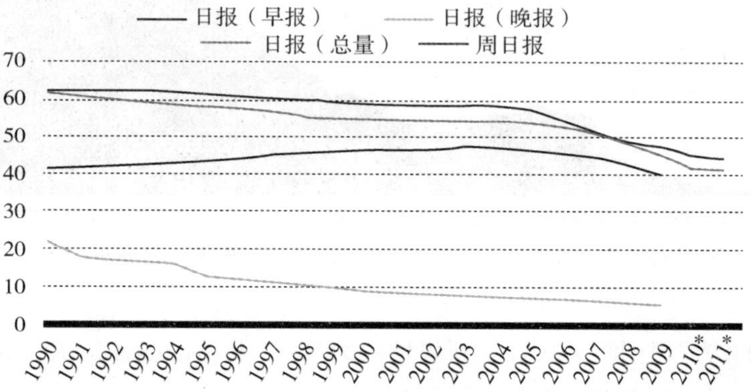


**图 2-2-2 1990-2011 年美国日报发行量变迁示意图**[②]

发行量的下挫与读者量的减少直接相关。一方面，网络媒体吸引了一大批读者，他们通常是年轻的成年人（大约 18-30 岁），也正是这个群体阅读印刷报纸最少。另一方面，美国社会人口流动性的增加、独身家庭的增多、报纸订阅价与售价的高昂以及年轻人阅读能力的总体下降可能引发报纸读者数量的减少。除了读者人数下降之外，导致发行下滑还有其他因素，如报社为了节约开支削减了偏远地区的发行量，报社没有多余的财力去开发新的发行模式，以及经济低迷导致人们购买力下降等。尽管乐观人士认为，结合报纸网站受众的增长来看，报纸的总体情况仍然是向上发展的，但这还是不能掩盖报纸印刷版发行量下滑的事实，同时这也是所有报业从业人员者需要面对的事实。

广告收入方面，继 2007 和 2008 年报纸广告收入下降 23%之后，2009 年跌势不减，下跌幅度达到 26%，与上一年相比跌幅超过 50%，仅相当于 1984 年的广告收入总量。业内人士预测，估计要到 2015 年才有可能真正迎来报业广告的大翻身。[③] 广告下滑的原因与发行量类似——输给了来自网络上的强大竞争对手如

---

① Pew：*The State of the News Media* 2011&2012. http：//stateofthemedia.org/2011/.

② 资料来源：2011 编辑与出版人年鉴（E&P Yearbook data，2011）。

③ Pew：The State of the News Media 2011&2012. http：//stateofthemedia.org/2011/.

Craigslist、Monster 以及 Google 等。分类广告原本占据了报纸 50%的广告收入，是报业广告的中流砥柱，如今也被网络分走了一杯羹。几大媒体公司联手合作成立了分类广告公司（classified ventures），旗下拥有诸如 car. com，homegain. com 和 careerbuilder. com 等专门营销分类广告的网站。

发行和广告的减少直接导致了报业总收入的直线下挫。2000 年，报业的总收入仍维持在 600 亿美元左右，到 2011 年总收入额下降了近一半，只剩下 340 亿美元。收入的锐减不仅制约了行业的发展，更导致了行业规模的缩小。既然无法开源，报业公司开始想方设法节流，缩减各种成本，其中包括缩减岗位、缩减版面版次、服务外包，甚至减薪、降低员工福利等。为了缩减成本，美国报业遭遇了自 1978 年以来最大规模的裁员。2009 年底，PEW 研究中心、美国新闻编辑联合会（ASNE）协同美国广播电视与数字新闻协会（RTDNA）对 400 多名报纸和广电行业的行政人员进行问卷调查，共收回有效问卷 353 份，其中报业行政人员 230 份，广电行政人员 123 份。当被问及过去三年本机构的人员变动时，92%的报业行政人员回答有裁员举措，人员保持不变的占 3%，而增加人手的也只占 2%。但凡涉及到裁员的机构或部门，其力度都可谓不小，有裁员举措的公司中 33%的裁员幅度竟高达 1/4 以上甚至一半。很多报社还撤销了驻首府华盛顿的站点。1985 年美国有 35 个州在华盛顿派有驻站记者，而到 2008 年只有 23 个州仍保留了驻华盛顿记者。相比 2010 年，2011 年美国报业的新闻编辑室再次削减了 1000 个工作岗位，其中《华尔街邮报》和《纽约时报》都有小规模的买断。

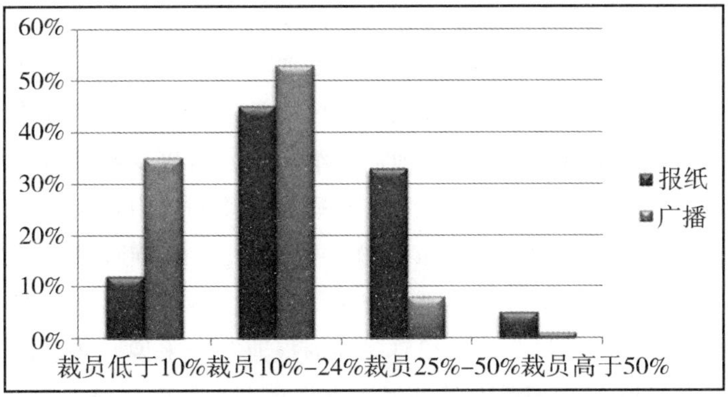


图 2－2－3　2006－2011 年美国新闻业裁员幅度示意图[①]

① 资料来源：PEW 研究中心、美国新闻编辑联合会（ASNE）以及美国广播电视与数字新闻协会（RTDNA）的联合调研，参见 http://stateofthemedia.org/2012/。

对于此次美国所面临的报业寒流，外界普遍认为是经济危机与新媒体的冲击所致。新媒体吸引了一大批所谓“网生代”的年轻读者以及广告商的青睐，而经济危机则更使得所有广告商勒紧了口袋，双重的压力最终引发了美国报业的危机。然而，在这些表象背后，更深层次的原因是受众注意力的缺失引发的报纸产业链的失衡。著名美国媒介经济学家罗伯特·皮卡德（Robert G. Picard）认为，报业同时担当着经济实体与社会机构的角色，肩负着商业和社会的双重使命。从商业的角度看，作为经济实体，报业的经营模式不仅包含着出售有形的报纸商品，还包括出售读者的注意力，前者与发行量有关，而后者则与广告价格有关，发行的销售直接影响广告的销售，这是因为广告商需要通过报纸的版面获得更多接近读者的机会。在传统社会中，报纸是受众主要的信息来源，然而随着网络媒体、移动终端上网的新媒体的出现，许多受众尤其是年轻的一代逐渐将注意力转向了那些新兴的媒体，他们阅读报纸的时间和频率越来越少。此外，美国社会人口流动性的增加、独身家庭的增多、报纸订阅价与售价的高昂以及年轻人阅读能力的总体下降都可能引发报纸读者受众力的缺失。受众力的缺失直接引发报纸发行量的下滑，进而导致报纸广告额的减少。发行和广告是报纸的两大财源，这方面的问题使报业难以维持其收支两方面的平衡。按照皮卡德的统计，在美国报业的刚性成本中，人工费用占45%—50%，新闻纸的费用占20%—35%，发行费用占9%—12%，促销、机器部件、厂地和建筑物等其他成本费用占26%以下[①]，其中两项刚性开支新闻纸和发行的费用占总开支的30%—40%。成本的居高不下又伴随着发行和广告收入的锐减，收入和开支的失衡破坏了报纸产业链的良性运营。对此，美国企业战略家迈克尔·波特描述了两个方案：方案一，报纸的所有者不仅提高价格，而且惯常使用走捷径的方法来实现盈利，如缩减新闻篇幅、裁员、在广告主不太感兴趣的遥远或低收入地区降低发行量、推迟维修与设备改造等；方案二，目前的报纸所有者（或他们的继任者）将接受新竞争的现实，并投资于产品改进，这种改进不仅能充分发挥印刷出版物的威力，而且能使报业公司成为包括提供电子信息在内的信息市场的主要角色。[②] 波特所说的这两种方案也是目前美国报纸普遍采用的开源节流的方法。尽管波特将第一种方案称为“孤注一掷”的策略，但是对于那些财力相对薄弱的报业公司来说，通过裁员、削减版面等措施进行节流既是当下无奈的选择，也是短期有效的措施。而从长期来看，第二个方案无疑更有利于报纸未来的发展。对于报纸而言，与其将新媒体视为一

① Robert G. Picard，Jeffrey H. Brody. （1996）*Newspaper Publishing Industry*. Allyn & Bacon，54.

② Philip Meyer. （2009）*The vanishing newspaper：saving journalism in the information age*. University of Missouri Press.

种威胁，不如将其视为一种机会，结合新媒体的优势与自身的特点寻找新的盈利模式，就像波特所言，“进入替代产业也许可以使某公司从替代产业与产品的相互关系中获得竞争的优势”①。总体来看，面对本行业的大范围衰退，美国报业一直在不断的调整与探索中寻求突围之路。

**2. 冲破危机的突围尝试：美国报业的以变应变**

新媒体的出现给美国报业带来了巨大的影响，然而人们谈论得最多的通常还是报业公司所面临的收入骤降、付费还是免费的内容模式以及订阅还是自由的发行模式等。事实上，相较于上述三者而言，目前新闻业发生的最大变化还是在新闻编辑室内部。技术的发展不仅解放了记者、编辑和出版商，另外由于博客和微博的兴起，普通百姓也能有机会参与新闻的报道和评论，因此一种“多平台、可大范围接触受众、无边界的新闻编辑室”② 正逐步呈现在公众眼前。

①新闻范式：从层层把关到民主参与。从19世纪中叶便士报（廉价报）出现以来至今，新闻内容的生产逐渐形成了一套固有的范式。怀特认为新闻编辑室的把关人控制了新闻和信息的流动，他们采用不同的标准决定哪些新闻该登，哪些不该登。所谓把关，究其本质，就是“新闻媒体建构社会现实的过程”③，除了记者和编辑作为把关人之外，新闻行业的规范、新闻编辑室的惯例和组织结构都是影响最终报道结果的重要因素。一般来说，传统的报纸新闻生产流程包括以下几个部分：决定选题（公关稿或采访通知），采访前的准备，采访，写稿，交稿，审稿，确定标题，落版，审版，印刷发行。由此可以看出，新闻的生产是一个多层过滤、筛选的过程。而互联网的出现打破了新闻编辑室内外的界限，改变了新闻编辑室内外报道者和消费者之间的角色。Deuze和Lasica认为，web2.0以互动性和网民自主创造内容（user-generated content）为特征，它的出现模糊了新闻的界限，尤其模糊了新闻生产流程和新闻生产者的角色。④ 一方面，新闻从业者试图继续维护其把关人的核心地位；另一方面，为了吸引更多的读者和广告，报纸又不得不更多地与读者互动，让读者有切身的参与感。更为重要的是，互联网让更多的人不再满足于仅仅和编辑通信，他们可以借助网络平台主动地发布、传播新

---

① Philip Meyer. (2009) *The vanishing newspaper: saving journalism in the information age*. University of Missouri Press.

② Barkemeyer R, Figge F, Holt D. & Hahn T. (2009 ). *What the papers say: trends in sustainability: a comparative analysis of 115 leading national newspapers worldwide*. The Journal of Corporate Citizenship , March. 22, 66—68.

③ Shoemaker P. J, Eichholz M. Kim E. & Wrigley B. (2001) *Individual and routine forces in gatekeeping*. Journalism & Mass Communication Quarterly, 78 (2), 233—246.

④ Deuze M. (2003) *The Web and its journalisms: Considering the consequences of different types of news media online*. New Media & Society, 5 (2), 203—230. Lasica J. D. (2003) *What Is Participatory Journalism*. Online Journalism Review, 7 August. 参见 www.ojr.org。

闻和信息，于是许多新兴的概念诸如“市民新闻”“参与式报道”“公众新闻”“博客新闻”“草根报道”等随之兴起。这些概念尽管叫法不一，但其核心都在于“专业的新闻从业者和业余人士协同合作，交流事实、问题、答案、观点和看法，从而共同参与新闻的制作和发布”①。“博客新闻”“参与式报道”等的出现让传统的新闻生产流程以及新闻从业者传统的“把关人”角色遭遇了巨大的挑战，丹·吉摩尔提出的传统新闻世界的三类人——记者、新闻制造者和传统阅听大众的界限也日益模糊。

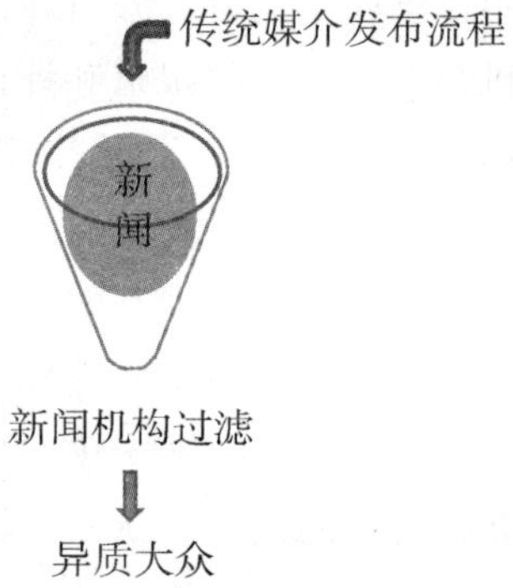


**图 2-2-4　自上而下的传统新闻范式**

随着网络技术的进步，前洛杉矶时报美术总监谢因·波曼（Shayne Bowman）与克里斯·威利斯（Chris Willis）在《自媒体：受众如何塑造新闻与信息的未来》一书中提出了“演进中的新媒体生态系统”，与传统新闻模式不同的是，该系统添加了网络社区在新闻制造与评论中的地位。

在新媒体生态系统中，网络社区不仅代表着阅听大众，同时也制作参与式新闻、草根报道、注释性报道，评论和核查主流媒体报道的事实，从而形成报道线索、来源和报道策划的资源库。② 而广告商、记者、编辑和新闻消费者（受众）则处于一个平等、互动的状态，他们权力分散，信息对等传递，避免了传统的层层过滤把关。因此和传统的新闻生产模式相比，新模式下新闻的生产速度极大地超于以往，新闻内容的评论性、解释性更强，但是对事实的核查却相对更少，有时甚至会为新闻的广告化倾向提供可乘之机。以博客为例，博主可以在网络上撰

① Jarvis J.（2006）Networked Journalism. Buzzmachine. 参见 http：//www. buzzmachine. com/2006/07/05/networked-journalism/。

② 同上。

写报道、发表观点，或者对某一事件进行评论甚至在线与记者和编辑互动。他们不再是新闻链条上的最后一环，他们的主动性和互动性得到了很大程度的加强。

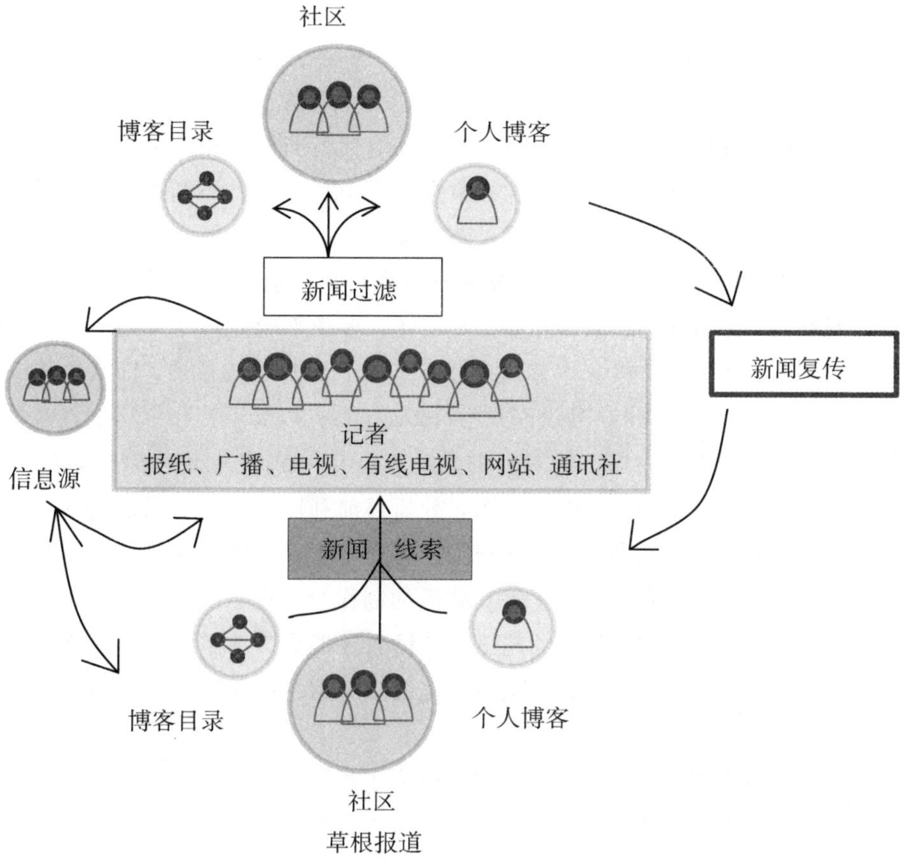


图 2-2-5 演进中的新媒体生态系统①

尽管传统的新闻媒体已经在履行发布信息的职责，但网络媒体的出现使得大众传播结构逐步向着更民主的方向转型。

②记者工作方式：从纸笔报道到全景式报网交叉。新闻范式的改变从另一个层面也反映了当今记者工作方式的变化，包括记者新闻采集的方式、报道方式乃至发布新闻的方式等。早期，记者进行采访时往往只需备好一个本子一支笔，通过手写笔记的方式记录采访的内容。之后随着视频和音频技术的进步，采访的工

① Shayne Bowman, Chris Willis. (2003) *We Meida: How audiences are shaping the future of news and information*. The Media Center at the American Press Institute, 14.

具从手写发展到录像和（或）录音、数码照相机、数码摄像机、笔记本电脑、无线上网卡以及智能手机等。可以说，新通信工具的使用使得其报道产品可以同时满足手机报、电子纸、移动报、纸媒文字图片乃至网站和户外视频的各类需求。

美国哥伦比亚大学教授帕夫利克曾在其著作《新闻业与新媒介》中提出过“全景化报道”的新闻形式，它主要涵盖5个方面：传播形式的广泛性、超媒介、增强受众参与、动态化的内容和个性化服务。其中，基于360度成像技术的全景相机对新闻业的发展更具有重大意义。它能够取代智能设备和控制系统使许多观众观测到场景的不同部分而几乎不存在盲点。[①]伴随着科技的不断进步，全景相机必将朝着更适应人类需求的方向发展，新闻业的全景式报道形式也极有可能会逐步成为主流报道形式的一种。全景报道或许离目前还有一段距离，但是报网互动、网网互动、短信互动、微博互动、超链接，各类平台立体交叉构成了时下新闻报道的一道亮丽风景。以《华盛顿邮报》为例，2011年3月11日《华盛顿邮报》在微型博客网站Tumblr开设账户@innovations，以展示其数字功能，兼与读者探讨瞬息万变的媒体动态。针对目前利比亚发生的武装冲突，《华盛顿邮报》此前曾在报纸中刊登了中东局势动荡图，分析目前利比亚的形势以及其后美英法联军的介入情况。而在其微博中，该报则简要介绍了这幅中东局势动荡图从构思到执行的全过程，让读者更多地了解其幕后的制作和过程，从而与读者建立更加密切的联系。同时，利用网站上的超链接，读者还能更多地了解利比亚冲突的背景、成因以及周边国家动态等相关信息。超链接将网络的无限性的特点充分显示了出来。

随着越来越多的报纸走向网络，网站成为了报纸新闻的另一个重要阵营。和传统的新闻发布渠道相比，如今的新闻工作者不仅要兼顾纸质版的报纸，有时还要向网站提供原创内容，更有不少新闻从业人员（包括记者、编辑或其他内部工作者）同时兼顾撰写和管理自己的博客。一般来说，这类工作人员专栏博客（staff-written blog）都设立在自己的新闻网站上，主要用来公布信息、发表评论以及和读者互动，其性质在某些程度上和报纸的专栏有些相似，通常也是报纸形象的一种代表和反映。据统计，2010年在美国所有大型报纸（以发行量为标准，即发行量超过10万份的报纸）中，22%的报纸拥有1—9个工作人员专栏博客，31%的报纸拥有11—19个工作人员专栏博客，19%的报纸拥有20—29个工作人员专栏博客，而拥有40个以上工作人员专栏博客的报纸数量则占13%，没有工

① John V. Pavlik. (2001) *Journalism and New Media*. Columbia University Press, 8.

作人员专栏博客的报纸数量为零。[1] 新闻网站上的工作人员专栏博客往往具有随意性、休闲性等特点，通过这类博客，读者与新闻工作人员互动迅速便捷，这不仅缩小了报纸与读者的距离，而且加速了信息的流动。尽管与报纸联系紧密，但工作人员专栏博客并不是对报纸的一种监管，也不是报纸编辑内容的延续，它们的内容总是集中在体育或诸如犯罪、教育等社会热点问题上，但有时候它也会对报纸产生一些影响。例如，自从《奥兰多前哨报》的一位编辑在他的博客中描述了他业余时间对足球的热爱之后，工作人员发现其网站的点击率在凌晨这个非常规时段骤然增加。经过调研发现，凌晨时段的点击率主要来自于欧洲地区，那时正是当地的早晨，出于对美国足球发展情况的好奇，许多欧洲居民开始跟踪阅读这个博客。了解到这个信息之后，原本并不把足球报道作为热点的《奥兰多前哨报》决定在报纸的周末版中选择性地刊登该博客中的部分内容。除了纸质版报纸、网站之外，不少记者还需要给电视台提供报道。据《迈阿密先锋报》的执行主编安德斯·盖伦霍尔（Anders Gyllenhaal）透露，他们编辑室的工作人员一共要给 6 个地方提供新闻，它们分别是：纸质报纸，报纸网站（miamiherald. com），报社新成立的休闲、娱乐网站（miami. com），由报社提供新闻内容的当地公共广播电视台，报社旗下的网络电视，以及每天发给互联网用户的先锋报即时新闻服务。[2] 此外，在新闻网站的大平台之下往往分布着不同的微型网站（micro-site），它们可能是产品网站、服务网站或活动网站，又可能与某项运动或某个社区相关，其共性在于点击进入这一微型网站的人通常都对这方面的内容有兴趣，因此它一方面对新闻从业者发布的内容有所限定，另一方面也有利于网站针对其更精确的受众定位来发行广告。

③人才结构与文化：从前喻文化到后喻现象。美国人类学家玛格丽特·米德以文化传递的方式为标准，将整个人类文化分为前喻文化（Pre-figurative Culture，又译“前象征文化”）、并喻文化（Co-figurative Culture，又译“互象征文化”）和后喻文化（Post-figurative Culture，又译“后象征文化”）三种类型。前喻文化存在于原始社会以及一切传统社会中，其特点是晚辈主要向长辈学习，老人、长者是社会中最有知识和智慧的群体。在并喻文化中，文化的学习主要发生在同辈人之间，此时前辈无法再向年轻一代提供符合时代和社会要求的生活模式，而需要年轻人自己去摸索。随着信息技术给社会带来的翻天覆地的变化，年

---

① PEJ：*The Changing Newsroom：What is Being Gained and What is Being Lost in America's Daily Newspaper*？. http：//www. journalism. org/node/11961.

② Project for Excellence in Journalism.（2009）. The Changing Newsroom：What is Being Gained and What is Being Lost in America's Daily Newspaper？. http：//www. journalism. org/node/11961.

轻一代相较于老一辈更能快速接受新事物，适应社会发展的脚步，因此传统的文化传承方式被打破，长辈反过来要向晚辈学习，知识、文化由晚辈传递给长辈，[①]这就是米德所说的后喻文化的特点。数字化技术的冲击，导致新闻业人才结构的变化，同时也带来新闻业中新入行的从小就沉浸在电脑网络的“网生代”比老一辈的新闻从业者更能得心应手地跟上媒体机构对新技术的采纳步伐的现象，从而在新技术应用上促使前辈向后辈学习。也就是说，促使新闻编辑室中出现“后喻文化”。笔者在肯塔基大学访学时（2009 年 8 月至 2010 年 5 月）曾与当地的记者詹姆斯·库克（James Cook）有过愉快的交谈。库克是一位有着 30 多年新闻从业经验的老记者。据他回忆，30 多年前他刚入行时，新闻编辑室到处弥漫着烟味，电话铃声叫嚣不断，角落里堆放着几台电传打字机，人们在手写稿纸和打字机之间穿梭，记者噼里啪啦地将报道在人工打字机上打出来，再递交给主编用铅笔修改，并标上校对记号，摄影记者用化学方法在校样上放大照片，整个现场一片忙乱和嘈杂。而如今，新闻编辑室里的情况已经完全不同。尽管忙碌紧张的气氛依旧，但却没有了往日的凌乱与嘈杂：电话的铃声被调到最小，敲打键盘的声音细不可闻，室内也再没有人抽烟，人们都在安安静静地完成自己的工作。电脑的使用渗透到所有流程——写稿、递交稿件、编辑稿件、照片处理等，一切流程在电脑的协助下变得有条不紊。技术，一方面改变了新闻编辑室里的杂乱景象，另一方面也为现代新闻记者和编辑提出了更高的要求。学习如何使用技术工具为读者采集和呈现更有价值的数据和新闻如今已成为美国新闻编辑室里的一大难题。根据皮尤研究中心对 200 位美国报纸主编的一次采访调查，当被问及“新闻编辑室中哪些技能是必不可缺的？”所有被访对象都认为写作技能是必不可缺的，96%的主编认为全面的电脑技能和快速整理、分类资料的技能必不可缺，90%的主编认为多媒体技能必不可缺，而 83%的则认为数据分析能力必不可少。[②]无独有偶，纽约福德汉姆大学商学院对 25 位媒体集团总裁的调研同样显示，目前媒体集团——包括新闻出版、广播电视等领域——在雇佣人才时最重视的是：技术领域的基本知识、创造力和分析力。[③]出于对网络和新技术的重视，不少编辑室增加了对技术部门的投资和权力。上述皮尤研究中心的调查中，当被问及“新闻编辑室中哪个岗位的职能得到了增加”时，63%的主编表示他们增加了其部门录像制作

---

① ［美］玛格丽特·米德著，周晓虹、周怡译．《文化与承诺：一项有关代沟问题的研究》，石家庄：河北人民出版社 1987：74—75.

② Project for Excellence in Journalism. （2009）. The Changing Newsroom：What is Being Gained and What is Being Lost in America's Daily Newspaper? . http：//www. journalism. org/node/11961.

③ Everette E. Dennis，Stephen Warley，James Sheridan. （2006）*Doding Digital*：*An Assessment of the Top 25 U. S. Media Companies and their Digital Strategies*. Journal of Media Business Studies，3 （1），33—51.

人（videographer）的编辑权力，57%的主编则增加了其网站编辑（web editor）的资源和权力。与此相反，在职能被削减的岗位中，42%的主编承认他们在过去的3年中削减了文字编辑（copy editor）的人数和职能，31%削减了摄影师（photographer）的人数和职能，23%削减了美工（graphic artist）的人数和职能。① 为了配合新闻业未来对人才需求的转型，美国不少大学开设了技术方面的相关课程。例如，旧金山州立大学在它新开设的课程“现代新闻媒体”中就要求学生学习如何使用手机采集、制作和报道新闻，负责教授这门课程的史黛希·贝尔德（Staci Baird）教授认为，尽管迄今为止手机主要是印刷媒体、广播电视以及互联网的补充工具，但长远来看，它将不仅仅是一种补充技术或替代工具，而是一种新的思维方式。②

与“后喻文化”直接相关的是，不少新闻编辑室中的老一辈不得不面临被裁员的命运，年轻的一代成为编辑室中的主力军。内部人员的减少与外部竞争的压力促使年轻记者们加快了新闻采集和撰写的速度，以至于《哥伦比亚新闻学评论》把这些记者比喻为“奔跑的仓鼠”。该文章说：“编辑部的人数不断减少，任务却一直增加。1998 年时，美国一年的报道量是 22000 篇，2000 年时增加到 26000 篇，而到 2008 年再次大幅增长，高达 38000 篇。与此形成鲜明对比的是，参与报道的记者和编辑人数却是一年比一年少，尤其是在近几年报业不景气的情况下。一个 NBC 的白宫首席记者，一天要做 16 个出境采访，主持一档节目，客串两档新闻节目，还要在 Twitter 和 Facebook 上更新 8—10 次，写 3—5 篇博文。和他一样，大部分记者忙碌如转盘上不停奔跑的仓鼠，强调速度，追求数量。但是，仓鼠虽然一直奔跑，却仍停留在原地，新闻业也是如此。”③ 高效率、高产量的新闻生产中深藏着隐忧，就像格里芬所说，“我在我的报纸中发现很多需要解决和回答的漏洞和问题，遗憾的是，这些问题并没有被很好地解决。”④

从老龄化向年轻化转型，从重视新闻知识到重视技术应用，从重视记者的专业化到多功能化，新闻编辑室在迎来人员和技术更新换代的同时事实上也在经历着它们的文化转型。

④新闻职业：从传统的职能划分到数字化相关新职能群体的兴起。报纸的职能可以大致划分为：编辑、广告、发行、摄影和制图、经营以及生产活动。⑤ 一

① Project for Excellence in Journalism, The Changing Newsroom: What is Being Gained and What is Being Lost in America's Daily Newspaper? 2009.

② Amy Gahran. *Teaching mobile journalism: It's not just the tools, it's the mindset*. www.knightdigitalmediacenter.org.

③ Starkman, Dean. (2010) *The Hamster Wheel. Columbia Journalism Review*, Vol. 49, Issue3, Oct.

④ 此处来自对克莱日报记者大卫·格里芬的访谈。

⑤ ［美］罗伯特·G. 皮卡德、杰弗里·H. 布罗迪著，周黎明译．美国报纸产业［M］．北京：中国人民大学出版社，2004：74.

般来说，不论报业公司的规模大小还是报纸出版的次数多少，上述几个职能基本相似，报纸在这几个大的职能部门之下设立相关的职位。在新闻编辑室中，传统的文字记者、摄影记者、文字编辑、图片编辑等无疑必不可少，随着网络版的开辟，编辑室还出现了网络版记者和编辑的职位。不仅如此，伴随着网络的发展，三个新兴的职能群体——早间报道小组（early team）、“移动”记者（Mobile Journalist，简称 MoJo）和搜索编辑（search editor）正逐步兴起于新闻编辑室中。

众所周知，对于新闻行业来说，时效性的把握至关重要。然而，由于报纸本身的特点，使得其在时效性的争夺上总是比广播电视略逊一筹，最终只能从报道的深度和角度上为自己赢得一席之地。如今，报纸和互联网的结合使得它们也有了参与时间竞争的资本，第一时间先把新闻发布在自己的网站上，再在随后出版的纸质报纸中详细解读成了许多报纸现今的做法。在这种大趋势下，新闻编辑室里一个新兴的群体——早间报道小组（early team）正悄然出现。

根据尼尔森公司 2010 年对美国报纸的调查显示，小报（指发行量低于 10 万份的报纸，下同）中的 42%已设立了早间报道小组，17%正考虑增设这一小组；而大报中则有 80%表示已经有了自己的早间报道小组。前文当中曾经提到，尽管多数新闻编辑室有裁员的举动，但仍有少数报纸还增加了人手，事实上，他们新增加的人手大部分正是服务于早间报道小组。一般来说，早间报道小组由一位编辑和若干位记者组成，他们的工作时间通常是凌晨到下午 3 点半之前，主要工作就是为其新闻网站提供内容。从某种程度上看，早间报道小组的工作性质和过去的下午报有些相似，都是负责报道、整理当天的新闻，内容主要集中在：当天的交通状况、前一天晚上的政府会议或比赛结果以及当天即将出庭审理的案件等。此类内容常常会被早间发生的其他重要新闻所取代。但也正是因为它们灵活的特点，更能适应网站的需求。按照生活中的时间节点，早间报道小组会在不同的时间段为读者提供最新鲜的新闻内容。早间报道小组的出现改变了当前报纸只向其社区提供新闻的角色。《迈阿密先锋报》的执行主编安德斯·盖伦霍尔（Anders Gyllenhaal）发现当地的电视台经常从它们报纸的网站上引用新闻，尤其在跟进某个突发性事件的进展之时。

技术的进步和融合催生了新闻编辑室里的另一个职能群体——“移动"记者（Mobile Journalist，简称 MoJo）。最初，MoJo 只在少数报社中存在，他们以地理上的区域为划分，在本地区进行地毯式搜索和挖掘从而为其网站提供即时、简短的新闻。如今，拥有先进的数字化移动设备的“移动"记者在遇上突发性事件时，可以通过数字化移动设备在第一时间把采集到的新闻内容传送至网站，之后如有需要的话再为隔天的印刷版报纸作更详尽的报道。在皮尤研究中心的调查中，当被问及“怎么看待 MoJo?”时，90%的大报编辑和 74%的小报编辑认为“非常有价值”，8%的大报编辑和 16%的小报编辑认为“不怎么有价值”，另外，2%的大报编辑和 10%的小报编辑表示“我们不会雇用 MoJo”。佛罗里达《新闻发布报》(News-Press) 是较早采用 MoJo 的报社，其下属的 44 名 MoJo 有的是新进的员工，有的则是原来记者的转型，它的主编凯特·玛丽蒙特 (Kate Marymont) 认为 MoJo 的诞生极富创意和成效，经验证明，许多转型成为 MoJo 的记者取得了巨大的成功。[①]然而，拥有一名 MoJo 需要耗费巨大的财力。而且，由于 MoJo 通常是越过编辑直接把图片和报道甚至视频直接传到网上，其工作因此对其本身的能力和素质要求非常高，有时还需对之进行某些方面的培训，而这也会是一笔不小的费用。可以说，MoJo 是当今技术条件和时代背景共同孕育的产物，它的出现预示着新闻业未来可能的发展方向：草根化、多功能化。

如前所述，网络是报纸目前同样需要抢夺的一个重要阵地，在这样的背景下，报纸新闻在网站上的被搜索率也凸显出重要性。由于网络上网民们阅读新闻的方式已经从过去的被动接收转为主动搜索，通过谷歌、雅虎等搜索引擎输入关键字，查看自己感兴趣的新闻，因此如何被搜索引擎关注，使得自己的新闻出现在搜索结果当中，甚至头几条中就显得尤为重要。而搜索编辑 (search editor) 就由此应运而生。搜索编辑通常精通电脑的运作，尤其是搜索引擎的运作方式，其主要工作是告诉新闻工作者们搜索引擎的工作原理，尤其是网页的搜索功能结构是怎么在主页上工作的，从而在最大程度上帮助他们的新闻被搜索引擎搜索到。目前，搜索编辑还未成为新闻编辑室里一个常规的职位，也许它会是昙花一现，也许它又会在未来取代网络编辑的地位，但不管怎样，它表明了新闻业对于技术和网络的重视，以及想要在网络世界中有所作为的决心。

**3.《纽约时报》的发展动态：美国报业嬗变的缩影**

①《纽约时报》的现状分析。《纽约时报》被公认为是美国乃至全世界最具有权威性的报纸，它不仅是“历史的忠实纪录者”，也是“政治精英的内部刊物”，[②] 它的言论和观点甚至可能成为美国国会政策制定的参考。作为一份创刊于 1896 年的百年大报，《纽约时报》的发展史可谓是美国新闻史的一个缩影。从创刊初期的亨利·雷蒙，到中期的阿道夫·奥克斯，再到如今的苏兹伯格家族，《纽约时报》一直保持着自己庄重、品格高尚的独特个性。1992 年，小亚瑟·苏兹伯格担任发行人之后，采取了一系列措施拓展集团的业务，其中包括使用彩色印刷，扩大体育新闻、大都会新闻的版面，增加时尚版等，同时收购《国际先驱

① Jean Yves Chainon. US: *Mobile journalism is changing the newsroom*. www. editorsweblog. org.

② Jean Yves Chainon. US: *Mobile journalism is changing the newsroom*. www. editorsweblog. org.

论坛报》和《波士顿环球报》，进军电视和广播事业。

目前，《纽约时报》主要在美国及世界范围内发行，其平时（周一到周五）的发行量有43%来自于“大纽约地区”，即纽约市、西彻斯特（Westchester）、长岛（Long Island）等31个县（county）以及纽约以北部分地区如康涅狄格州、新泽西州和宾夕法尼亚州，星期日版的发行量则有38%来自于“大纽约地区”，其余62%来自其他地区。此外，在2010年，所有周中版（weekday）的发行量中有64%来自订阅，而星期日版的发行量中则有74%来自订阅，其余依靠报刊亭的零售。据美国 Audit Bureau of Circulations（简称“ABC”）的统计，《纽约时报》自2005年以来，发行量一直处于下滑状态。

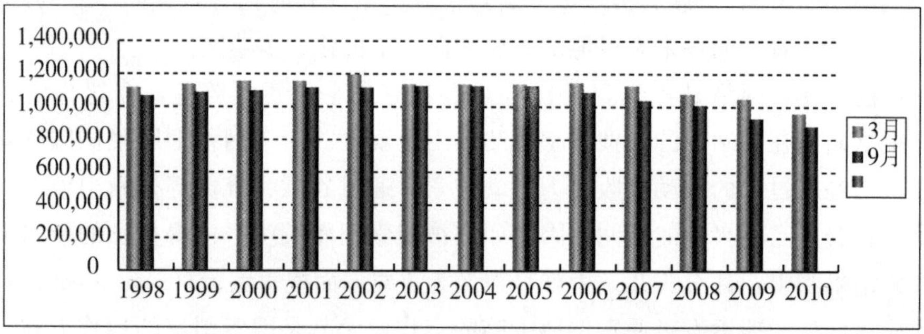


**图 2-2-6 1999-2011 年《纽约时报》发行量状况（周中版）**①

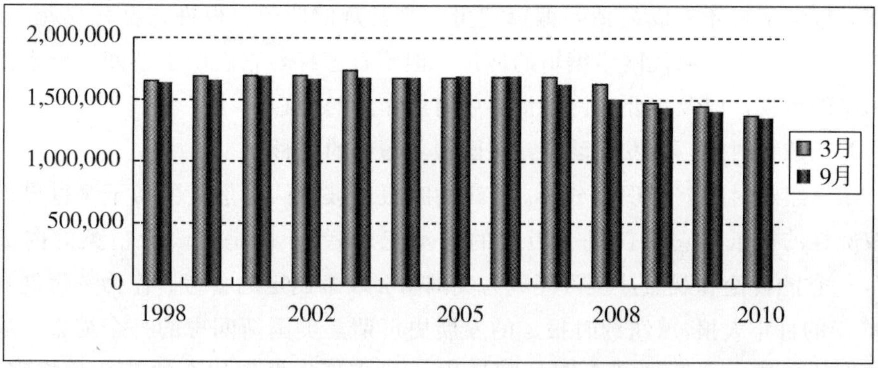


**图 2-2-7 1999-2011 年《纽约时报》发行量状况（星期日版）**②

收入方面，2011年整个纽约时报集团收入约为23.23亿美元，其中，该集团

---

① Source：New York Times Annual Report 2010，获自其官网 www. nytco. com.

② Source：New York Times Annual Report 2010，获自其官网 www. nytco. com.

的主要组成部分纽约时报媒介集团所占比例大约为65%，由此可以推测出《纽约时报》在2010年的收入大约为15.1亿美元，比2010年的15.5亿美元稍有下降。以同样的方法类推，可大致估算出自2000年以来该报纸的收入状况，详见下表：

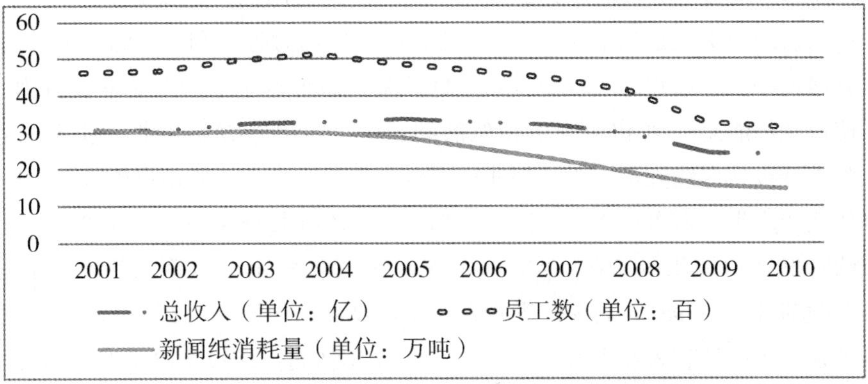


**图2－2－8 2001－2011年纽约时报集团收入、员工与新闻纸消耗量对比**[1]

由上图中各项数据的比对可以发现，新闻纸的消耗量从2001年开始一直处于减少的状态，这与报纸发行量的削减有很大关系。报社员工数在2001年至2004年间尚有缓慢的增长，但在2004年之后，纽约时报媒介集团的从业人员数量几乎逐年递减，截至目前仍未看到任何回增的迹象。与报纸的生存息息相关的收入情况亦不容乐观，同样也是自2004年以来一路下滑。以上三方面的数据基本反映出了纽约时报集团目前的基本状况——传统报业遭遇瓶颈，生存问题令人堪忧。而这种生存问题在2013年再次被注意和放大。2013年8月，纽约时报集团旗下曾经获得8次普利策新闻奖的《波士顿环球报》宣布易主，连同其一起售出的还有整个新英格兰媒体集团。作为美国东北部曾经最负盛名的报纸之一，《波士顿环球报》自2005年以来受到了来自互联网的强烈冲击，甚至在2009年一度险遭停刊。尽管2011年纽约时报集团曾拒绝了自由传媒集团（Freedom Communication Inc.）3亿美元的收购请求，但在两年之后，《波士顿环球报》的收购事宜却再次被提上日程，而这一次出售的价格仅是7000万美元。对比纽约时报集团1993年买入《波士顿环球报》的价格（11亿美元），这次的出售无疑是一次“亏本的甩卖”，在这一桩买卖上纽约时报集团亏损了近93%。《波士顿环球报》亏本贱卖的背后一方面反映的是该报在恶劣的报业大环境下的生存境遇，其业务的萎缩和逐年的亏损迫使纽约时报集团不得不将其贱卖以减轻包袱；另一方面也显示了纽约时报

① 资料来源：笔者根据纽约时报集团2001—2010年年度报告数据统计绘制而成。

集团下定决心将主要精力和投资集中在打造《纽约时报》的品牌及其新闻主业上。

尽管纽约时报的传统报纸业务遭遇困境，但基于其数字平台上的在线业务却日趋发展。纽约时报网站的读者遍布全美乃至全世界。据在线读者统计机构Media Metrix透露，2010年12月纽约时报网站在美国的访问量达到了3240万，在全球的访问量更是达到了4480万。[①] 同时，《纽约时报》和《国际先驱论坛报》还打算通过手机应用程序、社交网站、电子阅读器等电子平台为受众提供内容服务，使得他们能感受到和印刷版相似的阅读体验。电子领域的收入主要来自广告，其类型包括在线展示广告（如通栏广告、半版广告、大幅面广告等）、分类广告（如地产广告、需求广告等）以及内容关联广告（其链接一般由谷歌提供）。根据纽约时报集团提供的2010年第四季度财政报告显示，尽管该季度总收入比2009年同期下滑2.9%，其中广告收入和发行收入分别下滑3.1%和3.6%，但来自电子领域的广告收入却上升了11.1%。2011年初起，该报推出了在线内容收费模式，希冀未来来自电子领域的收入会进一步增加。

②纽约时报的特点与发展态势。根据前文对美国纽约时报现状的阐述，可以将其发展特点归纳为：传统板块受挫、新兴板块崛起，以及在此基础上混合商业模式的探索和主营品牌的突显，其中传统板块指报纸在印刷领域的业务，而新兴板块则是报纸在数字领域的业务。和美国其他报纸一样，《纽约时报》的印刷版受此次报业危机影响较大，其发行量和广告收入在此期间均受到不同程度的下挫，其下挫幅度在2008年至2009年间达到最大。由于印刷版是报纸的主营板块，它的不景气直接导致了报纸总收入的下滑，即使电子领域的业务有所起色，仍然无法弥补印刷版收入减少的那一部分。在新兴的数字领域方面，自20世纪90年代《纽约时报》开辟网络版以来，这一领域一直未给报纸带来盈利，直到进入新世纪以来，数字领域的业务状况才有所起色，勉强能自负盈亏。如今，在这次报业危机中，与印刷领域的惨淡截然相反，数字领域的广告收入反而呈现增长态势，如2010年第四季度纽约时报集团数字领域的广告收入比上年同期上升了11.1%。随着来自数字领域收入的增加，报纸的管理层意识到不能再单一地依靠印刷版的收入，而应当积极发展数字领域的其他业务，如网络电子商务的开展以及网络新闻收费模式的探寻。为此，《纽约时报》在2011年3月跨出了实质性的一步，即设立"付费墙"，它将会向每月点阅超过20篇限定的读者征收15美金，不过对从新媒体平台如推特和社交网站而点阅文章的用户将会保持开放。"付费墙"的模式在《纽约时报》初步取得了成功，2012年底，据彭博社透露，《纽约时报》线上线下的总订阅收入达到7.683亿

① 纽约时报集团2010年年度报告，获自其官网www.nytco.com。

美元，比广告收入多出 5290 万美元，成为该报第一大收入来源。同时，这也是《纽约时报》的总订阅收入首次超出广告收入。对此，美国著名传媒杂志 *MediaLife* 随即做出评价：2012 年将被报业铭记，因为这一年，报业开始充分拥抱“付费墙”了。[①]“付费墙”的出现在表明《纽约时报》对自己的内容极具自信的同时，也预示着高质量原创性的报道将会是《纽约时报》未来努力的方向之一。除了在新闻质量上下功夫之外，纽约时报集团还试图从全方位打造《纽约时报》的全球品牌效应，为此而实施一系列全力打造品牌核心资产的战略举措。《波士顿环球报》的出售以及其下属《国际先驱论坛报》更名为《国际纽约时报》都被认为与打造品牌核心资产的战略举措有关。

## 三、数字化背景下《纽约时报》的生存、发展及特点

1994 年之后，随着美国网景公司互联网浏览器 Netscape Navigator 的推出，美国社会迎来了网络冲浪的第一次高潮。因特网的兴起引起了美国报业的关注，由此带来了网络报纸的创新实践及其扩散，我们的研究对象《纽约时报》也成为采纳此项创新的早期大多数之一。从时间上来看，网络报纸的扩散速度远远快于其他创新，这与其可观的经济利益有着密切的关系；从采纳的程度来看，各家报纸在采纳此项创新之后，在形式、内容、版面和盈利模式等方面均实施了程度不等和特点各异的再创新，这也使得不同报纸的网络版具有各自鲜明的特色。

### 1. 数字化变革：美国报业渐进性创新发展的崭新阶段

创新（innovation）既是企业期望达到的目标，也是其发展的核心力量。对于创新的理解，人们总是存在着不同的观点，其中也有不少误区。按照媒介理论家博里斯·高瑞斯（Boris Gorys）的观点，如果产品、服务或过程与以往相比有所不同，而且更有价值，那么就达到了创新的标准。[②] 也就是说，任何对以往的改进都是一种创新。著名美国传播学者埃弗雷特·罗杰斯（E. M. Rogers）认为，创新是一种思想、一种实践或是一个被个人或其他采纳团体认为是崭新的东西。[③]被誉为创新研究之父的顺彼得（Schumpeter J. A）则认为，创新来自于一个“创造性颠覆”（creative destruction）的过程，在这个过程中，不断的探寻最终创造

---

① 孙奇茹《“付费墙”模式在〈纽约时报〉初获成功》，获自 http：//www.meihua.info/today/post/post_7301377b—78d8—441c—84f9—4dd849652c9f.aspx。

② Boris Gorys.（1992）*Uber das Neue*：*Versuch Einer Kulturokonomie*，Munchen：Hanser，转引自 Cinzia Dal Zotto & Hand Van Kranenburg.（ed）.（2008）*Management and Innovation in the Media Industry*. Edward Elgar Publishing，ix.

③ Everett M. Rogers.（2003）*Diffusion of innovations*. Free Press，119.

了某些新的方面，同时颠覆了某些旧的方面，而导致这一“创造性颠覆”的终极动力则是对新的收入来源的追求。① 由此，创新过程可以被区分为三个不同的阶段：创造（invention）、创新（innovation）和模仿（imitation）。创造指的是最初对某种技术或产品效用的发现，如盘尼西林的治疗效果；而在创新阶段，这项发明或创造被发展成一种具有经济价值的产品。如果创新被证明是成功的，那么其他企业便会相继创造或推广与其略有不同或稍作改进的相近版本的创新，这个过程便被称之为模仿。② 循着这一视角，创新又可以根据其新奇的程度分为：（1）新的—或彻底性的—创新。所谓的彻底意味着创新的观点或技术完全是新的，也就是之前从未出现过，因此，这种创新具有一定的不确定性和风险性，对于企业来说也更难驾驭；（2）调整的—渐进性的—创新，即对已有产品、形式、功能、服务或内容的改进和完善；（3）模仿，指的是已经存在于市场上的产品和服务在功能、外形及生产过程中被其他企业所模仿。③ 尽管有上述三种不同的分类，但目前各大企业所采用的创新方式80％都是后两种，报纸产业也不例外。

报纸从诞生之日起就一直与创新有着紧密的联系。在美国，报纸从政党报到便士报是一种创新，从邮寄发行到订阅与零售共存是一种创新，从以文字为主到图文并存是一种创新，从黑白到彩色也是一种创新。尽管创新式的变革不断出现，但没有一次如当下的变革那么强烈，这是因为因特网和信息技术的发展引发的是报纸载体的一次大变革。回顾过去，在数次变革中报纸的载体始终是新闻纸，人们早已习惯在纸上阅读报道、欣赏图片，而在因特网的时代，报纸将其内容搬上了数字网络空间，过去的铅与火变成了一堆二进制符号，过去的新闻纸也变成了各式各样的电子屏幕。载体的创新带来各个层面的转型和变革。美国纽约大学的尼娜·齐夫（Nina D. Ziv）教授对此进行了总结，认为在新媒体时代报纸等传统媒体正在经历11个方面的转型：④

---

① Schumpeter J. A. （1997）*Theorie der wirtschaftlichen Entwicklung：Eine Untersuchung uber Unternehmergewinn，Kapital，Kredit，Zins und den Kojunkturzyklus*，9. Auflage，Berlin：Dunker und Humblot. 转引自 Cinzia Dal Zotto & Hand Van Kranenburg. （ed）.（2008）*Management and Innovation in the Media Industry*. Edward Elgar Publishing，ix.

② Schumpeter J. A. （1997）*Theorie der wirtschaftlichen Entwicklung：Eine Untersuchung uber Unternehmergewinn，Kapital，Kredit，Zins und den Kojunkturzyklus*，9. Auflage，Berlin：Dunker und Humblot. 转引自 Cinzia Dal Zotto & Hand Van Kranenburg. （ed）.（2008）*Management and Innovation in the Media Industry*. Edward Elgar Publishing，ix.

③ Tidd J.，Bessant H. & Pavitt K. （2005）*Managing Innovation：Integrating Technological，Market and Organizational Change*. 3rd edition，Chichester：John Wiley and Sons，99.

④ Nina D. Ziv. （2005）*Toward a New Paradigm of Innovation on the Mobile Platform：Redefining the Roles of Content Providers，Technology Companies，and Users*. IEEE Conference Proceedings，MBusiness Conference，Sydney，Australia，July.

单一媒介（Single Medium）←——→多维平台（Multi-dimensional Platform）

实体的（Physical）←——→数字的/移动的（Digital/Mobile）

传统人才（Traditional Talent）←——→综合人才（Hybrid Talent）

结构化组织（Structured Organization）←——→生态化视角（Ecological Perspective）

以内容提供商为主建构品牌←——→以技术为主建构品牌

（Brand Defined by Content Creators）←——→（Brand Defined by Technology）

独立的内容提供商←——→社区作为（内容）的创造者

（Individual Content Creators）←——→（Community as Creator）

大众市场（Mass Market）←——→个性化（Personalization）

实体形式的再创造←——→新媒介/新形式

（Re-Creation of Physical Form）←——→（New Medium/Form）

受版权保护的原始材料←——→数码材料作为商品

（Original Copyrighted Material）←——→（Digital Material as Commodity）

进化的（Evolutionary）←——→革命性的（Revolutionary）

商业模式（Business Models）←——→创造性/设计/酷感（Creativity/Design/ "Coolness"）

不难看出，作为传统媒体之一的报纸目前正在经历着涉及到报业内外的各个方面的变化，报纸正努力以创新的尝试应对种种变化，因此它的创新措施同样涉及到很多方面。按照顺彼得（Schumpeter）的划分，创新大致可以分为六个方面，它们分别是产品创新、市场创新、过程创新、技术创新、结构创新和社会创新（social innovations）。其中产品创新和市场创新主要面向外部市场或顾客，而后四种创新则涉及到企业的内部结构。六种创新相互依赖，相辅相成——一方面产品和市场的创新依赖于技术和过程的创新，另一方面技术和过程的创新又离不开企业结构的创新；社会创新，如为员工提供更好的工作环境，则是完成其他创新的最根本的基石。所有创新又都以企业的盈利作为最终的目的。[①]

通常不以技术作为核心产品或服务的行业所经历的创新都是调整的—渐进性的—创新，这种循序渐进的变化或演进一般都在企业现有的框架结构中进行。报

① Schumpeter J. A. （1997） *Theorie der wirtschaftlichen Entwicklung: Eine Untersuchung uber Unternehmergewinn, Kapital, Kredit, Zins und den Kojunkturzyklus*, 9. Auflage, Berlin: Dunker und Humblot. 转引自 Cinzia Dal Zotto & Hand Van Kranenburg. （ed）. （2008） *Management and Innovation in the Media Industry*. Edward Elgar Publishing, x.

纸的创新可说属于此类。从管理学的角度来看，报纸拥有属于自己的核心资产，它的核心资产主要是指作为核心产品的新闻，以及发行印刷版的同时又积极创建网络版等核心活动，这些活动并非完成于朝夕之间，而是循序渐进的创新结果，因此符合渐进性创新的发展轨迹。在报纸渐进性创新的发展轨迹中，人们可以窥得报纸与互联网以及网络技术合作的每一个过程，以及数字技术在报业领域的创新和扩散。

报纸的发展离不开技术，从过去的“铅与火”“纸和笔”到如今的采编流程计算机化，每一次的重大技术进步都给报业的发展带来了质的飞跃。技术的创新一方面解放了报业的生产力，推动了报业的繁荣，另一方面还促使了其他媒体形态的诞生。各种媒体不仅在受众、广告等方面相互竞争，还在技术的创新和运用上相互较劲，因为对于它们来说，技术上的领先就意味着市场上的先机，技术上的创新更意味着未来的发展潜力。目前对于报业的发展来说，不仅必须运用新的采编和印刷技术守住自己传统报业的阵地，而且还必须大力开发和运用网络技术、移动技术开拓新的平台，将其业务范围扩展至其他移动新媒体领域。总体来看，在当前的技术环境下，数据存储、数据传输和数据挖掘三大技术对报纸的网络平台和移动平台影响较大，它们的进步和创新为报纸的发展带来了新的广阔空间。在此限于篇幅，我们不拟面面俱到地细述，只想根据《纽约时报》的特点，简单提一下数据挖掘资料的应用对其的重要影响。

数据挖掘又称知识发现（Knowledge Discovery in Database，简称 KDD），是从大量数据中抽取有意义的、隐含的、以前未知的并有潜在使用价值的知识的过程，是一种深层次的数据分析方法，它在报业领域有着很大的作用。众所周知，报社通常保存着海量的资料，而我们的研究对象《纽约时报》更是常被人们称为“历史的纪录者”“新闻的资料库”，它的版面也从 20 世纪 60 年代 10－20 版扩张至现在的 100－200 版，在这些庞大的信息量背后存在着哪些文档之间的关联，又蕴含着什么样的规律，这都是之前的技术所无法侦测到的。而如今的数据挖掘技术所要做的就是通过语义分析、知识管理和商业智能从大量的、不完全的、有噪声的、模糊的、随机的实际应用数据中，提取隐含在其中的、人们事先不知道的，但又是潜在有用的信息和知识。和传统的数据分析方法（如查询、报表、联机应用分析）相比，数据挖掘最大的不同是在没有明确假设的前提下进行挖掘信息、发现知识，它常用的手段包括关联分析、序列分析、分类、预测、聚类分析、偏差分析以及时间序列分析，通过这些技术找出不同内容之间或者因果，或者时序，或者相似等各种可能的规律。

与任何一种技术创新一样，数据存储技术、挖掘技术和传输技术从出现到广泛应用经历了漫长的历程。罗杰斯认为，创新—发展过程可以分为 6 个阶段：需要/问题、研究（基础/应用）、发展、商业化、扩散和采纳、结果。尽管罗杰斯本人指出，这 6 个阶段的划分有些武断，因为它们并不总是按这个顺序发生，某些阶段可能在不同的创新中被忽略，[①] 但这样的划分还是为人们了解创新—发展的整个过程提供了可供参考的依据。正如罗杰斯所言，创新—发展过程通常始于意识到某种问题或需要的存在，这种意识刺激人们去开展研究和开发活动，从而创造一种解决问题或需求的创新措施。[②] 对于新闻从业者来说，面对浩瀚的信息海洋和复杂的工作流程，他们确实需要某种技术帮助其快速地搜寻和传输信息，提高他们的工作效率，为此数据存储技术、挖掘技术和传输技术有了存在和发展的需要。正是有了这样的需求，研究机构或研究人员才开始投入人力、物力对其进行研究和开发。研究和发展是一个连贯的过程，它们是一项创新的基础阶段，在一项技术或产品研发出来之后，更为重要的是将其商业化即推向市场的扩散过程。在这一过程中，商业化的包装有助于创新产品的扩散，有时将相关联的产品结合起来包装能达到扩散的更优效果。例如，这里所提及的数据存储、挖掘和传输技术这三种数字技术有着紧密的联系，其中存储是挖掘的基础，挖掘是存储的高级阶段，而传输是连结一切二进制信号的纽带。三者的结合推广可以更好地向世人展示数字技术所带来的优势。在扩散过程中，已经尝试这些新技术的新闻从业人员将起着示范的效果，罗杰斯认为，潜在的采纳者会模仿和跟随这些同辈人士的行为，而这种模仿和跟随正是扩散过程的核心。以数据存储技术为例，它的发展经历了三个阶段：第一阶段的基于全文检索的全文数据库；第二阶段的基于报纸版面的信息仓储，第三阶段的基于报社数字资产管理方向发展。[③] 数字资产管理出现于 20 世纪 80 年代，在当时是一个新兴的概念，因此只有少数几个媒体企业勇于率先尝试。由于数字资产管理是以数字资产的获取、存储与重复利用为目标，因此具有再利用性，通过再利用创造新的商业价值。对于内容而言，如果想要其可以被再利用、再增值，就需要使内容成为资产。如果想要将内容变为资产，就需要加入权限管理。权限管理简而言之就是指什么人在何种情况下可以对哪个内容做什么样的操作。加入了权限管理后，对内容的利用就可以因人而异，使得内容信息可以被再利用，生成资产价值。行业创新者的带头模范作用以及数字资产管理带来的益处使得这项技术很快在新闻媒体、图书出版、娱乐服务及政

---

① Everett M. Rogers. (2003) *Diffusion of innovations*. Free Press, 119—135.

② Everett M. Rogers. (2003) *Diffusion of innovations*. Free Press, 119—135.

③ 数字资产即数字化形式的资产，如音频/视频、电子文本/文件、图表/图像、多媒体文件等各种数字化新闻信息。而数字资产管理就是利用计算机技术实现对这些数字化内容进行有效的管理和利用。

府医疗等领域扩散开来。自20世纪90年代起，国外媒体企业开始纷纷建立数字资产管理系统，目前该系统在欧美报纸中已经较为普及。在数字资产管理系统下，所有的信息集中于同一个内容模块，这无疑提升了信息搜集、采编和发布的效率，为网络报纸的推出提供了最基本的技术支撑。

**2.《纽约时报》的网络版创新及成就**

①报纸网络版创新的出现和扩散。数字技术的创新加速了网络报纸的诞生。如前所述，网络报纸是报纸载体的创新，它对报纸其后的发展走向产生至关重要的影响。全球第一个在网上发布电子版的是美国的《圣何塞信使新闻报》（综合一系列相关著述中所言，这大约发生在20世纪80年代末90年代初）。创新—扩散研究的成果表明，创新者在系统内率先进行的创新活动并不意味着该项创新会立刻被系统其他成员接纳。按照加布瑞尔·塔德的说法，"发明的过程通常分为三个阶段，起初阶段进展很慢，接下来第二阶段的进展很快，并且呈一定的加速度向前推进。进入第三阶段之后，进展又缓慢下来，直至停止。"① 罗杰斯则用S型曲线来说明创新采纳的过程。在早期的每个时间段里，因为只有很少的创新采纳者，S型曲线上升很慢。当系统内的半数成员都已采纳时，S型曲线加速上升，达到最大值。之后，S型曲线又以相对缓慢的速度上升，因为系统里剩下越来越少的成员加入到采纳者的行列中来。

从网络报纸在美国的发展来看，当《圣何塞信使新闻报》率先发布电子版之时，并未在美国以及全世界范围内引发多大反响，这一时期创新采纳的缓慢也与网络技术本身的不完善有关。但到1994年，网络报纸的发展态势则开始变得明晰。据统计，1994年美国上网的报纸有几十家。网络报纸的早期采纳者在1994年的出现与互联网浏览器的诞生有很大关系，网景浏览器的推出使得美国以及全球的互联网用户以及上网人数急剧攀升，由此引发了一场网络冲浪的高潮。互联网络的兴起直接带来了网络报纸的发展，自1994年之后，网络报纸的创新采纳逐步进入加速上升的时期，即所谓的"起飞期"（按罗杰斯的理论，创新事物在其S型扩散曲线处于10%到25%的采用比之间进入"起飞期"）。据美国报业协会和Quill Report的统计，1995年，全美共有1500多家日报，其中有150家创办了网络报纸，而到1996年4月开设网络版的报纸数量则达到了175家，② 这意味着从1995年开始网络报纸的创新采纳百分比已经达到了"起飞期"的标准10%—25%，进入S型扩散曲线的"起飞期"。按照罗杰斯对创新采纳者的划分，这一时

---

① [法] 加布瑞尔·塔德《模仿的法则》，第127页，转引自埃弗雷特·M. 罗杰斯著，辛欣译．创新的扩散[M]．北京：中央编译出版社，2002：247.

② NAA：http：//www.naa.org/TrendsandNumbers.aspx.

期的采纳者属于“深思熟虑的早期大多数”的范畴；他们在扩散过程中具有独特的地位，接受创新的时间位于早期采纳者和晚期采纳者之间，是扩散链中的重要一环，在人际关系网中起着承上启下的作用。

除了创新者、早期采纳者和早期大多数之外，罗杰斯所提出的另外两类采纳者分别是持怀疑态度的后期大多数和墨守传统的落后者。按照罗杰斯对创新采纳者类型的划分，在美国，1998年之后才创立网络版的报纸属于后期大多数和落后者的范畴，这是因为，根据Penny Pagano在美国《新闻学评论》上的文章显示，截至1998年底，全美已有60%的报刊完成了上网，[①] 即接纳了网络报纸的创新，那么剩余40%的报纸不是落后者就是后期的大多数。同样，按照上述罗杰斯5种采纳者类型的划分，在1995年接受网络报纸创新的《纽约时报》无疑属于早期的大多数。

《纽约时报》在20世纪90年代中期发展态势相对良好。而一个运营状况良好且收入稳定的企业通常不会愿意打破现有的、已被实践检验的、成熟的体系去寻求任何未知的创新，报纸企业也不例外。尽管美国报业从20世纪80年代后期起已经感受到了来自因特网的冲击，但毕竟因特网本身也才刚步入流行，对于实力雄厚、知名度高、发行量排名美国前三的《纽约时报》来说影响并不算很大。在这种情况下，它自然没有感到有必要当第一个吃螃蟹的勇士。因此，它没有率先采纳网络报纸的创新，而是深思熟虑地观望了一段时日。但作为行业的领军者之一，《纽约时报》拥有优秀的市场分析和预测团队，在经过了对创新者和早期采纳者的考察以及对网络市场的分析之后，该报看到了互联网的发展速度也认同了它的发展潜力，因而迅速做出决策接受网络报纸的创新。由此可见其应变能力较强，从采纳的时间上看，它甚至比其他的早期大多数更快地接纳了此项创新。

从《圣何塞信使新闻报》首创网络报纸，在美国，网络报纸用了不到十年的时间，在1998年随着60%的美国报纸开设网络版而基本完成了它的创新扩散过程。毫无疑问，网络报纸的扩散速度相比其他创新更为快速，而不同的扩散速度又与创新的特征有着紧密的联系。[②]罗杰斯认为，创新的特征包含5个方面的内容：相对优势、相容性、复杂性、可试性和可观察性。相对优势是一项创新比起它所取代的方法具有的优势，它可以用经济因素、社会声望、便利性、满意度来评价。一般来说，一项创新的相对优势越大，它被采用的速度越快。对于网络报纸来说，采纳者对其经济利益的考虑是首要的。[③] 张咏华在《中外网络新闻业比

---

① 匡文波．网络媒体概论［M］．北京：清华大学出版社，2001：15.

② ［美］埃弗雷特·M. 罗杰斯著，辛欣译．创新的扩散［M］．北京：中央编译出版社，2002：15.

③ ［美］埃弗雷特·M. 罗杰斯著，辛欣译．创新的扩散［M］．北京：中央编译出版社，2002：15.

较》中提出了美国网络新闻业“快、新、特”的三个特点，认为在这三个特征表象背后是深埋于美国社会背景之中的市场竞争逻辑。①美国的报纸企业和其他企业一样，其生存和发展至始至终都受到市场利益的驱动，而网络报纸的创新恰好具有经济因素上的相对优势，包括：节约纸张、印刷、发行等经济成本以及吸引网络广告，扩大其收入来源。尽管当时互联网的广告收入还不到全美报纸广告收入的1%，但是要知道互联网广告收入的增长速度极其迅猛——1994年互联网商业广告刚刚出现便创下了当年1200万美元的收入纪录，第二年这个数字增长了358%，第三年又在前一年的基础上增长了445%，而这一切对于任何其他行业来说都是一个巨大的诱惑。因此，单凭这一点就得以带来网络报纸的加速扩散，就像美国经济学家格瑞利切斯所说的，“在决定技术创新模式的因素中，社会因素会渐渐隐退，而经济因素将起到主要的决定性作用。”②此外，相容性、复杂性、可试用性和可观察性也是影响创新采用速度的因素。在相容性这一点上，网络的出现和普及为网络报纸的创新奠定了基础，可以说几乎所有的潜在接受者都对互联网有一定的了解和运用，因此在价值观上相对容易接受，在具体实践上也能较快上手。而可试用性和可观察性对于网络报纸的创新来说都不是问题。由此可以看出，网络报纸的创新具有很大的相对优势，同时相容性好，可试性高，并且也不那么复杂，因此在美国乃至全世界获得了较快的采用速度。

②《纽约时报》网络版的再创新。随着网络报纸逐渐被报业公司和受众所接受，目前美国大多数报纸都采纳了网络报纸的创新，实现了与因特网的联姻。对于报纸来说，与因特网的结合是一项里程碑式的创新，其核心是报纸开始借助网络平台来发布内容，但是对于在网络上发布哪些内容，以什么样形式来发布内容，不同的报纸又有不同的理解，于是在网络报纸这项创新举措的背后，不同的报纸企业展开了它们再创新的探索。

再创新，也被称为再创造（re-invention），罗杰斯认为，再创造是用户在采用和实施一项创新时，创新发生变化和被改变的程度。③再创造在创新的扩散过程中非常普遍，因为创新本身就具有新颖、灵活的特性。按照罗杰斯的说法，创新并不需要一成不变，采用一项创新也不必消极地遵守固有模式。在网络报纸的创新采纳中，各家报纸在一些具体的操作上纷纷进行了再创造，例如《纽约时报》和《今日美国》在“触网”的早期采用的是将报纸印刷版的内容直接复制到网络中，免费供读者浏览，而美国另一知名报刊《华尔街日报》则选择了收费阅读的模式。

① 张咏华．中外网络新闻业比较［M］．北京：清华大学出版社，2004：66—67.
② 转引自［美］埃弗雷特·M. 罗杰斯著，辛欣译．创新的扩散［M］．北京：中央编译出版社，2002：15.
③ 转引自［美］埃弗雷特·M. 罗杰斯著，辛欣译．创新的扩散［M］．北京：中央编译出版社，2002：17.

从20世纪30年代首创报纸教育工程（Newspaper in Education，简称NIE）至今，《纽约时报》从来不乏创新精神。1996年1月，《纽约时报》采纳了网络报纸的创新，建立了自己的报纸网站www.nytimes.com，提供《纽约时报》的在线阅读。事实上，报纸网站的建立是报纸另一轮竞争的开始。希勒在《数字资本主义》中指出，由于原本不相干的流通系统正逐步统一到因特网技术平台中，网络作为流通体系的功能得到不断的加强与扩展，这使得现有的产品流通渠道陷入了困境，因此各媒体公司必须在保存现有流通体系的同时在网络中同样争得一席之地。这就意味着，媒体公司的竞争范围从原有的流通体系扩张到了网络这个新流通体系。希勒进一步提出，在新流通体系中，以往分散的媒体产品及节目形式正向一个单一的多媒体平台汇集，因此“在这个新的共享的网络空间中，以前各不相同的媒体产品如何才能保留分散的收入来源？人们熟悉的各种传统媒体又如何才能保留自己的个性呢?”①在因特网这个兼容并包的平台上，不仅同类媒介的竞争变得更加激烈，甚至连原本相去甚远的媒介形式也不得不直面竞争，为此，每一家媒体公司都试图在网络空间中保留自己原本的风格，同时尝试塑造某些新的个性。

《纽约时报》在与互联网的联姻中的再创造与因特网的特性紧密相关。雷跃捷认为，因特网的传播特征可以分别从三方面来考察：传播的内容及其表现形式，传播方式，以及传受关系。在传播的内容及表现形式上，因特网具有以下几个特点：数字化、全球性、信息的丰富多样性与无限性、可存储、易复制、易检索。在因特网的传播方式上，它的特点有迅捷性、多媒体化、交互性。而在传受关系方面，因特网则具有多元性、自由性和个性化的特点。②希勒则从广告商的角度总结了因特网的三大主要特征：交互性，在赞助商和消费者之间建立更直接的关系，以及在审计和监督方面具有无与伦比的能力。他们的研究告诉我们，无论对于广告商还是对于受众而言，因特网都具有其他媒体无法比拟的巨大优势。基于因特网的这些特点和优势，《纽约时报》开展了内容和形式两方面的再创造，尤其推出了具有个性化的服务和社区平台，以塑造其网络版的形象。

首先，利用网络空间的无限性建设多元化的内容。《纽约时报》网络版的内容确实比印刷版丰富很多，它不仅拥有报纸印刷版的核心内容，还刊登来自路透社、美联社、新华社等其他媒体机构发布的信息，因此不论在新闻来源还是内容结构方面层次都更为丰富。由于网络报纸具有国际化的特点，其读者可能是来自世界各国的人民，《纽约时报》还在其网站上专门建立了“国际版”（Global Edi-

---

① ［美］丹·希勒著，杨立平译．数字资本主义［M］．南昌：江西人民出版社，2001：133.

② 雷跃捷，金梦玉，吴风．互联网媒体的概念、传播特性、现状及其发展前景［J］．此文为“2000网络新闻研讨会中文版”提交论文。参见http：//www.cctv.com/tvguide/tvcomment/tyzj/zjwz/8236.shtml。

tion）和“本土版”（U. S. Edition），两个版本不仅在内容上各有侧重，在首页的版式上也不尽相同。顾名思义，“国际版”以世界上其他国家发生的事情为发布重点，而“本土版”则以美国本土新近的新闻为主。以 2011 年 4 月 11 日两版的首页为例，两版在文章的数量上不相上下，内容方面“国际版”的头条是“地震之后，日本敦促撤离”，而本土版的头条是“奥巴马号召制订计划以减少美国债务”，其他内容和版式对比如下：

| | 首页主要内容 | 视频内容 | 首页左侧导航频道 | 首页上区导航栏目 |
|---|---|---|---|---|
| 国际版 | （1）地震之后，日本敦促撤离<br>（2）对于将钚转变成燃料的质疑<br>（3）欧盟对葡萄牙的财政救助将使政治家陷入困境<br>（4）奥巴马号召制订计划以减少美国债务<br>（5）（日本）地震灾区：在困难中前行<br>（6）法国禁止罩袍法令正式生效<br>（7）穆巴拉克公开讲话否认腐败指控<br>（8）卡扎菲接受了非盟提出的停火路线图<br>（9）中国在苏里南进一步稳固地位<br>（10）法国部队再袭科特迪瓦前总统官邸<br>（11）英国作家迈克尔·莫尔普戈作品《战马》将被搬上荧幕<br>（12）北约继续打击利比亚<br>（13）英国即将公布银行体系改革的重要报告<br>（14）警察组织乌干达抗议活动 | 威廉王子的皇家婚礼 | 世界新闻、商业、体育、时尚、艺术、观点、教育、居家、旅游、技术、科学、健康、纽约地区（N. Y. /region）<br>饮酒与饮食<br>家庭与园艺<br>书籍、电影、音乐<br>电视、剧场、周日杂志<br>T 台杂志、博客、卡通、分类广告、纠错<br>填词游戏、时报学习<br>多媒体、讣告、播客<br>视频、一周回顾、天气、婚礼/庆典、服务、订阅、关于时报 | 亚洲<br>欧洲<br>非洲<br>中东<br>美洲<br>美国 |

（续表）

| | 首页主要内容 | 视频内容 | 首页左侧导航频道 | 首页上区导航栏目 |
|---|---|---|---|---|
| 本土版 | (1) 奥巴马号召制订计划以减少美国债务<br>(2) 美国共和党面临艰难时刻<br>(3) 紧密无间的"共和党四人组"<br>(4) 卡扎菲接受了非盟提出的停火路线图<br>(5) Rory Mcllroy 将面临前所未有的困境<br>(6) 华盛顿的下一个议程：与债务而战<br>(7) 法国禁止罩袍法令正式生效<br>(8) Katie Couric 有望主持 CBS 新脱口秀节目<br>(9) 地震之后，日本敦促撤离<br>(10) 对于将钚转变成燃料的质疑<br>(11) 助推解除 HIV 器官捐赠禁令<br>(12) 日本远藤制药公司购买美国保险<br>(13) 大学入学，尽在咫尺 | 西德尼·吕美特：最后的留言 | 找工作、房地产<br>汽车、所有分类广告<br>世界新闻、美国新闻<br>政治、纽约、商业、财经新闻、技术、体育、健康、观点、艺术、书籍、电影、音乐、电视、剧场、时尚、饮食和饮酒、家庭和园艺、结婚/庆典、旅游、博客、卡通、纠错、填词游戏、时报学习、多媒体、讣告、播客、视频、一周回顾、天气、T 杂志、服务、订阅、关于时报 | 无 |

从上述对比中可以看出，国际版的内容相对更加多元化，14 篇文章中与美国相关的报道只有 2 篇，而本土版中与美国相关的报道有 9 篇，两个版面共有 5 篇报道有重叠，而这 5 篇报道的内容都是当时国际上发生的比较热门的大事。而在视频新闻的选择上，国际版刊登的是威廉王子即将举办的皇家婚礼，威廉王子作为英国王室的继承人，这场婚礼无疑将会是全世界关注的焦点。而本土版则以"西德尼·吕美特：最后的留言"为标题，西德尼·吕美特是美国著名导演，1957 年因拍摄电影《十二怒汉》而闻名于世。美国东部时间 2011 年 4 月 9 日，吕美特因病在家中逝世，因此本土版刊登此视频作为对吕美特最后的哀悼也是非常应景的选择。此外，在版式上，本土版取消了首页上区的导航条，没有像国际版一样在此对内容作详细的地区划分。而在左边的频道导航区中，本土版又将各种分类广告放在所有内容之前，这也是出于现实的考虑，因为国际版的读者大多来自其他国家，即便看到了这些广告，也只可能心动，而不可能行动，而对于本土居民来说，心动加行动无疑都是完全有可能的。通过对两个版本的对比可以发现，《纽约时报》在内容的发布和互补上下足了功夫，不仅网络版和印刷版分工明确、相辅相成，还通过网络版中国际版和本土版的区分迎合美国当地和其他国家读者

的不同信息需求，从而最大程度地吸引读者的关注，得到读者的青睐和信赖。

其次，利用网络的迅捷性抢占报道先机。由于在因特网上发布信息快速便捷，网络本身的传播速度又非比寻常，因此因特网在报道突发性事件和持续性发展的事件时具有与生俱来的时效优势，而报纸与因特网的结合又将这种优势带到了网络报纸中。对于《纽约时报》来说，当遇到突发性事件时，它会在其网站上临时增设“热点新闻”栏目，对该事件进行第一时间的报道以及随后的追踪，方便读者及时了解事情的进展。而此时报纸印刷版的做法通常是，在网络版第一时间报道了事件的发生之后，再对该事件进行详细的解读和深入的调查，从而向读者呈现事件的来龙去脉以及相关的背景材料。可以说，在突发性事件的报道上，《纽约时报》网络版与印刷版在内容上的合作与互动既发挥了各自的长处，又满足了受众对信息的不同需求。为了更进一步发挥网络时效性强的优势，弥补报纸的不足，《纽约时报》网络版实行了24小时的滚动更新，据笔者初略统计，《纽约时报》网站几乎每隔十几分钟就会发布新的内容，即使在当地时间的半夜或凌晨，也有编辑负责更新来自路透社或美联社等其他机构的新闻。

再次，利用网络空间的多媒体化与交互性建设形式和服务的多样性。网络的多媒体化使得报纸摆脱了印刷版的沉闷。《纽约时报》的网络版首页涵盖了文字、图片、图表、声音和图像等各种多媒体元素。根据笔者的初略统计，《纽约时报》网站的首页设置大大小小20多幅图片（其中有5幅为广告图片），2个图表以及2个视频。在版式的设计上，《纽约时报》网络版的风格沿袭了其印刷版的庄重、大气，版面配色简洁、线条流畅，粗体的黑色logo搭配蓝色的文章标题给人一种简约的明快感。上区和左区清晰的导航链接让人对所有内容一目了然，能够迅速找到自己所需。正如尼葛洛庞蒂所说，“数字化会改变大众传播媒体的本质，‘推’（pushing）送比特给人们的过程将一变而为允许大家（或他们的电脑）‘拉’（pulling）出想要的比特的过程。这是一个剧烈的变化，因为我们以往媒体的整个概念是，通过层层的过滤之后，把信息和娱乐简化为一套‘要闻’或‘畅销书’，再抛给不同的‘受众’。”[①]正是“推”和“拉”的本质区别引发了媒体与受众传播地位的巨大变化，使受众可以从因特网的信息海洋中根据自己的兴趣和需要自行索取内容。

在《纽约时报》网络版中，网络不仅为读者提供多元的内容，还有多样化的服务。例如，读者可以设置自己所在的城市，以便之后每次登录都能看到自己城市5天之内的天气情况。在左侧导航的服务频道中，网站设有“电影票务”“我的

---

① ［美］尼葛洛庞蒂著，胡泳译．数字化生存［M］．海口：海南出版社，1996：103—104.

提醒”“移动《纽约时报》”“《纽约时报》购物”“剧院票务”“时报机器”“时报限量”“时报略读”“时报连线”等服务频道，提供的服务主要分为下述几类：一是购票，如“电影票务”和“剧院票务”；二是购物，如“时报商城”和“时报限量”，其中“时报限量”是《纽约时报》网站新推出的一项电子邮件服务，由于网站每天有不同的限时抢购活动，因此专门设立了此项服务，即通过电邮提醒读者抢购产品的有关信息；三是信息，如“时报略读”“时报连线”和“移动《纽约时报》”，其中“时报略读”是专为忙碌的人士设计的栏目，该栏目会精选《纽约时报》当日最重要的十篇报道，方便读者节约寻找信息的时间，而“时报连线”则是为读者提供的在线实时阅读新闻的服务；四是订阅，如“时报机器”，该服务为印刷版订户提供第一期（1851 年 9 月 18 日）到 1922 年最后一期（1922 年 12 月 30 日）的《纽约时报》报纸的扫描版；五是提醒，如“我的提醒”，它专门负责为读者提供新闻提醒和股票提醒，读者可以根据自己的兴趣设定关键词提醒、主题提醒、公司提醒和股票价位/成交量提醒，当《纽约时报》网站发现与这些提醒词相匹配的内容，或者股票价位/成交量达到了读者的设定便会及时给予提醒。多元的呈现形式和多样的服务让读者在获取新闻的同时也感受到了网络和网络报纸的无限魅力。

最后，利用网络空间的自由性与个性化建设个人专栏和网页。在美国，个性化的新闻和信息服务始于 20 世纪 90 年代中期。1996 年前后，美国出现了一批以“我的……”命名的栏目，例如“我的雅虎”（My Yahoo）、“我的赛特”（My Excite[①]），当时这些栏目在内容上并未做出个性化的设置或区分，而只是做了些形式上的调整。对此，纽约时报集团领导层有自己的规划和见解，其数字媒体部总裁马丁·尼桑赫兹（Martin Nisenholtz）认为，“读者不仅仅希望能读到新闻网站上的内容，而且希望能对这些内容做些什么”，对于那些分散的服务，如“我的日历”“我的天气”“我的文档”“我的网页”等，尼桑赫兹认为“读者到处都能看到日历、文档，设有密码，但是没有人帮助他们把这些东西整合起来……目前我们正在思索究竟能为读者提供什么，但无论什么服务，内容始终都是核心，然后我们要提供的是基于内容之上的应用价值”。[②] 2007 年，《纽约时报》网络版为用户提供了免费的个性化专栏“我的时报”（My Times）。“我的时报”允许读者将《纽约时报》网络版的任何标题以及来自时报网站之外的其他外部资源整合到一起，组成自己喜欢的网页。例如，工作上需要关注的新闻可以组成一个网页，而

① My Excite 是美国一家著名网站，主要提供丰富的内容和资源，以及完善的搜索服务。

② J. D. Lasica.（2005）*Online news media's new mantra：building user loyalty*. Online Journalism Review, www. ojr. org.

业余时间自己感兴趣的新闻或话题可以组成另一个网页。“我的时报”将读者喜欢的内容集中到一个地方，方便读者集中阅读，它一方面为读者提供了个性化的内容和形式服务，另一方面也充分展现了 Nisenholtz 所说的“整合”的概念。

个性化是网络的一个重要特点，它指的是在大众化的基础上增加独特、另类、拥有自己特质的需求。《纽约时报》网络版于 2011 年 3 月 10 日新推出的“推荐特辑”（Recommendations）就很好地反映了这一点。“推荐特辑”实际上类似一张“个性化阅读清单”，它不仅能记住读者的阅读历史，包括过去一个月读过的文章数量，最常访问的栏目，最常关注的话题，以及最近读过的内容清单，还能根据这些阅读历史为读者推荐其可能会感兴趣的内容。纽约时报媒体集团副主席兼《纽约时报》网站经理丹尼斯·沃伦（Dennise Warren）认为：“作为一个具有深度和广度的报纸网站，我们一直在寻找新的途径来帮助读者找到他们感兴趣的栏目，使他们在平时自己经常看的内容和话题之外发现新的兴趣点……而时报网站的‘推荐’栏目为他们提供了更加个性化的视角，同时也给予他们在我们网站驻足时间更长的另一个理由。”① 尽管之前《纽约时报》网络版曾有过各种个性化服务的尝试，但新推出的“推荐”栏目是在这些基础之上的更高层次的服务，它不像传统的推荐那样只根据内容来推断，而是推断的范围扩展到了话题、国家、栏目等其他方面，因此不仅具有个性化定制的意义，还能够帮助读者找到他们自己也没有发觉的感兴趣的领域。更为重要的是，《纽约时报》网络版在宣布收费之后不久推出这一服务，更是具有特殊的意义，为此，笔者与《纽约时报》网站的技术主管马克·弗隆斯（Marc Frons）通过邮件对此进行了交流。弗隆斯告诉笔者，“推荐”栏目的筹划开始于 9 个月之前，当时主要由时报集团高级软件工程师德里克·高特弗里德（Derek Gottfrid）负责这个项目技术上的事宜。从技术的角度讲，它实际上是一个建立在时报网站数据库基础之上的搜索引擎，引擎根据接收到的内容在网站中寻找可能与之相匹配的其他内容。与传统意义上的“个性化定制”不同的是，推荐引擎不仅关注读者阅读过的内容本身，更加关注读者阅读的规律，他们在《纽约时报》网站的浏览轨迹，以及他们可能会去看的内容。弗隆斯说：“《纽约时报》网站不仅根据你最终选择阅读的内容，还根据你不同的兴趣来推荐内容。对读者访问路径和活动的关注正是时报网站在其已有的个性化平台之外又建立推荐引擎的主要原因。”② 由于网络上的信息纷繁复杂，读者很难在第一时间就找到自己需要的信息内容，因此推荐引擎的推出一方面节省了读者在网站上搜寻内容所花的时间，另一方面也能帮助读者挖掘连他们自己也尚未发

① NYTimes. com adds Recommendations Feature，参见纽约时报集团官网发布的信息。

② 此处内容来自笔者与《纽约时报》网站技术主管 Marc Frons 的访谈。

现的新的兴趣点。“从使用—交互的心理学角度看，推荐引擎就像某种性格测试系统，当你告诉它们一些发生过的事或想法时，它们会据此做出推断……它们所搜集的数据，尤其读者阅读某个话题、某个领域内容的次数是显而易见且可靠的，因此大多数情况下能反映出一些真实的情况。”① 作为一个个性化引擎，用户的反馈对于改善其功能具有很大的作用。随着使用的人越来越多，其推荐的内容也会越来越精准。目前，引擎主要通过读者在网络上阅读的文章进行推断，但这个缺陷很快就会被填补，因为纽约时报集团打算将这一引擎应有到各种设备上，包括诸如 iPhone、iPad 等所有移动设备。正如弗隆斯所说，“我们知道，读者希望能在各个平台，随时随地地读到我们的内容。这将会是一个良性循环的过程：读者阅读得越多，引擎推荐得越精确，根据推荐读者又会读得更多，一切呈现螺旋式上升发展的循环过程。”② 当被问及“推荐”栏目的推出是否与《纽约时报》网络版开始收费有关时，弗隆斯给予了否定的答复。他说：“不管网站收不收费，我们新闻机构的任务都是尽可能地为读者提供更多相关的信息和报道。对于我来说，哪种运营模式或盈利模式并不重要，关键是要让更多的人阅读我们的内容，访问我们的网站。因此，开发推荐引擎的初衷符合纽约时报集团的发展策略，那就是提高读者的参与度……而在未来，我们希望它不仅仅是一个网页，而是能以‘个性化’（personalization）和‘意外的惊奇’（serendipity）而成为读者在《纽约时报》网上的核心体验。”③

此外，《纽约时报》的网络版再创新也体现在利用网络空间的交互性与自由性建立社区。2008 年 9 月，《纽约时报》推出时报人（Times People）社区，为该报读者提供自由交流、反馈意见与评论的网络平台，共享和交换有关《纽约时报》的新闻和其他内容。在时报人社区中，用户可以针对电影、百老汇音乐剧、美食资讯等进行评分和评论。这一建立在纽约时报既有新闻基础上的分享平台，打破了传统编辑对新闻的层次化安排，提供一种社会化的机制让使用者获取想看的信息。读者还可以推荐自己喜欢的新闻，让大家来投票。其新闻推荐、新闻评论和评级功能充分发挥了网络传播的交互性。最具创意的是，时报人社区的用户不仅能向该社区内的好友推荐文章，还能将自己中意并附加了自己点评内容的《纽约时报》文章推荐给 Gmail、Windows Live（Hotmail）、Yahoo Mail、Twitter、MySpace、Facebook 和 iPhone 上的联系人。④

---

① 此处内容来自笔者与《纽约时报》网站技术主管 Marc Frons 的访谈。

② 同上。

③ 同上。

④ 付晓燕．传统报纸电子阅读业务开发的必要性及其可能——以《纽约时报》电子报为例［E］．人民网—传媒频道．http：//media. people. com. cn/GB/22114/150608/150615/13565809. html.

随着 Facebook、Twitter 等社交网站在美国及全球的兴起，《纽约时报》加快了其涉足社交网络的步伐。一方面，它在知名社交网站 Facebook 中建立了专页，并在 2008 年美国总统大选结束之后，在该网站上成功举办了专项推广活动，把有关《纽约时报》的品牌信息传递给 6830 万人，使该网站上《纽约时报》的粉丝人数从 49000 增加到 164000，网民发表评论 34000 条。[①]另一方面，该报还率先在 Twitter 上建立“纽约时报·书籍”“纽约时报·艺术”“纽约时报·娱乐”等专题报道，吸引了一批年轻读者的关注。

毋庸置疑，在网络报纸的再创新方面，《纽约时报》充分利用了因特网的特点，发挥了因特网的价值。

**3. 如何获利？——《纽约时报》的网络运营探索**

马克思主义唯物史观认为，经济基础决定上层建筑，而与经济基础直接相关的物质生产活动是人类最基本的实践活动，也是人类赖以生存和发展的基础。人类在实践活动中从事经济生产和运作，经济的发展又反过来推动社会的进步。传媒系统作为社会系统的一个组成部分，同样与经济运作有着密不可分的关系。

①市场逻辑与网络媒体的运营模式。因特网最先诞生于奉行新自由主义市场理念的美国。美国的大型企业对于全球化利益的追逐，对于美国政府关于因特网产业的政策，可谓深有影响。毫不夸张地说，因特网由经济利益而生，为经济利益而活，因此网络媒体在它的诞生与发展过程中从来没有放弃过对经济利益的追逐，它用各种途径和方式努力使自己达到利益的最大化。

和传统媒体一样，网络媒体也以广告为盈利的一个主要手段，但是迄今广告并非网络媒体经济支撑的最主要来源。闵大洪认为，由目前网络媒体广告收入的现状及网络媒体本身的特性和功能来看，广告目前不可能成为网络媒体最主要的营收手段，而网络媒体也不可能有单一的适用于所有网站的盈利模式，而应当有多种盈利模式。为此，闵大洪进一步提出了网络媒体盈利的八种模式，[②] 即信息内容收费；服务功能收费；手机短信收费；手机短信新闻订阅，即网络媒体通过搭建电子商务平台销售各类产品，这也是目前比较常见的一种盈利模式；网络接入，即传媒集团将业务范围从内容的提供扩展到宽带上网服务、网络互动电视服务等；多种经营，开展与本身相关或无关的多种经营业务，如提供网络广告制作、域名注册、主机托管、空间租赁等，也可以利用自己成熟的技术向其他客户提供建设网站服务；宽带新服务，即尝试给用户提供在线游戏、影视作品的在线观看和下载等，满足用户更高层次的需求；网络广告。闵大洪提出的上述八种模

---

① *New York Times*：*Highlights from the NYT Business Side*. http：//www. niemanlab. org/pdfs/nyttimes3memo. pdf.

② 此处参考了闵大洪《网络媒体赢利模式探析》，第三届全国因特网与音视频广播发展研讨会论文，2003 年。

式较全面地涵盖了目前网络媒体已经、正在或者可以尝试的盈利项目，然而，对于目前的网络报纸来说，其盈利的方式还远远没有如此之多。

美国传播学者约瑟夫·多米尼克则更加高度概括地将目前在因特网上获利的主要途径归为3种：创建内容吸引人的网站，使人们乐意出钱看它；在线出售商品或服务；以及出售广告。[①]结合多米尼克提出的三种模式的观点以及闵大洪提出的八种模式的观点，笔者接下来将深入探讨《纽约时报》网站的运营模式。

②《纽约时报》的网站运营。众所周知，《纽约时报》网络版在20世纪90年代就曾经尝试对海外读者收费，在2005年至2007年又设立"时报精选"（Time-Select）对社论和存档新闻收费，但是这些尝试最后都无疾而终。也就是说，在2011年3月《纽约时报》正式宣布网络新闻收费之前，它的网络版基本免费对读者开放。此时，它主要的收入来源包括以下几个部分：

第一，时报网站"档案库"（archive）的收费。《纽约时报》网站于1998年开通了"档案库"，为读者有偿提供从1851年迄今为止的《纽约时报》的所有报道内容。检索该档案库的方式有两种：一种是登陆ProQuest数据库进行检索，另一种则是通过《纽约时报》网站的搜索功能直接检索。档案的内容分为1851－1980年，1981年至今两个阶段，对于电子版的订户来说，每个月可以有100篇1923－1986年期间档案文章的免费阅读权限，超过100篇之后，则需要为每篇文章支付3.95美元；而1923年之前和1986年之后的档案文章则对所有电子版订户免费开放。另外对于非电子版订户来说，1923－1986年期间的档案文章每篇收费3.95美元，1923年之前和1986年之后的档案文章免费，但是有数量上的限制。除了提供以往的文字内容之外，《纽约时报》的档案库还能为读者提供大量多媒体格式的文档。由于《纽约时报》素来有"历史记录者"之称，它的数据库里蕴含着过去100多年来《纽约时报》的几乎所有报道，因此是广大学生、研究者以及其他有关人士寻找资料、了解过往社会历史的一个重要资料来源，也是《纽约时报》网站的一大收入来源。

第二，《纽约时报》电子版的订阅收费。2001年10月，《纽约时报》推出了时报电子版，在纽约时报网站和一家网上出版商"书报摊"公司（NewsStand）进行线上销售。用户可以通过互联网直接将《纽约时报》电子版下载至电脑或笔记本中，并保存7天以供离线阅读。电子版的收费标准分为三种：订阅7天的电子版内容收费为每周6.7美元，订阅5天的电子版内容收费为3.25美元一周，只

---

① Joseph R Dominick (2004), Dynamics of Mass Communication: Media in the Digital Age, McGraw-Hill, 315.

订阅周日的电子版内容收费则为每周 3.4 美元。用户也可通过“电子钱包”单独订阅某一期的电子版，不过这种方式收费较高，一期要花到 10 美元。除了能将内容下载到电脑之外，纽约时报公司还和微软合作开发了一款可以支持多终端使用的收费阅读程序——时报阅读器（Times Reader）。2007 年 3 月，该款阅读器正式对外发行，由于采用了微软的 Windows Vista 操作系统，时报阅读器提升了《纽约时报》读者在线和离线时的阅读感受，同时也提供给读者在页面上进行搜索的功能。2007 年，《纽约时报》网站还与亚马逊公司合作，将内容输出至亚马逊 Kindle 阅读器。Kindle 用户可以在纽约时报网站以及亚马逊网站上订阅以及无线高速下载《纽约时报》电子版。目前，针对新兴的手机市场，纽约时报公司还在积极寻求其他可能的载体，将时报的电子版推向更广阔的市场。

第三，电子商务。电子商务从 20 世纪 90 年代起就成为许多美国网站比较常见的一种盈利方式，《纽约时报》网站也是较早采用电子商务的网站之一。目前，《纽约时报》网站的电子商务项目主要是《纽约时报》网上商店和订票业务。《纽约时报》商店以礼品、纪念品、艺术品、书籍和音像产品等的出售为主，另外还出售美国民众普遍很热衷的各种字谜。网上商店每天会进行不同产品在不同时段的限时抢购活动，活动开始之前网站会通过电子邮件提醒读者下一个时段抢购的产品是什么。票务订购则为读者提供百老汇和其他大剧院的各类戏剧、歌剧等便捷的网上订票和购票服务。

第四，广告收入。对于广告这个颇有潜力的盈利增长点，《纽约时报》网站长期坚持不放弃。和其印刷版相比，其网络版的广告并不多，但是却定位清晰。首先，在其网站首页中（无论是国际版还是本土版），刊登的广告都是劳力士手表，应该说劳力士的市场定位和《纽约时报》基本一致，都是社会的精英人士。其次，进入到每一个子板块之后，广告内容会根据该板块的内容做相应的调整。例如，在旅游板块中，网页顶部的条幅广告与酒店预订有关；在艺术板块中，广告与书籍的销售、预订有关；而在教育板块中，广告则与留学咨询有关。而在广告的数量上，基本上每个网页只有一个主打广告，即上文所说的以条幅的形式置于网页的顶端。除了网站自己的主打广告之外，在网页的底部还可以看到由谷歌发布的广告，谷歌根据读者的 Ip 地址判断出其所在的区域，从而有针对性地发布该地区的广告。这也是谷歌公司与报纸网站的一项合作计划，通过谷歌公司的技术与网络报纸平台的合作达到双赢的目的。

2011 年 3 月 28 日，纽约时报公司在其报纸网站的运营上跨出了重要的一步——完成网站从免费阅读到付费阅读的转型。对于《纽约时报》印刷版的订户来说，时报网站将仍然免费对他们开放。《纽约时报》电子版的订户也同样可以免费无限量地阅读网站的内容，具体收费标准根据不同的阅读平台有所不同，例如智能手机电子报的订户每周需支付 3.75 美元，而借助 ipad、时报阅读器等便携设备阅读电子报的订户每周则需支付 5 美元的费用。而对于非订户来说，每位读者每个月可以免费阅读 20 篇时报网站的文章以及网站各个栏目和博客的主页，超过 20 篇的阅读上限之后，时报网站将会告知读者需要订阅才能继续阅读。此外，时报网站允许读者从其他外部网站，如 Facebok、Twitter 等社交网站以及各类博客和搜索引擎点击进入其内容，而且对此亦不做数量限制。为了更好地推广其网络付费的新政策，《纽约时报》还对一些曾经留下电子邮件地址的老顾客给予订阅优惠，推出了订阅 26 周打 5 折的活动。按照《纽约时报》发行人小苏兹伯格的说法，网站收费模式的引入是对未来的一种投资，它能帮助网站扩大盈利的途径，从而使得纽约时报集团能有更多的财力和物力为公众带来高品质的新闻报道以及技术上的创新。另一方面，小苏兹伯格也希望《纽约时报》能逐步减少对印刷版，尤其是印刷版发行收入的巨大依赖性。严格来说，《纽约时报》网站的收费政策存在着一定的漏洞/空隙。首先，时报网站如何判断读者是否达到 20 篇的阅读上限？如果通过 Ip 地址确认，那么读者可以更换电脑或者使用代理，如果通过用户登录，读者同样可以一人注册多个用户名。其次，即便存在着 20 篇的阅读限制，读者依然可以通过外部网站的链接点击进入网站的正文。由此可见，网站收费目前仍然是《纽约时报》的一个尝试性的探索，其目的并不是真想收取大笔的订阅费，而是对公众接受底限的一种试探，因为就连时报集团领导人自己也不确定网站收费究竟是否能如他们所愿为时报集团带来更多的收入，抑或会反而损失其原有的访问量。正如《新闻日报》的网上服务总编辑托尼·布里格斯（Tony Briggs）所说："互联网文化是在所有的东西都是免费的前提下发展起来的。向用户收费是惹怒他们、把他们赶走的最好的办法。"① 收费模式的关键在于读者是否愿意为此内容付费，收费内容应当具有三个要素：不可或缺，且口碑佳；内容为独家，且有读者对此深感兴趣；能为用户增加效率或赚钱。② 因此，《纽约时报》网络版的收费模式究竟能否取得成功主要取决于：第一，它能否持续为读者提供高质量的内容，收费之后网络版的内容与收费之前是否有变化，与印刷版内容相比又是否有所不同；第二，它能否为读者提供印刷版无法提供的个性化或特色性服务；第三，读者对其品牌的依赖和信赖程度，是否愿意为其心甘情愿地掏腰包。然而无论如何，对于印刷版报纸来说，网络版收费无疑对其有益，原本免费

---

① 转引自张咏华．经济全球化背景下的因特网及网站的经济模式．传媒学术网．http://academic.mediachina.net/article.php?id=2827。

② 转引自谢娟．报业的媒介融合之路［D］．四川大学硕士学位论文，2007.

的内容如今收费，相信会有不少的读者会选择重回印刷版的怀抱，就算印刷版的发行量没有大幅上升，但至少其下降幅度也会因此而得到减缓。

## 四、随人移动的报纸：报业在移动智能平台上的创新

作为一种大众媒介，报纸无疑一直在追逐受众的兴趣爱好。随着移动通信和互联网成为受众最感兴趣的两大板块，报纸也适时地将其数字化的战略扩展至移动智能网络这一新兴领域。移动化发展是网络报纸创新的延续，因此报纸在这一领域的发展特色、发展目标和定位几乎与其在网络领域一脉相承。在保证原有内容质量的基础上，报纸希望借助移动媒体的新形式为用户提供更加丰富的客户端体验，在去中心化的传—受过程中加强传播者与受众、受众与受众之间的互动和了解。

### 1. 移动媒体的崛起与报业数字化创新的深入

信息通信技术的发展带来了移动终端的多样化。过去，人们只能通过像Kindle、Times Reader这样的阅读器实现随时随地浏览、下载报纸的梦想。如今，3G手机、掌上电脑、掌中宝等移动便携式设备的发展极大地满足了人们的各种需求，丰富了人们获取信息、享受服务的各种体验。

①移动媒体的补偿性优势。媒介总是处于不断进化的状态之中：一方面，媒体根据环境的变化进行自我调节和适应；另一方面，人类也在根据自己的体验和需求对之进行修正和完善。保罗·莱文森把因特网看作是一个“大写的补偿性媒介”，认为，它是对电视、书籍、报纸、广播、电话，甚至是教育、工作模式等等过去一切媒介的不足的改进。与此同时，他也指出因特网依然不是，也不可能是补偿性媒介的终结，因为人们在互联网上自由冲浪的同时，也付出了被困守在电脑面前不能移动的代价。然而，诸如手机这样的移动媒体的出现改变了这一切。移动媒体对于因特网最大的补救在于其移动的特性，它将互联网及其包含的一切媒介移动了起来，“将使用者从家宅和办公室解放出来，送进大千社会的希望之乡里去”[①]。在移动的基础上，用户可以自由、便捷地享受移动网络带来的乐趣，随心所欲地通过移动网络晒心情、晒照片，极尽可能地彰显个性和魅力，还可以随时随地与友人互动和沟通，关注友人的网络动态。从这个意义上说，移动媒体不仅补救了因特网在时间和空间上的束缚，还在一定程度上对人们的生活方式、传播方式和人际关系产生了补救作用。正因为此，莱文森在《手机：挡不住的呼唤》一书中对以手机为终端的移动媒体的出现和未来表达了十分乐观的观点：

---

① Paul Levinson.（2004）*Cellphone：the story of the world's most mobile medium and how it has transformed everything*. Palgrave Macmillan，43.

“从长远来看，互联网可以被认为是手机的副手。身体的移动性，再加上与世界的连结性——手机赋予我们的能力——可能会具有更加深远的革命性意义，比互联网在室内带给我们的一切信息的意义更加重大。”①

②移动服务的层次划分与受众需求。受众是影响媒介发展及媒介讯息生产的重要因素。一方面，传媒组织为了吸引受众，首先必须迎合受众的需求；另一方面，成功的交流需要传媒组织对正在进行交流的人能够有一定的理解，而这种理解通常建立在对他们的了解以及创造适应他们理解的交流方法的基础之上。② 因此，在媒介与媒介内容的选择过程中，受众并不是处于完全被动的状态，他们在一定程度上拥有选择的主动权。在当今数字化时代，受众的选择权更是得到了大大的拓展。因而，学界许多人已开始偏好运用“用户”一词而不是“受众”这个多少让人想到被动性的语词。

无论是广播电视还是因特网、手机，每一种媒介的诞生既是时代进步的结果，也是人类需求的产物，尤其是因特网和手机，它们极大地满足了人类实现个性化的需求。除了媒介本身之外，同一种媒介不同层次的服务也与人类从低到高的需求层次息息相关。以手机的移动服务的发展为例，按照 Vaya 移动公司创立者彼得·巴克利（Peter Barclay）的观点，手机的移动服务主要分为三个层次：通信、移动网络、移动应用程序。

通信，包括通话和短信，它是手机移动服务的第一个层次，它满足了人们最基本的通讯需求，同时解决了固话业务不能移动的技术短板。它的特点是移动体验有限，但是分布区域广阔。然而，随着技术的进步，人们对移动服务有了更高层次的需求。

当前依托移动通信最新技术，尤其是移动应用程序与互联网的结合而出现的移动互联网，满足了人们移动上网展开各种信息交流活动的需求，并满足其更便捷、更丰富的多元化网络体验的需求。

如同马斯洛的需求层次理论，移动服务的层次需求也呈倒金字塔形状排列，其中排在最底下的无疑是低层次的、最基本的通信需求。当某一层次的需要相对满足了，就会向高一层次发展，追求更高一层次的需要就成为驱使行为的动力。对于移动媒体和移动运营商来说，通信和手机上网的需求基本都得到了满足，因此新奇、便利的各类应用程序则成为了他们目前进行重点研发的新领域。

---

① Paul Levinson.（2004）*Cellphone：the story of the world's most mobile medium and how it has transformed everything*. Palgrave Macmillan，43.

② Hagen I..（1999）*Slaves of the Ratings Tyranny? Media Images of the Audience', in P. Alaasuutari (ed.), Rethinking the Media Audience*. London：Sage，130—150.

移动网络的搭建离不开技术的发展，对于报纸来说，信息要从网站数据库传达至用户的移动设备终端需要一个转换的过程，这个过程可以简单地由以下的模型来表示：

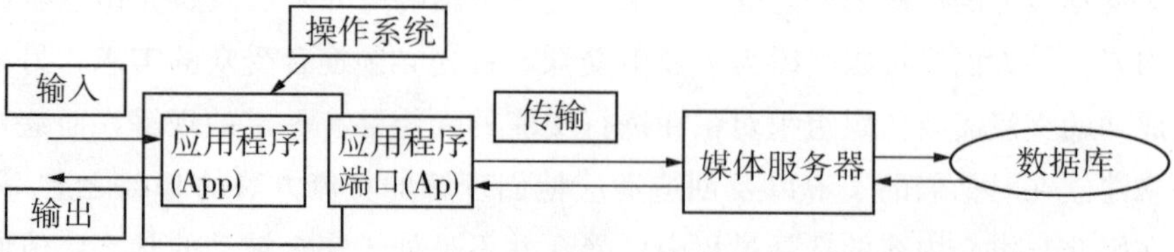


也就是说，一个典型的应用过程应该是：用户通过输入发送指令，应用程序接受指令之后再通过应用程序端口向服务器发送请求，请求通过网络到达服务器，再经服务器分析请求之后访问数据库得到数据，最后通过网络进行回复，应用程序通过应用程序接口将服务器的回复转化为本地可识别的内容，并将其输出给用户。

③美国移动市场的发展态势。美国是全球移动领域发展最快的国家之一。根据美国无线通信和互联网协会（CTIA ）发布的年度报告，2009 年美国共有 2 亿 8500 万次的无线连接，2 亿 5700 万台可上网的移动设备，这些设备中有 50％是智能手机或具有无线上网功能的掌上电脑。其中利用移动设备上网的人数为 5690 万，相比 2008 年的 4250 万增长了 34％。另据 ComScore 的数据显示，截至 2010 年 1 月，用移动设备获取新闻和信息的美国居民人数增加至 6320 万，平均每个用户每月访问页面数为 113 个，平均访问时间为 5 分 2 秒。2009 年 12 月，摩根士丹利（Morgan Stanley）的全球技术和电信分析师对迅速崛起的移动互联网市场进行一次深入研究，其研究结果的发现包括：根据财富的创造和消亡是新的计算产品发展周期的实质，目前全球已经进入了移动互联网周期的早期阶段；“移动互联网”的发展速度快于“桌面电脑互联网”，因为它代表着 3G 、社交、视频、网络电话和日新月异的移动装置这 5 大趋势的融合；海量数据增长推动运营商/设备走向转型；新兴市场存在众多很有吸引力的机会。[①]该报告显示，作为移动互联网取得成功的关键因素，3G 的应用于 2007－2008 年在西欧和北美地区达到拐点，即普及率＞20％，而在世界其他地区，进入拐点的时间为 2010－2014 年。因此，报告预测，未来 5 年内，通过移动装置接入互联网的用户很有可能超过通过桌面个人电脑接入互联网的用户。

① 摩根士丹利《移动互联网研究报告》［EB］. http：//www. morganstanley. com/institutional/techresearch/pdfs/Mobile _ Internet _ Report _ Setup. pdf.

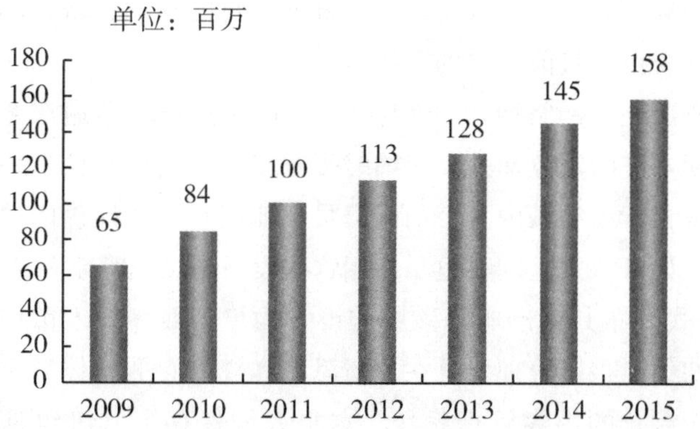


图 2－4－1　2009－2015 年美国移动上网用户人数增长趋势[①]

移动用户的大量增加无疑让广告商们看到了巨大的商业空间，因此他们加大了在移动市场的广告投放，如条幅广告、视频广告、文本广告等。

如下图所示，2010 年和 2011 年的移动广告收入增长幅度尤其明显，分别比前一年增长了 79％和 48％，这与移动媒体在这两年的发展速度有很大的关系。用户的需求推动了媒体的发展，媒体的发展吸引了用户的体验，而越来越多的体验人数又吸引了广告的投放，广告的增加继续推动媒体的发展和服务的提高，可以说，移动媒体的发展目前以及未来的几年都将处于稳定的良性循环之中。

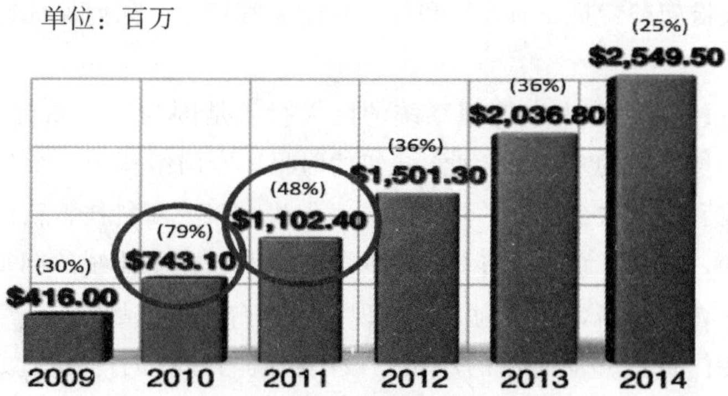


图 2－4－2　2009－2014 年美国移动市场广告收入及变化[②]

2. 移动版/手机报：《纽约时报》创新发展的新亮点

20 世纪 90 年代中期，《纽约时报》加入了网络报纸的行列，经过十几年在网

① emarketer research report［EB］. http：//www. emarketer. com，Dec. 2010.

② 同上。

络领域的经验积累，它再次将目光转向了日渐流行的移动领域，希望能够借助移动媒体的力量摆脱报纸目前面临的寒冬。

无论是印刷版还是网络版，《纽约时报》的用户群可谓遍布全球。然而对于其移动产品来说，它的定位却是《纽约时报》庞大市场中具体的一小部分。这一部分人群主要来自于纽约城内大公司的雇员，他们有公司提供的黑莓或者其他高端移动设备，比如 iPhone，同时也乐意用这些设备来浏览移动站点。2006 年 9 月《纽约时报》正式发布其移动版，该版从设定构想到最终投入市场过程很短，这主要是因为《纽约时报》管理层早在重新思考和规划它的整体数字战略之时就已经开发了一个定制化的内容管理系统。这个系统保存了《纽约时报》所有的数据，包括文章、专栏、社评、影评等，可谓是《纽约时报》数字领域的中枢系统。正是这一中枢系统的建立缩短了移动版推行的时间，因为所有其中的数据都可以为互联网或各种移动设备重新利用，为它们提供内容订阅服务。移动版建立之初，《纽约时报》只把几个主要的板块放到了移动服务的网站上，如新闻报道，体育新闻和社评，之后又逐步加入其他内容，如博客、天气、股票和房产等。移动版的发布说明了纽约时报集团管理层重新考虑了它的科技战略以及报纸在移动内容价值链中的定位。不仅如此，《纽约时报》还致力于与用户群和移动服务提供商合作，开发新的产品，同时在移动平台上为不同的用户群提供服务。所有这些举措都表明了《纽约时报》正在经历向移动领域的重大转型，而在这一转型中所要解决的关键问题就是如何维护和改善它的品牌形象，如何保证它在移动领域的竞争优势。

《纽约时报》在内部内容管理系统的巨大投入是因为这个系统是其在网络、移动等数字领域发展的基础。为此，《纽约时报》专门组建了一个集中的内部开发团队来开发和管理这个系统，使其能与时俱进，跟上新科技、新产品和新服务的脚步。然而，这一开发团队将其工作的中心主要放在了传统的网页开发上，而忽视了移动平台的创新，于是为了能实现移动平台的科技战略，《纽约时报》又成立了一个专门负责移动应用的小组，该小组既与原有的内部开发团队协同并进，又与外界的各类技术组织分工合作。与很多非技术类公司一样，《纽约时报》选择了建立自己的内部研发团队，不同的是《纽约时报》的这两个小组团队不仅负责内部研发，还开发了目前移动服务商尚未提供的服务。例如，其中的一个内部应用程序能帮助用户优化他们访问《纽约时报》移动版的体验，而不用去下载整个网站的首页。因此，如果移动用户访问《纽约时报》网站，并且尝试下载整个首页，系统会发现这点并自动把用户转向移动版的网站。

除了开发内部应用，该小组和外界的设备商合作开发不同移动设备上的客户应用。该小组已经和苹果建立合作，共同开发了针对 iPhone 的《纽约时报》应用程序；之后又开发了专门针对黑莓手机的应用，包括帮助用户回到黑莓主屏幕的一个图标。尽管《纽约时报》移动版的内容主要来自于前面所提到的中心内容管理系统，但是在不同移动设备上内容的呈现方式和用户的使用感受仍然略有不同。例如，在报纸的印刷版中，标题和所配的图片相得益彰，然而对于某些没有正确显示图片能力的手机来说，看不到图片原有的标题便会毫无意义，这时《纽约时报》就会为这些手机访问的版本替换一个不同的标题。此外，针对一些老款的手机，《纽约时报》的移动应用小组还专门对其内容和应用做出修改和调试，例如对于不支持视频回放的手机，原有的视频链接就不会显示，通过这些调整，即使是老款手机的用户最终也能顺利访问报纸的内容。总地来说，《纽约时报》的移动应用开发小组的建立不仅仅是为了保证网站设备正常工作，而是在此基础上致力于为不同的移动设备优化使用体验。通过为不同的移动设备调整内容和格式，移动应用开发小组展示了不同于报纸记者甚至网络记者的全新技能。由此可见，在移动领域的探索过程中，《纽约时报》已经意识到不能再像原来一样照搬印刷版的内容，而是应当为数字化发展作一些调整。

《纽约时报》移动领域的另一个科技战略是充分利用移动平台和因特网应用之间的交互性。在《纽约时报》的移动版中，最成功的一个栏目是房地产，这是因为在移动版、网络版和印刷版中都有房屋的一览表，因此房屋卖方可以购买一个号码，这个号码在报纸中和他的房屋挂牌绑定在一起；而买方则可以通过手机短信的方式把这个号码发给《纽约时报》，之后就会收到《纽约时报》回复的短信，其中有该房屋的详细信息以及完整的房屋销售列表。此外，买方还可以在移动设备上搜索房屋，点击房屋列表给房屋中介打电话。从上述房产买卖的例子中可以看出《纽约时报》印刷版、网络版和移动版在内容上的互动，其实不仅在内容上，在广告销售中，《纽约时报》的三个版本同样相互合作，互为一体。在纽约时报集团管理层看来，移动领域的主要收益还是来自于广告，因此在多数移动设备中，广告都以横幅的形式出现在网站的顶部或者以小方块的形式出现在页面中。随着报纸移动版访问量的上升，纽约时报集团整合了其在印刷、网络和移动平台的销售力量，并由此经常销售包括三个媒体的打包广告。

面对全新的移动领域，纽约时报集团管理层也在积极思考如何在移动环境里展示它的产品。在移动环境中，设计新闻报道产品时首先必须考虑到如何给用户带来移动的体验，同时还必须了解用户不断变化的行为和需求，而不仅是像以往一样按照标准的格式，提供不同主题的新闻。因为对于移动站点的用户来说，对新闻、社评、影评的浏览多数只是一扫而过，相对于报纸的深度阅读，这些用户可能只是在公交车站需要打发时光，在上车之前看看有什么新闻，或者电影评论。2008年美国总统大选期间，《纽约时报》移动版迎来了访问的高峰，该版为手机用户设计了一个特别的选举报道，其中包括一张标注了选举结果的地图，这样的话，用户不用在家里或者办公室里坐在电脑前盯着结果，而是可以通过手机随时查看更新。除了新闻报道，《纽约时报》还在它的移动网站上列出了体育提醒、天气更新和突发新闻提醒等栏目，用户可以发送短信息到该报，订阅突发新闻提醒，获得最新天气情况，任何板块的头条及最新的赛事比分。这些服务一方面反映了《纽约时报》从一个传统报业媒体向多媒体公司的转型，另一方面也反映了用户行为的变化——他们已经逐渐把《纽约时报》当作一项服务，而不是供他们深度阅读的报纸产品。事实上，《纽约时报》也正在顺应这一方面的变化。可以看出，《纽约时报》除了立足于原有的内容资源之外，还在移动技术的创新和移动产品、移动应用程序的研发上投入了大量的人力和物力，在美国的各类大报中，《纽约时报》可以当之无愧地被称为报业集团中的技术先锋。

**3. 移动平台上的内容生产模式**

从以往的情况来看，业界对移动平台的关注首先集中在基础设施和设备方面，例如美国的几大电信运营商 Verizon、Sprint 和 AT&T 就曾在无线技术方面投入很多人力、物力、财力，用以改善各种电信设施。经过5年多的发展，移动平台已经拥有了先进的设备和高质量的服务，尤其第三代移动通信技术（3G）的出现使得声音和数据的传输速度得到大幅提升，并实现了在全球范围内无线漫游，处理图像、音乐、视频流等多种媒体形式，提供包括网页浏览、电话会议、电子商务等多种信息服务。随着技术平台的日益完善，移动运营商们逐渐意识到内容和服务在吸引和巩固用户群体时的重要作用。

①内容生产在移动平台面临的挑战。手机网络刚出现的时候，其主要功能仅限于以接、拨电话进行通信，根本谈不上什么内容提供或者服务。因此，很多分析人士甚至认为移动平台实际上是一个“打了折扣的网络”（watered down web）。[①]对此，一方面移动运营商开始积极寻求和内容提供商的合作，如 DoCoMo 和迪士尼签订了协议，为其青年用户提供所有迪士尼品牌的内容；Vodafone 和超过25家内容提供商签订合作协议，其中包括索尼公司、甘尼特公司和路透社等；另一方面，以内容为主打的公司，如纽约时报集团也在逐步开展与微软、索尼、三星电子、苹果、亚马逊等消费电子和技术企业开展合作，以开发报纸的移动应用。对于报纸来说，移动平台一方面的确是一种切实可行的技术平台，但另一方

① *Mobile Content and Applications: Monetizing Popular Interactive Service*. Jupiter Research Vision Report on Broadband and Wireless, Vo. 8, 2000: 35－39.

面也给报业集团提出了与网络平台相似的一些难题。事实上，早在实体的内容（physical content）进入到网络这个数字化标准的世界时，许多业内人士已经预测将会出现 Schumpeterian 所说的“破坏的强风”（gale of destruction）。① 尽管实体的内容依旧存在，但在数字的世界中该如何构建这些内容，这些内容的知识产权该归谁所有，由这些内容带来的收益该如何划分，这些问题都令报业集团头疼不已。它们得重新思考这个行业的现状，重新规划内部的组织结构，甚至还要重新聘请一些对内容创作和技术都非常了解的新型人才。不仅如此，在数字化的世界中，用户的角色也发生了改变，他们不再被动地接收信息，而是能够主动地发表自己的观点和评论，提出反馈意见。同样，如今的移动平台又提出了类似的问题。在移动平台中，报纸面临的第一个挑战是，必须提供适合于移动平台的内容。当年互联网时代的“浏览器大战”就曾经迫使像报纸这样的内容提供者必须能提供各种内容格式，以确保用户能通过任何一种浏览器阅读到其内容。对于这种网络世界中浏览器混乱的状况，报纸采取的做法是把已有的印刷版内容或者稍作编辑上的修改，或者直接照搬到网上，从而减少了重新设置内容的麻烦，而把主要的精力用于针对不同浏览器的内容格式的调整。

然而，在新兴的无线技术环境中，一切问题都更为复杂。首先，移动设备种类繁多，有掌上电脑（Personal Digital Assistant，简称 PDA）、手持通话器（handset）、平板电脑（tablet）以及其他混合型的便携设备，不同设备的屏幕尺寸、色彩、图片容量等标准都有所差异，因此把报纸印刷版内容直接照搬过来并不是一个好的选择。事实上，移动内容的编辑一方面要考虑到移动设备屏幕小的制约，另一方面还要考虑到带宽的限制，例如，报纸可以直接将一个视频或音频文件上传至其网站供用户观看或下载，但是考虑到移动设备的带宽，报纸必须将该文件改换格式使其体积更小，才能方便用户下载，同时根据终端用户的不同还有可能要采用不同的转换格式。但是在文件内容被转移至小屏幕或其他形式时，它们会失去其原有的完整性而被拆分得零零碎碎，这就可能给内容提供者带来一些知识产权方面的质疑。内容的知识产权与内容的收费息息相关，目前在美国，大多数用户希望移动平台上的内容能和互联网的内容一样供免费享用，因此在移动平台中建立可行的商业模式并非易事。但如果完全不收取费用的话，对于内容提供者来说，这既会是收入上的损失，也会是对工作积极性的打击。除了这些外在的问题和挑战之外，报社、出版社、音像社等内容提供方还在内部调整其组织结构和重新分配资源。

---

① J. Schuumpere.（1943）*Capitalism，Socialism and Democracy*. Harper Cpllins，New York.

②移动网络的信息流通模式。在传统单向的大众传播模式中，受众总是位于信息传播链条的最后一环，与传播内容并不产生直接的联系。博德韦杰克和范·卡姆将这种模式称为“训示”模式，或直接称为“从一到多”模式，其特征是：受众反馈的可能性受到限制，传播流基本是单向的。[①]这种传播模式对于广播、电视和报纸来说比较常见。然而，信息技术的发展向世人宣告，这种中心—边缘的传播模式将被改变，由电脑和因特网构建的全球电子信息高速公路使得全世界的人们都可以接触到各种各样的软件和资料，从而在浩瀚无边的信息海洋中做出自己的选择。不仅如此，因特网用户还能在传播活动中发表意见、交流思想，传、受的界限不再像过去那样泾渭分明。循着这一技术变迁的视角，博德韦杰克和范·卡姆在“训示”模式的基础上又提出了“咨询”模式和“互动”模式。[②] 在“咨询”模式中，受众通过在媒介所提供的五花八门的信息和文化内容中的寻找和选择，自行决定其所需要的信息内容以及接收信息的时间。而“互动”模式则打破了传统的以传播者为中心的观念，通过交互的网络在一定程度上实现了传播者与受众之间的对话和交流。

作为新兴技术的产物，以手机移动终端接收的网络是一个灵活性、互动性极高的网络系统，在这个系统中，受众，或者说用户，不再处于被训示的地位，而是已经介入到咨询和互动当中，甚至还将进一步介入到内容的生产过程。因此，不同于传统大众传播媒介的线性传播模式，移动网络的传播模式呈现的是网状的结构，详见下图[③]：

该模式具有如下几个特点：首先，去中心化。在移动互联网的网状传播模式中，设备生产商、移动运营商、内容提供商、内容整合供应商和受众相互之间各有互动，基本处于平等的交流地位。其次，受众地位的改变。在移动网络的信息传播过程中，受众不再是位于传播链条的最末端，而是与内容提供商和整合商之间发生了互动，这是受众地位得到提升的一种呈现。就像麦奎尔所说：“所谓被动的收听者、消费者、接受者或目标对象，这些典型的受众角色将会终止，取而代之的将是下列各种角色中的任何一个：搜寻者、咨询者、浏览者、反馈者、对话者、交谈者。很显然，在大众受众兴起长达一个世纪之后，这样一种变化也许

---

① ［英］丹尼斯·麦奎尔著，刘燕南、李颖、杨振荣译．受众分析［M］．北京：中国人民大学出版社，2006：51.

② Bordewijk J. L. & Van Kaam B. (1986) *Towards a new classification of tele-information services*. Itermedia, 14 (1), 16－21.

③ Nina D. Ziv. (2005) *Toward a New Paradigm of Innovation on the Mobile Platform: Redefining the Roles of Content Providers, Technology Companies, and Users*. IEEE Conference Proceedings, MBusiness Conference, Sydney, Australia, July.

确实堪称革命。”① 再次，凸显了内容的多元来源。而上述这个移动终端上网的传播活动的更加开放的范式中，内容提供商可以接触到传统界限之外的更广阔的天地，例如金融服务公司或旅游服务公司等其他领域的内容生产者，还能接收到来自用户群体创作或反馈回来的内容，事实上，这些用户群体中也往往蕴藏着各个行业的精英，如音乐家、艺术家、教师、医生等等。

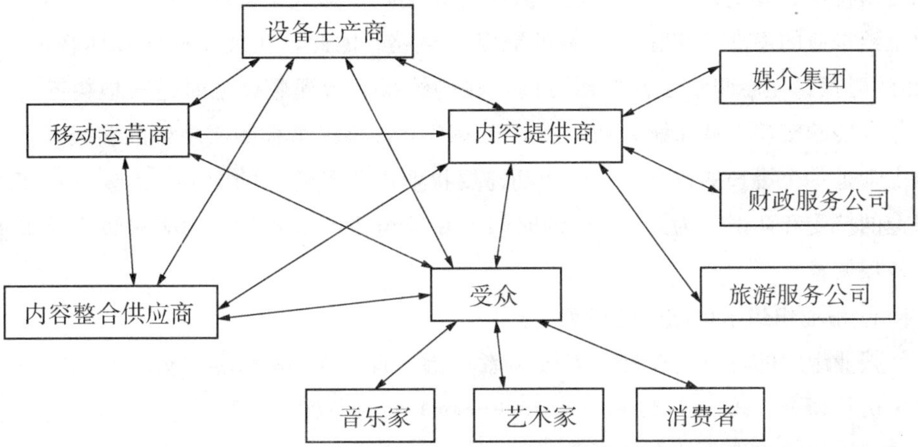


技术是引发受众地位变迁的最主要动因。除了技术之外，社会和经济因素的影响同样不可小觑。麦奎尔认为，在过去二十年中，当出现新的技术可能性时，便会有一些变化增强技术的影响力，这些变化包括经济的快速增长、更高的劳动生产率，以及新的开放的消费社会。经济上驱动一方面使得原本高高在上的传播组织不得不更加重视受众的喜好和需求；另一方面也促使各种公司走到一起，生产者、供应者、消费者通过密集网络相互依赖，从地理上看，它们既汇集在全球性大都市中，又通过电子传播方式分散到全球。② 世界似乎变得更小，东西方的差距也在日渐缩减，不同国家的受众分享着相同的信息内容和不同的文化形态，并由此产生了更多的共同经验。受众与传播者之间，受众与受众之间在网络的沟通中加深了彼此的互动和了解。

## 五、报业组织结构嬗变：报业创新活动的主体保障

生存在资本主义游戏规则里的美国报纸，似乎天生就具有“人格”分裂的特

① ［英］丹尼斯·麦奎尔著，刘燕南、李颖、杨振荣译．受众分析［M］．北京：中国人民大学出版社，2006：158.

② ［加］文森特·莫斯可著，胡正荣等译．传播政治经济学［M］．北京：华夏出版社，2000：168—172.

质：一方面，它被视为一种社会公器，具有服务社会的责任；但另一方面，它又不折不扣是一种可以在市场上自由交易的商品，为了谋生和追求利润而想尽方法。①作为一个自负盈亏的经济实体，报纸必须和其他企业一样不断进行结构调整，以配合不同时期的发展战略，实现组织盈利的最大化。对于报业而言，计算机/电脑过去20多年来在新闻制作和发布过程中的广泛使用给报纸带来了翻天覆地的变化，这些变化一方面引发了报纸与其他媒体形式更大范围的竞争，另一方面也给报业的发展带来了一条新的数字化道路。因此，在现今的新媒体环境下，《纽约时报》先后调整了其发展方向，在传统报业遭遇瓶颈之时适时地树起了数字化发展的旗帜。从印刷到数字化，从表面上看仅仅是载体或平台的转换，但实质上却是一个漫长的过程，它的成功需要报业内部各部门的配合，需要其员工思想上的接受和调试。为此，《纽约时报》在其组织内部展开了为应对数字化发展的各项调整。

**1. 报业组织结构嬗变的原因**

报业组织的特点与权变。美国学者乔治·西尔维（George Sylvie）和帕特里夏·威瑟斯庞（Patricia Dennis Witherspoon）在其著作《时机、变化与美国报业》中归纳了报业组织的几个特点②：

①垂直整合，层级明确。回溯19世纪的早期报业，报纸的印刷、发行、编辑工作集一人之手，如同当时钟表匠一样，几乎由一人完成产制工作。如今，随着规模的扩大，报业组织已同其他企业组织一样，开始进行部门分工，并逐渐形成层级明确的结构形式。从编辑部门的新闻采访编辑，印制部门的报纸印刷，到最后发行部门的发行工作，再配合广告营销，报纸展现出高度整合的气势。

②各部门相互依赖、相互影响、相互渗透。西尔维用人体的构造来比喻报业组织中各部门和部门成员之间的关系——心脏依靠肺提供氧气，肺又反过来依靠心脏的供血。同样，在报业组织中，记者需要编辑的改稿，记者和编辑又都同时依赖于广告部门的销售业绩，广告的发布又需要发行部门的协助，而没有记者的供稿，发行部门就没有内容可以提供，最终也无法吸引广告，可以说各个部门间既分工明确又环环相扣，任何一方的变化都可能影响到其他部门。

③作为一个对外开放的系统，报业组织具有抗衰能力。所谓对外开放的系统，指的是报纸与外部环境保持着畅通的联系，能够从外界吸取资源和养分，这

① Koch T. （1991） *Journalism for the 21st Century：online Information，Electronic Database and the News*. N. Y.：Prager.

② George Sylvie，Patricia Dennis Witherspoon. （2002） *Time，Change and the American Newspaper*. Mahwah，NJ：Lawrence Erlbaum Associates，21—23.

些资源主要涉及三个方面：第一，报纸通过读者来信、读者对报道的评论、广告商对广告效果的评价获取外界对它的评价，从而适时地做出改革或调整；第二，通过与外界专家沟通，获得改革的最佳方案；第三，针对改革做出人事调整，从外界聘用新员工代替原有的老员工。

④报业组织受到内部部门和外部环境的双重影响。对于报纸来说，它一方面需要接收外部信息的输入，另一方面又要将重新加工后的信息输出给外界，因此外界受众的评价、受众的行为、广告商的变化对其来说尤其具有重要影响。报纸内部，整体的效用依赖于个体的发挥，究竟是一加一大于二，还是一加一小于二还要看各部门的效率以及相互合作时产生的化学反应。

报业组织的这些特点表明，和其他企业组织一样，报业组织的生存和发展既脱离不开外部的社会系统和媒介系统，也脱离不开其内部的子系统。首先，报纸的生存取决于其为受众搜集和组织信息的能力，这些信息主要来自于外部环境，如新闻报道、广告、天气情况、股票信息等，报纸通过对这些信息进行整合、加工，从而再现给受众。其次，报纸由不同的部门组成，如新闻社论部、体育部、广告部和发行部。而对于一些像《纽约时报》《华尔街日报》和《今日美国》这样的大报来说，其内在的部门结构则更加错综复杂。报纸的各部门通过相互之间的合作和互动保证报纸的顺利运行——撰写报道和社评吸引读者的兴趣、向广告商展现其发行量以获得广告的青睐、出售广告获取盈利维持组织的运行并为员工发放薪水。

报业组织开放性、系统性的特点为管理学中权变理论提供了现实依据。权变理论认为，每个组织的内在要素和外在环境条件都各不相同，因此组织的管理应当根据组织所处的环境和内部条件的发展变化随机应变。该学派从动态系统的角度出发，认为企业是由人、物资、机器和其他资源在一定的目标下组成的一体化系统，它的成长和发展一方面受到这些内部组成要素的影响，另一方面也受外界环境的影响。最终，它在与外界环境和内部要素的不断相互作用和相互影响中取得动态的平衡。在环境变化的过程中，企业需要专业的团队深入触及新的业务领域，以掌握市场动态、发现需求、开发提供新的合适的服务。一旦企业发现原有的部门结构难以承担或适应新的发展需求，企业就有必要对其内部结构进行战略性重组，以适应新的环境和发展目标。循着权变理论的视角来审视目前的美国报业，可以看到，技术的发展引发了报业环境的大变革，乃至报业集团战略目标的大调整，在这种情况下，为了顺利实现报纸的数字化转型，报业组织必须展开适应数字化发展的内部结构调整。

调整的内因和外因。按照现代组织理论的观点，任何组织都不是一成不变的，面对一些特殊的情况，不同组织会做出不同程度、不同范围的应变，这些情况包括：生产力衰退、资源匮乏、股东集团对管理层施压、环境因素（如战乱）、组织内部因素（如组织领导人更替）、社会政治影响、行业因素以及用户期望和行为的变化等。[①] 它们对报业组织的影响可能是结构上的大变革，也可能是小规模的增减或调整。一般来说，不同的报业组织，其结构可能简单也可能复杂，这主要是由报纸的规模和目的所决定。多数报纸采用的是多层级、金字塔式的结构，也有一些是建立在小组或团队基础上的扁平式结构，而我们所研究的纽约时报集团属于前者。Chandler 在分析美国产业发展史时发现，随着生产技术、运输与传播方式的改变，企业组织的垂直疆界与水平疆界都会改变。在报纸产业中，大众报业的出现使其组织规模不断扩大，但基本上，编辑、发行、印刷合一的组织架构并没有太大改变，换而言之，报纸内部大规模的结构变革并不常见，但部门调整、人员整合则时有发生。通常情况下，内部结构越复杂的报纸越能应对外部复杂的环境。[②] 对于结构的理解，世界闻名的英国社会学家吉登斯认为，结构具有二元性，它包括强制规则和能动资源两个方面，因此它不再是给社会生活套上样板的僵硬框架，而是既制定行为，又为行为所重构。[③]

进入 21 世纪以来，内、外两方面的变化都促使美国报业必须进行其内部结构调整。外因方面，报业的环境发生了翻天覆地的变化：一方面，以移动网络、互联网为代表的新媒体强势崛起，它们以新颖的形式和便捷的方式不但吸引了受众的眼球，而且不断蚕食着原本属于报纸的广告市场，致使报业的广告收入一落千丈；另一方面，受众的期望、行为习惯也在悄然发生变化，他们习惯了从互联网中得到免费的、时效性更高的信息，习惯了以手机上网从移动媒体中感受到新奇的信息体验，传统的印刷版报纸对于他们来说已经失去了以往的吸引力。正是在这种受众流失、广告市场被抢占的环境下，美国报业走到了穷则思变的境地，以纽约时报集团为首的报业集团纷纷规划了自己的数字化发展战略，试图利用手机和互联网的新媒体平台为报纸开辟出一条新的康庄大道。对外界环境的适应也正是帕森斯提出的系统存在的功能必要条件之一。帕森斯认为，行动系统的整合必须满足四个基本功能条件：适应、目标达成、整合，以及潜在模式维持，这意味着系统的存在和状态良好不仅需要随外部环境进行调整，同时还必须借助系统内部各个部门或各个子系统的协调一致与相互配合。因此，报业组织目标的重新制

---

① George Sylvie, Patricia Dennis Witherspoon. (2002) *Time, Change and the American Newspaper*. Mahwah, NJ: Lawrence Erlbaum Associates, 21—23.

② Chandler, Jr. A. D. (1977) *The Visible Hand* : *The Managerial Revolution in American Bussiness*. Cambridge, Massachusetts: Havard University Press.

③ ［加］文森特·莫斯可著，胡正荣等译．传播政治经济学［M］．北京：华夏出版社，2000：206.

定决定了组织内部各部门之间必须予以协调和配合，这也正是报业结构面临调整的内因所在。其主要表现为：随着报纸数字化战略的开展，报纸已不再是单一的纸媒，而是多平台、多媒体的综合性公司，报纸的定位发生了显著的变化。在这种情况下，传统的新闻编辑室已经不能适应报纸数字化发展的需要，一方面，报纸对新闻从业者的专业采编技能要求更高，另一方面，报纸也亟需熟知新媒体领域，掌握多媒体技术的新型数字化人才。数字战略的规划、数字化人才的引进都要求报纸调整其部门结构，以适应和配合这一战略的实施。

**2. 基于数字化发展的整合之路**

随着数字化进程的逐步推进，报纸意识到传统的以印刷版为中心、印刷版与网络版相互独立的部门设置不利于数字化的发展，因而纷纷进行改组，将印刷版与网络版的编辑室整合为一个部门。从管理学角度来看，整合就是把一些零散的东西通过某种方式而彼此衔接，从而实现信息系统的资源共享和协同工作。其主要的精髓在于将企业内部彼此相关但却彼此分离的职能组合在一起，并最终形成有价值有效率的一个整体。

①从《纽约时报》网络版的创刊到“数字纽约时报”公司的成立。正如许多读者所知道的，《纽约时报》的网络版创刊于1995年，当时充当的是印刷版“复制品”的角色。这意味着，在那一时期，《纽约时报》经营的核心仍然是报纸的印刷版，而网络版只是作为报纸的附属品而存在，其编辑和运营并没有得到较多的关注。1999年之后，一切似乎有了变化，纽约时报集团管理层开始重新思考网络版的定位与发展期望，并切实迈出了探索的步伐。其中一个很大的变化就是，纽约时报公司把所有的互联网部门合并成一个新的独立公司“数字纽约时报”，网络版的运作与印刷版自此分开。报纸的网站独立运作，不再由报社直接主管，不再只依靠报纸提供新闻源和网站内容，有单独的采编队伍，除了提供完整的印刷版，还有滚动新闻、多媒体报道、广泛的分类新闻目录、电子邮件和数据库等，免费与收费相结合，其发行量与收入同步计入《纽约时报》印刷版的发行量与总收入之中。“数字纽约时报”代表了一种全新的组织结构，整合共享传统报纸的品牌、智慧和网络的优势，用更低成本创造出高质的产品与服务，经营策略核心是网上网下互助，操作包括：吸引报纸客户上网，凡购买印刷版广告位的客户都可以折扣购买网上广告位，网络版的广告收入有25%来自印刷版分类广告。[①]

“数字纽约时报”公司的成立是纽约时报集团结构调整的第一步，其核心意义在于，宣告网络报纸作为印刷版“复制品”“附属品”的时代已经结束，它的发

① 陈昌凤．纽约时报公司的经营模式探析［J］．国际新闻界，2003，6.

展潜力已逐渐被集团管理层重视和认可。通过这次改组，“数字纽约时报”公司将所有与网络相关的业务纳入其麾下，实现了网络版编辑与经营的内部整合，至此，网络版与印刷版成为两个平分秋色，并驾齐驱的独立部门。

②编辑部的再次整合与包含三个小组的研发部的建立。如果说1999年“数字纽约时报”公司的独立是对网络报纸发展潜力的认可，那么2005年进行的印刷版编辑部和网络版编辑部的再次整合则是《纽约时报》对“网络数字化”发展战略的确立。2005年《纽约时报》通过报纸编辑部和网络编辑部的整合，使其成为一个统一运营、统一采编、统一接受管理的新闻编辑部。新组建的新闻编辑部由比尔·凯勒（Bill Keller）担任执行主编，主管新闻内容方面事宜，而马丁·尼森赫兹（Martin Nisenholtz）则担任数字部副总裁，主要负责《纽约时报》的数字管理和运营，以及战略规划。新上任的凯勒和尼森赫兹在接受美国《在线新闻评论》（Online Journalism Review）的记者采访时指出：“这一举措反映了《纽约时报》经营哲学的变化，通过整合新闻编辑室，我们打算减少并最终消除报纸印刷版记者和网络版记者之间的界限，从而帮助我们达到做网络新闻（web journalism）的目标”。《编辑与出版人》以“互联网的胜利”为题，认为《纽约时报》的部门整合说明其发展的中心已逐步向网络转移，互联网在这场与纸媒的大战中获得全胜。[①]

毋庸置疑，《纽约时报》新闻编辑部的整合是一项革命性的举措，但所谓“罗马并非一日建成”，这一部门整合从构想到完成经历了漫长的历程。事实上，早在1995年左右，小苏兹伯格就已经和当时担任纽约时报电子媒介公司（The New York Times Electronic Media Company）总裁的尼森赫兹开始酝酿这个计划的实施。根据尼森赫兹的透露，在《纽约时报》推出其网络版的时候，管理层都意识到将来必须要有一个统一的新闻编辑室同时给印刷平台和网络平台提供内容，但是当时鉴于互联网是一个新生事物，无论是用户数量还是收入都只是很小一部分，因此整合新闻编辑室并不可行。然而，从1995年到2005年，经过这十年的发展，互联网已经积聚了强大的力量，用户和收入都在增长，再加上网络带宽的提升使得《纽约时报》完全可以在其平台之上建立一种新的新闻形式，因此以网络版为核心的数字化发展战略具有了切实的可行性。[②] 为了顺利实现两个部门的合并，纽约时报集团管理层于2000年之初开始有意识地加强两个部门的互

---

① Jay DeFoore.（2005）*Web Victory*：‘*New York Times*’ *to Begin Integrating Online Newsroom*. Editor&Publisher，August 02.

② Mark Glaser.（2005）*GrayLady.com*：*NY Times explodes wall between print*，*Web*. Online Journalism Review，Aug. 9.

动，例如，要求网络记者和编辑参与报纸头版的讨论以及报纸编辑部的会议，促进双方的交流和沟通。尼森赫兹说，“我们经常听到报纸编辑部的同僚会有一些网络发展的建议或想法，但是过去分开的工作体系使得他们无法深入沟通，将这些好的想法付诸实现，这给大家的工作带来了沮丧的情绪。我认为，如果我们真的要好好发展网络领域，充分利用所有人的智慧和创造力，那我们就得在同一个阵营中——无论在空间上还是管理上”。[1] 如今，通过编辑部的整合行为，《纽约时报》实现了尼森赫兹所期望的空间上和管理上的统一，一旦记者或编辑有任何好的议题或线索，新闻编辑部都会制订两个策划方案，一个归报纸，另一个归网络。

在《纽约时报》的这次部门重组中并未涉及到任何裁员，但小苏兹伯格表示，报纸的裁员不可避免，不过在削减印刷版记者或编辑岗位的同时，数字部门还需要新人的加盟，这也说明了《纽约时报》的未来发展方向——暂停印刷领域的发展，全力支持报纸在数字领域的进军。在接受采访时，尼森赫兹还表示他有一个美好的理想，那就是希望纽约时报网站不仅仅是一个纸媒网站，而能成为一个优秀的新闻类网站。他希望《纽约时报》网站的多媒体报道内容能从如今的每天 2—3 篇上升至每天 30—40 篇，希望网站能像谷歌新闻一样成为新闻汇集地。“谷歌新闻是目前发展速度最快的新闻类网站，我们希望自己能做得跟他们一样好，再加上《纽约时报》特定的新闻资源，我们的网站应该会更有特色。”[2]

从 1995 年到 2005 年，《纽约时报》的印刷版和网络版经历了合—分—合的发展过程，然而两次合并的意义却截然不同。如前所述，《纽约时报》网络版诞生之初，其编辑部与印刷版编辑部同为一体是因为网络版完全不受重视，内容上依附于印刷版而存在，因此当时发展的重点无疑是报纸的印刷版。而十年之后两个部门再次合并之时，印刷版的辉煌已是昨日黄花，相反网络版却日渐崛起，因此这次整合的目的正是为了让印刷版更好地配合网络版的发展，从而帮助报纸顺利走向数字化的发展道路。

除此之外，秉着对技术创新的高度重视，纽约时报集团于 2005 年年底便建立了研发部（Research & Development，简称 R&D），主要负责报纸在数字领域的研发工作。“研发部的建立帮助我们评估用户的偏好，以做出令他们满意的调整。”[3] 2006 年 1 月，原任美国在线出版社商协会总裁的迈克·津巴利斯特（Mi-

---

① Mark Glaser.（2005）*GrayLady.com：NY Times explodes wall between print*，*Web.* Online Journalism Review，Aug. 9.

② 同上。

③ 纽约时报集团官网，www.nytco.com。

chael Zimbalist）加盟《纽约时报》，担当新成立的研发部副总裁，领导该部门的所有工作。津巴利斯特表示，《纽约时报》研发部的目标就是要为该报带来长期的、充满活力的创新。该研发部主要由三个小组构成：核心小组（core team）、新平台研发小组（emerging platform team），以及受众开发和分析小组（audience development and analytic team）。

核心小组主要负责监测技术发展趋势和用户行为的变化，以便能为《纽约时报》展望和预先设计新的产品和服务，帮助报纸在未来新领域的竞争中占得先机。

新平台研发小组主要负责与新型的移动领域相关的各项事宜，例如，将《纽约时报》的各种产品和服务应用到移动平台中，管理报纸的移动短信平台，与外界合作开发无线移动设备的应用程序。

受众开发和分析小组主要负责管理和监测报纸的多变量测试平台（multivariate page testing platform），为《纽约时报》进行精准的用户分析，以便报纸能更好地对目标市场进行定位，对商业情报进行文本挖掘。受众开发和分析小组利用专业的分析工具测试了受众对不同报纸内容和版面的反应，从而帮助《纽约时报》更加深入地了解其读者的特点和偏好，进而更有针对性地投放"按点击量付费"广告。

研发部的三个小组各有分工又相互合作，共同致力于《纽约时报》的技术创新、应用创新和服务创新。纽约大学的 Nina D. Ziv 教授在谈到研发的重要性时认为，研发部门不仅是高新技术行业的核心，对于眼前的报业来说同样具有重要的作用。首先，研发部门的建立是保证技术和产品与时俱进的基础。其次，研发能给企业带来活力和竞争力。① 对于《纽约时报》来说，无论是网络领域还是移动领域仍然都是新兴事物，需要去不断的摸索和探求，而研发部首先就充当着帮助报纸完成数字探索的马前卒角色。受众开发和分析小组协助《纽约时报》掌握用户行为和习惯，新平台研发小组协助《纽约时报》为移动用户提供最优质的服务，核心小组则把握着未来数字技术的发展方向，在研发部三个小组的共同努力下，《纽约时报》正逐步实现着它数字化的转型。

③互动新闻技术部。《纽约时报》另一个颇具特色的部门是互动新闻技术部（Interactive News Technology Department）。互动新闻技术部，顾名思义，是一个既涉及新闻报道又涉及网络技术的一个部门，其职责就是为互联网提供具有网络特色的新闻产品，而所谓的网络特色指的是需要使用大量数据、利用到网络交互

① Ziv，N. D.（2005）*Toward a New Paradigm of Innovation on the Mobile Platform：Redefining the Roles of Content Providers，Technology Companies and Users*. Mobile Business Conference 2005，Sydney，Australia，July，IEEE Conference Proceedings.

技术、能直接与用户互动。例如，在《纽约时报》网站中，用户只要输入所在地的邮编就能得到距离其最近的电影院的播映信息和所在地的天气情况。此外，复杂一点的互动形式还包括，网站通过用户输入的数据为其分析出结果。例如，2008 年《纽约时报》网站为用户提供了一项住房性价比分析服务，用户只要在网上输入其月付的租金、房子的售价、预付的定金、抵押贷款数等信息，网站就会帮助其计算出对于该用户来说，究竟是租房合算还是买房上算。参见下图：

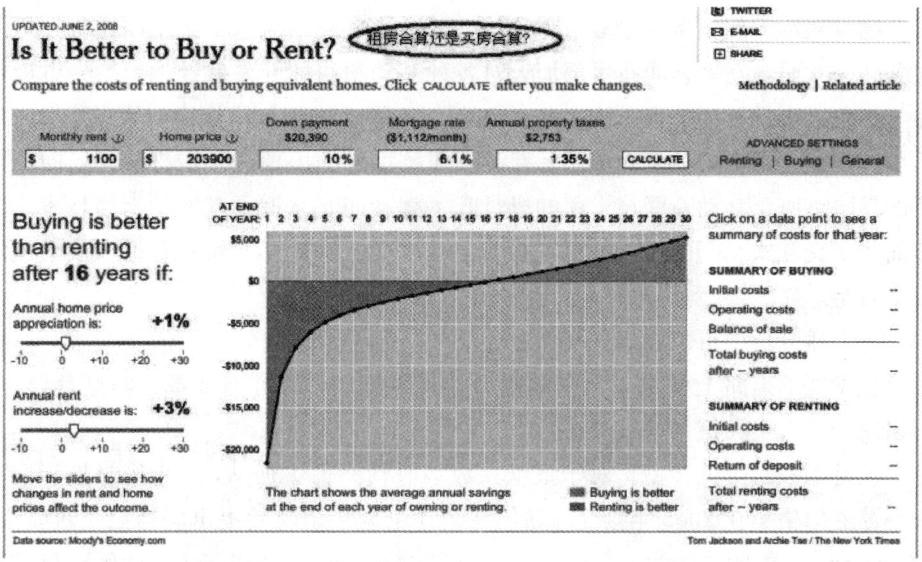


图片来源：《纽约时报》网站

也就是说，传统的报纸编辑部为网站提供的是一般的文本报道，而互动新闻技术部所要做的是将新闻内容和网络技术结合起来，用技术协助内容，使其能为用户提供具有个性和交互性的各类报道和服务。

互动新闻技术部的建立源于 20 世纪 60 年代计算机辅助报道（Computer-Assisted Reporting，简称 CAR）的兴起，当时《底特律自由报》的记者 Philip Meyer 利用计算机分析 1967 年底特律黑人暴动中的人口统计学特征。而在纽约时报集团内部，该部门的建立则由《纽约时报》美术副主编 Pilhofer 和 Matt Ericson 首次提出，目的是要集合一批研发人员或新闻从业者参与到各种网络项目中，[①] 因此在人才的选择上，既要求他们有相当的新闻基础，能够了解编辑的需求，又要求他们对网络技术，如常用应用程序、网页编程语言等有一定的了解。互动新

① Cindy Royal.（2010）*The Journalist as Programmer: A Case Study of The New York Times Interactive News Technology Department*. International Symposium in Online Journalism，The University of Texas at Austin，April.

闻技术部最初只有两个人：兼任主编和部门负责人的Pilhofer，和另一位软件开发人员。三年之后，该部门的成员由两人发展至十一人——除了Pilhofer之外，该部门下设一个助理编辑、一个高级软件设计师、三个界面工程师（Interface Engineer）、四个软件工程师和一个信息建构师（Information Architect）。互动新闻技术部负责的互动项目和话题涉及各个领域，因此与《纽约时报》的各个部门都有直接的联系，其中与设计、画图、多媒体、调查性报道和体育部的联系最为紧密，这也是由他们所提供的新闻产品的特点所决定的。

随着互动新闻技术部的建立和壮大，《纽约时报》网络版交互性的特点愈发显著。一方面，互动新闻技术部加大对各种互动项目的开发和挖掘，另一方面也参与到重大事件（如美国总统大选、奥运会开幕、奥斯卡颁奖等）的直播中，从而与用户建立了良好的互动关系。互动新闻技术部的出现进一步打破了新闻和网络的界限，由于互动新闻技术部的成员既了解新闻又掌握了基本的网络技术，因此简化了交互式新闻的生产流程，在一定程度上也协助了《纽约时报》数字化的战略转型。

从上述分析中可以看出，《纽约时报》作为美国影响力最大的报纸之一，在数字化发展的道路上付出了不懈的努力，其中有调整，亦有变革。归结其要点，可以用如下五个关键词将其概括：

关键词一：定位转型。对于报纸在数字时代将何去何从，《纽约时报》发行人小苏兹伯格早在2002年接受《新闻在线评论》采访时就提出应当把“新闻纸”（newspaper）中的“新闻”（news）和“纸”（paper）分开来理解：“纸”只是报纸诸多载体中的一种，并不具有决定意义；“新闻”（即内容）才是报纸的最终意义所在，而内容不仅包括新闻报道，还应当涵盖了各种信息和各类服务。[①] 小苏兹伯格的观点从两方面诠释了目前报业正在经历的转型：一方面，在报业面临数字化转型背景下，报纸已不是纯粹意义上的“纸”，而是一种显示终端和存储介质，诸如电脑、显示器、手机、PDA和各种手持阅读器；另一方面，报业的核心业务是各色的信息服务和内容，“内容”的呈现方式不单单是新闻纸一种，还有其它表现形态、传输渠道和显示终端，也就会产生相应不同的产业运营模式和盈利模式。基于这两方面的考量，报纸需要重新思考它的定位。而《纽约时报》的定位转型恰巧涉及到了小苏兹伯格所言的两个方面：一是报纸内容的转型，二是发布内容的方式或平台的转型。众所周知，传统的报业集团产品单一，主要为读者提供新闻产品，而随着互联网和手机的流行，读者已经可以先报纸一步了解到

① 笔者获取自小苏兹伯格接受《新闻在线评论》的采访内容［OL］. http://www.beet.tv/2007/11/bits-new-york-t.html。

世界各地发生的大事，为此《纽约时报》在他们所提供的内容产品上做出调整——从单一的新闻产品扩大至各类信息和服务，从即时的新闻播报转型为后续的跟踪报道和详细解读。换而言之，报纸的位置从原来的新闻前沿退后为追踪解读，而网络版、移动版此时则充当了新闻前排兵的角色。同时，网络版和移动版的相继出现也恰恰说明了报纸在发布平台上的转型。在新的发布平台中，视频新闻、定制化信息、交互式报道等各种新形式层出不穷，极大地推动了报纸与读者的互动以及读者与读者之间的互动。最终，无论是否有过明确的表态，美国三大报纸在向着多媒体、服务型的方向前进。随着定位的明确，随之而来的便是第二个关键词。

关键词二：编辑室整合。《今日美国》前任总裁兼发行人汤姆·库里（Tom Curley）曾对该报员工说："数字革命已经抵临我们家门，我们需要一个新的组织结构（organization）来应付随之而来的各项挑战。这个新组织并不是指简简单单地开一扇窗，而需要拆除所有的围墙。"① 库里所说的"拆除围墙"指的就是新闻编辑室的整合，尤其是网络版编辑室和印刷版编辑室的整合。不仅是库里，《纽约时报》发行人亚瑟·苏兹伯格也看到了这一点，于是从 2005 年至 2008 年间，该集团先后完成了整合网络版编辑室和印刷版编辑室的任务，其主要的目的一是为了节约成本，避免不必要的重复劳动和资源浪费；二则是为了方便人员的统一管理和资源的统一调度，适应以移动和网络为核心，印刷版为后备的数字化转型。

关键词三：创新。创新包含着创造与更新的双重含义，是任何企业发展和进步的核心，报业也不例外。报纸通过"二次售卖"实现自身的运营，因此读者量、发行量、广告量通常是衡量报业兴衰的主要指标，而如今受众注意力资源被"碎片化"，报纸的受众资源和广告资源大幅度下降，如何通过创新来吸引受众和广告的注意力便是关系报业生存的重要问题。报业的创新涉及两方面，首先是内容上的推陈出新。事实上，"内容为王"的观点在传媒界的提出和被认可已经不是一天两天，因此内容上的创新不仅在现今的时代，在过去也是各大报纸和其他媒体机构想要达到的目标。报业创新的第二个方面是技术和形式的创新，所谓的形式包括：提供信息和服务的形式、与读者互动的形式、吸引读者在其网站多做停留的形式、为广告商提供广告的形式等。于是便出现了诸如"我的日报""我的提醒""我的推荐"等具有个性化特点的栏目。而在技术创新上，建立庞大的数据库，开发各种手机应用程序和应用程序端口，满足数据库用户对信息资源和受众注意力资源的需求，利用技术为用户提供便捷的服务和新颖的形式是各大报纸

---

① Michael Tushman, Michael J. Roberts. (2005) *USA Today*: *Pursuing the Network Strategy*. Harvard Business School Programme, Sep. 19.

努力的方向。

关键词四：社交化路线。目前以 Facebook、Myspace 等领衔的社交网站（Social Networking Sites）在全球拥有庞大的用户群体。用户可以通过朋友结识朋友的朋友，通过一传十十传百的方式将人际脉络不断向外扩展，因此具有很强的延展性和交互性。随着网络版和移动版的建立，报纸也尝试着将社交网络的某些特点融入其网站当中。根据对《纽约时报》网络策略的分析，报纸主要通过两种方式借鉴和利用社交网络的力量。第一，在自己的网络版中建立读者社区或在线社区，邀请读者在社区中发表观点、参与讨论互动，同时允许他们评论和推荐文章以及其他读者的观点，以达到传—受互动和受—受互动的双重目的。第二，与 Facebook、Myspace、Twitter 等知名社交网站合作，为用户在上述社交网站中分享文章和观点提供便利，从而借用社交网站的力量吸引其亲友或朋友来关注报纸的内容，加入报纸的在线社区。

关键词五：全能型报业人才。中国人民大学蔡雯教授在对美国的报业进行实地考察后，认为目前在美国报纸编辑室中有两类人才较受欢迎：一类是能在多媒体集团中整合传播策划的高层次管理人才，另一类是能运用多种技术工具的全能型记者编辑。[①] 一方面，报业数字化的转型要求管理者不仅需要具备信息内容生产能力，还要熟悉报纸与新媒体的融合技术，擅长统筹策划；另一方面网络版和印刷版编辑室的整合也需要报社的员工能熟练地操作电脑、使用各种多媒体设备，掌握基本的数据整理和分析能力，例如前文所提到的《纽约时报》“互动新闻报道小组”的成立。为此，以美国密苏里大学领衔的几所大学纷纷开设了“媒介融合”专业，旨在培养全能型的复合传媒人才。

尽管中国报业的发展轨迹与西方国家不尽相同，其资金来源、管理体制、整体规模亦截然有别，但在新媒体强势冲击的背景之下，中国报业同西方国家一样遭遇了发展的瓶颈，一样面临着数字化转型的节点。据中国造纸协会发布的报告显示，2010 年底，新闻纸生产量为 430 万吨，占纸及纸板总产量 4.64%，负增长 10.46%。[②] 这意味着新闻纸的总产量下降了 43 万吨以上。目前中国报业的数字化发展仍然处于“网络版、移动版作为印刷版翻版”的初级阶段，并未真正达到报网互动、以网为先、资源共享、整合发展的目标。在这点上，美国纽约时报集团从内容、形式的创新到定位、结构的调整再到盈利模式的探索为中国报业的数字化发展提供了很好的借鉴和启示。事实上，无论在中国还是西方国家报纸数字

---

① 蔡雯．新闻传播的变化融合了什么？——从美国新闻传播的变化谈起［J］．中国记者，2005，9。

② 中国造纸协会．中国造纸工业 2010 年底报告［EB］．(2011－06－01)［2011－02－27］．http：//www.chinappi.org/hytj1.asp。

化发展的过程中，报纸上网、报网互动都只是数字化的途径和方式，而报网融合，或报纸与多种媒介形态的融合才是报业数字化的未来发展方向。

报网融合是媒介融合的一种形式，也是报业领域数字技术和媒介形式发展的必然趋势。媒介融合涉及的范围远不止技术层面，根据美国西北大学教授李奇·戈登（Rich Gordon）的观点，媒介融合可以分为6大类：媒体科技融合、媒体组织融合、媒体所有权融合、媒体战术融合、媒体结构融合、采访技能融合和叙事形式融合。① 而根据笔者对几位美国报业人士的访谈来看，他们普遍认为，为了顺利实施其数字化战略，报纸应当从运营、市场和内容三个方面进行融合：

①运营上的融合（operational convergence）主要是指更新基础设施，以符合数字化的要求标准。这一举措可以通过协调各种技术平台的合作，从而达到创造价值、降低成本的目的。

②建立跨平台市场营销（cross-platform marketing）。在经过内部运营上的融合达到目的之后，融合的第二个层面转向了外部的市场。通常，报业集团通过合并或收购获得多个市场平台，它们在一个平台上宣传、推广其他的平台，从而使每个平台的市场都得到了扩展。

③发布用户需要的内容（delivering on-demand content）。融合的第三个层面涉及到内容。过去，报纸总是采用复制的方式将印刷版的内容搬上电脑屏幕，而忽略了不同发布平台的特点。如今，尽管不少报纸仍倾向于内容的“重复利用”（repurposing），但在媒介融合的要求下它们也开始考虑到不同平台的特点，于是对原有内容进行加工、修改使其能够更加适应新平台的特征，发挥出新平台的优势，同时与原有平台的内容保持呼应。

* * * * * * * * * * *

在中国，人们对报网融合的探索已经不是一年两年的事了，其中不少学者提出报业转型至少存在三条途径：数字发行、社会媒体、平板电脑。数字发行通常存在两种形式：一为注意力模式，二为付费模式。注意力模式是将传统的纸质印刷换成网站发布，仍然以传统的注意力经济形式，通过大量的免费内容的发布，来吸引广告商投放广告。而付费模式则建立了付费墙（Pay Wall），通过用户付费阅读，改变已有的二重经济模式，回归内容本身。与此同时，近年来国内风头正盛的微博也是报纸数字化转型的切入点之一。许多报纸建立了自己的官方微博，开辟了各种应用，这种做法的确吸引了一批受众，但对报纸本身的盈利帮助却不是很大。除了上述两条途径之外，第三种方式是平板电脑，它给人们带来了全新的阅读体验。它不但具有早年电子书的一些特点，还具有网络功能，是一个千变

① Rich Gordon. (2003) *Convergence Defined*, Online Journalism Review, 11. 13.

万化，便携又简单实用的载体。它与纸、印刷品和订书钉不同，它把众多的作者和作品整合在一起，展示在一个平台上，输送给读者，而且价格比纸质版要便宜，同时它的特性在某些方面与报纸的属性相契合。在美国，针对平板电脑，尤其是ipad的应用已经获得了巨大的成功，而在中国，南都daily作为平板电脑上的App下载量也突破了百万，成为新闻类下载排名第一的应用程序。在报纸与平板电脑之间建立某种联结，通过移动互联网实现报纸的数字化转型，发展传统新闻业是尝试也是趋势。目前，许多报纸都试图通过付费下载和收费广告两种方式在平板电脑这个新兴平台上寻找突围的另一条道路。

报纸与新媒体的融合既是当前的生存需要，也是未来的发展趋势。报纸如果选择“对抗网络”或者“拒绝网络”无疑将会走向一条穷途末路。就像2005年在西班牙马德里举行的世界报业协会会议上提出的观点“没有在线和数字服务，报纸就没有未来”[①]。报纸与新媒体的融合意味着报纸要转变心态，放低身段融入到新媒体当中，建立以互联网为核心的融合型、一体化生产平台。这个过程本质上正是报业数字化的过程，在这个过程中，报纸和其他媒介形式在互联网和移动等数字平台中分享不同的数字信息符号，进行着数字化整合。然而，在媒介融合的背景之下，报纸需要重新思考几个问题：

第一，谁将会是未来的竞争对手？时代华纳集团战略策划部副总裁伊丽莎白·弗斯特（Elizabeth Furst）曾说道，“我们的业务范围日益广泛，对方的业务范围也越来越广泛，我们相互之间既是主要对手关系，又是主要客户关系。”[②] 这意味着，融合之后媒体之间的关系会变得更加错综复杂，报纸应当审慎以对。此外，随着谷歌新闻、各类博客网站和社交网站的走红，受众可能更倾向于用手机或电脑获取信息，而代替原本的报纸，在这种情况下，报纸的竞争对手是其他报纸，还是其他发布新闻的媒介？

第二，竞争是平台之间的竞争还是内容之间的竞争？也就是说，报纸或互联网站的体育新闻和电视的体育新闻是否存在竞争关系？

第三，随着报纸的核心平台从印刷版转向网络和移动平台，过去的核心目标受众群体是否也随之改变了？

这些问题都值得未来业界和学界的后续探讨和研究。

---

① 孙淑艳编译．世界报业协会：没有数字服务，报纸就没有未来［M］．2005，转引自崔保国主编．2006中国传媒产业发展报告［M］．北京：社会科学文献出版社，第5页．

② Everette E. Dennis, Stephen Warley, James Sheridan. (2006) *Doding Digital: An Assessment of the Top 25 U. S. Media Companies and their Digital Strategies*. Journal of Media Business Studies, 3 (1), 33－51.

# 第三章　维亚康姆：以退为进的“内容卫道士”

20世纪90年代以来，国际传媒集团逐渐成为大众传播领域不可忽视的一支力量，特别是随着这些传媒大鳄并购与扩张步伐的加快，中国成功加入WTO，成为他们展开争夺的主要目标市场，因而本世纪初国内学界和业界出现了一股研究国际传媒集团的热潮。新世纪以来，随着信息传播技术的不断革新，国际传媒市场的结构发生了巨大变化。互联网、数字广播电视、手机、电子书、平板电脑等新兴媒介，以其全时传播、即时互动、功能丰富等优点，对报纸、杂志、广播、电视等传统媒介构成了巨大挑战。以传统媒介为主营业务的国际传媒集团如何应对挑战，把握新的发展机遇进行战略调整，已成为数字媒体和全球化语境下亟待深入探讨的重要课题。同时，伴随着移动互联网的迅速崛起，媒介受众的分化和细化已成为最重要的发展趋势之一，媒介经营必将发生更激进的变革，为此需要新的理论和模式来反映这些变迁。在数字媒体环境下，社交媒体的使用生态已和“大众传播”的典型内涵相去甚远。因此，将传统大众传播语境下的国际传媒集团置于移动互联网生态中进行考察，有助于促进大众传播理论在数字媒体时代的丰富与发展。

在全球化与数字媒体环境下，国际传媒集团实际同时面临着海外市场准入与媒介环境变革这两大挑战。而随着世界经济形势的变化与媒介技术的极速革新，传统传媒集团在市场经营过程中受到了前所未有的考验。在移动互联网与社交媒体相互交织的新环境下，这些庞大的传媒集团如何转变经营思路，克服转型阵痛，融入数字媒体生态，他们的实践经验对中国本土同行有何借鉴意义，成为当前新闻传播领域十分关注且值得深入探讨的课题。

维亚康姆作为一家著名国际传媒集团，在全球传媒市场有着举足轻重的地位，以维亚康姆作为研究个案具有典型意义。该集团的相关媒体业务早在1995年就进入中国，本世纪初更是与中国媒体展开了多种形式的合作，股票市值一度位列全球媒体之冠。2006年以来，奉行“内容为王”理念、坚持传统电影电视内容生产的维亚康姆集团面对业务发展困境，积极实施数字媒体战略，有惊无险渡过了金融危机。在国际传媒集团纷纷实施数字化转型之时，维亚康姆作为其中的重要代表，数字媒体战略的实施过程以及成效尤为值得探讨。因此，维亚康姆如何在海外市场准入与媒介环境变革的双重压力下实施战略转型，实现内容产品生产的可持续发展，成为本文探索的重点。

对维亚康姆集团在数字媒体时代的生存和发展概况进行深度剖析的意义和价值在于：它能够帮助我们深化对西方发达国家传统传媒业的生态环境和发展趋势的认知；同时，中国经济的飞速发展及其与世界经济的日益一体化，要求中国传媒在国际舞台上发挥更大的作用。维亚康姆实施战略转型的有益经验与不足能够为中国的传统媒体和传媒集团寻找适合自身发展的路径提供借鉴和参考，以提高中国传媒产业的整体实力和国际地位。

## 一、国际传媒集团寻路中国

在媒介变革语境下，作为跨国企业的国际传媒集团无法回避的一个挑战便是如何进入并适应海外市场。在本研究中，我们将首先以中国市场为例，分析国际传媒集团在海外市场遇到的挑战与机遇，以为下文重点分析维亚康姆集团的战略转型作铺垫。

### 1. 中国市场的“三道门槛”

中国人口基数庞大，中产阶级正不断成长，但相对于西方发达国家而言，人们可供选择的媒体仍有限，并不能满足不断增长的信息需求，因而潜在市场巨大。尽管存在严格的准入规定，但中国方兴未艾的传媒市场依然吸引着那些深受本国市场饱和与停滞之苦的国际传媒集团。他们仍然能够在一定程度上参与中国市场，向中国受众提供相关内容产品。[①]目前，这些国际传媒集团正等待中国市场的进一步开放，以便充分挖掘这个巨大市场的经济效益。同时，中国本土传媒业的发展壮大也在不经意间改变着国际传媒集团的准入条件。

许多国家已有相关先例。20 世纪 80 年代初期，许多欧洲国家对媒体进行放松管制和私有化改革，导致受众对内容的需求大幅度增长。但彼时欧洲的传媒业尚显稚嫩，无法满足受众和广告商的需求，从而导致美国的进口节目受到热捧。[②]然而，一旦本土传媒业兴起并发展壮大，国际传媒集团便会感受到激烈的竞争，

---

① See Tan, Kam. (2011). *Global Hollywood, Narrative Transparency, and Chinese Media Poachers: Narrating Cross-Cultural Negotiations of Friends in South China*. Television & New Media, 12 (3), 207 - 227.

② Chabalay, J. K. (2003). *Television for a New Global Order: Transnational Television Networks and the Formation of Global Systems*. Gazette 65: 457 - 72.

因为前者往往擅长于制作符合本土受众口味的内容。适应当地的实际条件和受众偏好，成为国际传媒集团调整运营战略的关键环节。不断变化的受众需求意味着传媒市场的准入条件也在不断改变。从传媒经济学的角度审视，传媒产品的出口能力（即国外传媒产品受到当地受众欢迎的可能性）取决于市场对于内容的需求。①

俄国著名文化史学家 Lotman② 曾提出文化"接收"与"输出"理论。他把国外媒体适应输入地文化的过程分为五个阶段：在第一阶段，由于新鲜感和好奇心的作用，受众对国外媒体会产生一种好感，从而减少对本土媒体的关注度。第二阶段的特点是，本土媒体生产者逐渐开始适应并模仿国外媒体，打造出更加成熟的内容。在第三阶段，国外媒体（如国外电视节目）开始制作本土化内容。到第四阶段时，本土文化已经完全融入国外媒体的制作理念。在最后一个阶段，原来接收文化的一方变成输出文化的一方，并开始走上媒体产品的全球扩张之路。

曾在苏联和俄罗斯研究传媒的 Rantanen③ 提出了媒体全球化的三阶段理论，认为国际传媒集团的成功取决于输入地市场对国际传媒贸易的开放程度以及当地传媒业的竞争力。在俄罗斯，第一阶段发生于苏联解体后不久，由于市场的开放，当地受众对进口传媒产品的消费逐渐升温。在第二个阶段，随着国外媒体的不断涌入，市场达到一个饱和点，从而导致受众对进口传媒产品的批评逐渐增加。到第三阶段，一部分受众开始转向选择全国性媒体进行消费。这一阶段也是全国性媒体重新夺回优势并增加本土内容制作的转折点。

对于打算在华进一步有所作为的国际传媒集团而言，目前中国的准入规则依然严格。他们希望市场进一步开放，本地受众对于内容的需求能够继续增长。而目前国际传媒集团仍然被禁止在中国全资控股传媒业，同时在内容准入方面也受到严格限制，比如国外的新闻媒体无法在中国出版。

我们此处依据垂直壁垒链理论框架④和对部分国际传媒集团工作人员的访谈，考察传媒集团在中国面临的机会与挑战。垂直壁垒链是一个跨学科的理论分析框架，多用于市场监管的研究，就本研究而言，它可用于分析市场监管对传媒集团

---

① Picard, Robert G. (2002). *The Economics and Financing of Media Companies*. New York: Fordham University Press, 214.

② Lotman, Y. M. (1990). *The Universe of the Mind: A Semiotic Theory of Culture*. Indianapolis: Indiana University Press, 144 - 7.

Keane, M., Fung, A. Y. H. & Moran A. (2007). *New Television, Globalisation, and the East Asian Cultural Imagination*. Hong Kong: Hong Kong University Press, 49.

③ Rantanen, T. (2002). *The Global and the National: Media and Communications in Post-communist Russia*. Lanham: Rowman & Littlefield Publishers, 131 - 3.

④ Rohn, U. (2010). *Cultural Barriers to the Success of Foreign Media Companies: Western Media in China, India, and Japan*. Frankfurt am Main: Peter Lang.

选择进入海外传媒市场的影响。在垂直壁垒链上，法律和政策、经济、文化方面的监管被视为“壁垒”，因为这些因素可以通过对内容和所有权的控制对国际传媒集团的成功进入产生过滤效应。下文试图阐明国外媒体进入中国市场时遇到的法律和政策、经济、文化挑战，以及他们如何看待成功的机会。根据 Lotman（1990）和 Rantanen（2002）提出的观众对于进口媒介商品不同阶段的需求理论——观众对进口媒介商品的需求取决于该国的开放程度和本土传媒产业的实力——理解中国市场的垂直壁垒链有助于产生以下洞见：了解法律和政策挑战有助于考察中国的媒介市场在跨国媒体贸易中的开放程度，了解经济挑战有助于考察中国本土媒介产业的实力强弱程度，了解文化挑战有助于考察观众的文化偏好。通过以上三个方面的探索，将为全面了解国际传媒集团在中国的机遇与挑战打下基础，有助于考察他们如何看待近年来准入条件的变化。下文基于上述理论，分析本土观众需求的变化，并对国际传媒集团在中国的未来发展态势做出预测，同时对他们在中国市场的运营情况与竞争优势作出评价。

**（1）法律和政策挑战**

法律和政策壁垒是国际传媒集团投资中国市场所要面对的最大挑战。与其他产业相比，传媒业与意识形态息息相关，因此受到的管控也更为严格。在中国，出版社和电视频道不允许为外国资本所有。但是，官方允许一些境外频道在三星级（含）以上的宾馆和国际社区落地；同时，一些境外频道在广东省南部也有落地权。一个众所周知的现象是，几年前数字电视尚未普及时，由于法律与政策的制约，许多内地观众只能私下通过卫星接收器收看凤凰卫视。

2004 年 11 月，国家广电总局公布了《中外合资、合作广播电视节目制作经营企业管理暂行规定》。广电总局首次公开表示，今后，外资媒体公司可以入股国内广播电视节目制作经营企业，中方投资人持股不得少于 51%。同时指明外资机构不能参与境内电台、电视台的经营业务。①

在该通知出台后，国际传媒集团和国内不少广电机构都认为，电视媒体会像平面媒体那样进行开放，即外资可与国内广电机构合资经营频道的广告销售和内容制作。一时间，新闻集团通过团中央影视机构经营青海卫视，维亚康姆集团与上海文广集团讨论成立合资影视制作公司，而其他外资媒体如国家地理、Discovery 探索频道、维旺迪环球集团、消费者新闻与商业频道（CNBC）都先后与国内广电机构成立或计划成立合资企业。

---

① 新浪科技．解读政策有误 外资媒体惨败中国．[EB]．http://tech.sina.com.cn/roll/2005-08-05/1425684702.shtml，2005-08-05.

2005年7月12日，广电总局向各地方发出《广播影视系统地方外事工作管理规定》。规定明确指出，各地方广播电台、电视台不得向境外机构出租广播电视频道（率），不得与境外机构合资、合作经营广播电视频道（率）。[①] 同时，这个严格的规定还禁止各地广播电台、电视台与境外机构合资、合作开办固定栏目和广播电视直播节目，并要求地方广播影视节目制作经营机构的涉外活动也应由省级广播影视行政部门统一管理。该规定对于此前雄心勃勃的外资电视媒体无异于当头一棒。彼时，新闻集团叫停了青海卫视项目，维亚康姆的合资企业项目亦无下文，而其他外资电视媒体也因为政策的变化而放慢以至放弃其在中国的发展计划。

维亚康姆旗下派拉蒙影业的一名中国区市场代表接受笔者访问（采访时间：2011年11月16日）时表示：

“相关法律规定在国际传媒集团与中国市场之间树起了一面墙，国际传媒集团应当清醒地认识到，短期内这些法律壁垒仍将继续存在。就派拉蒙来说，由于目前国内政策的因素，尚不能完全扮演影片发行商的角色。即使近几年国内的票房实现了大幅度增长，但是由于各种因素，外方实际收入并未大幅见涨。除非政策能有根本性的调整，否则未来很难有可预见性的变化。”

政策环境与一个国家的监管环境密切相关，前者对国际传媒集团在海外市场运营时需要遵循的规则起到决定作用；同时，一个国家的政策环境也对管理机制的产生，以及处罚国际传媒集团的违法行为方面有着重要影响。在维亚康姆集团遇到的政策挑战方面，受访者提到了三个方面的问题：一是由于政策的不可预测性所导致的不安全感；二是由于政策的执行未经公众监督所导致的透明度缺乏；三是知识产权保护水平低下。

其中，缺乏对版权侵犯行为的处罚，在上述派拉蒙代表（采访时间：2011年11月16日）看来是当前中国传媒市场存在的主要问题：“在中国市场，人们习惯于盗用别人的创意和劳动成果，对知识产权不够尊重。比如你送给他一张新发行的电影光碟，他有可能把这张光碟拿去大批量复制。”

监管和政策环境能够衡量中国对国外媒体的开放程度。前面提到的Lotman的文化“接收”与“输出”理论以及Rantanen的全球化三阶段理论表明，国外媒体在多大程度上被本土观众所接受，取决于本土文化对国外媒体的开放程度。因此，在需求接近饱和点、本土传媒产业达到相应实力之前，本土观众对于国外媒

① 新浪科技．解读政策有误 外资媒体惨败中国［EB］．http：//tech.sina.com.cn/roll/2005－08－05/1425684702.shtml，2005－08－05.

体的需求将会随着市场的开放而增加。

在传媒市场对国外媒体的开放方面，中国观众的经历，不同于Rantanen所研究的俄罗斯的情况。俄罗斯观众经历过苏联解体后传媒市场的突然开放，Rantanen在苏联观察了这一过程，并发展了全球化三阶段理论。而中国的媒体市场经历了一个稳步开放的过程。尽管从1978年开始中国对经济要素市场进行开放，但在政策层面依旧对国外媒体设置了严格的准入壁垒。

实际上，中国观众接触国外媒体的历史并不短。早在20世纪七八十年代，境外的电视节目在中国就已出现。来自香港和韩国的电视剧，更是在中国内地存在已久，培养出了大批忠实观众。① 虽然官方允许进入中国市场的国外媒体数量有限，但后者制作的内容却吸引了数量庞大的中国受众。尤其在杂志出版领域，西方传媒集团在中国市场的参与程度不可谓不深入。贝塔斯曼退出中国市场前一度风光无限，鼎盛时期的2006年曾同时出版4本中文版杂志。相似的情况也发生在电视市场，本世纪初，新闻集团在广东省就获得了4个频道的落地权。虽然当时这些频道仍不允许在中国大陆的其他地区落地，但一些观众通过购买卫星接收器非法收看境外频道的情况已十分普遍。此外，许多无法进入中国的国外媒体产品正在“灰色市场”上制作和传播，徘徊在官方许可的边缘。比如，美剧在中国互联网上就十分流行。中国电视节目制作者本身也受到国外媒体的深刻影响，这一点在选秀节目上表现得尤为明显。截至2007年，继模仿《美国偶像》的《超级女声》大获成功后，中国各级电视台先后已出现了500多种类似的选秀节目。②套用文化“接收”与“输出”理论来说，这是第二阶段——本土媒体生产者逐渐开始适应并模仿国外媒体，打造出更加成熟的内容。《超级女声》作为本土化的《美国偶像》，显然比原版更加适应中国市场。

因此，虽然中国的媒体市场不如西方国家开放，但国外媒体在中国的影响力正日趋增强，它们在有限的范围内给中国受众提供了更加多元的信息与视角。当然，与完全开放的媒体市场相比，目前通过合法渠道进入中国的国外媒体产品显然没有满足受众。中国市场对盗版音像制品的高需求表明，受众对国外媒体的实际需求可能更高，这说明中国本土媒体仍然无法满足受众对于信息的需求。

---

① Heo, J. (2002). *The "Hanryu" Phenomenon and the Acceptability of Korean TV Dramas in China*. Korean Journal of Broadcasting, 16 (1), 496 - 529.

② Xinhua. (2007). *The State Administration of Radio, Film and Television (SARFT) will Crack Down on Vulgar Reality Shows in* 2007. http://news.xinhuanet.com/english/2007—01/12/content_5599505.htm, 2007—01—12.

(2) **经济挑战**

国际传媒集团在进入中国前，首先会对市场所面临的机会与挑战进行评估。这种评估的关键是对本土传媒产业的实力和基础设施水平作出准确的评价。对于外来媒体来说，实力强劲的本土传媒集团是一个难缠的竞争对手。这种激烈的市场竞争便是经济挑战的主要表现形式。同时，薄弱的基础设施也是外媒入华的一种经济壁垒。国际传媒集团往往需要在这些经济挑战与潜在市场的经济吸引力之间做出权衡。

中国市场的巨大规模与增长潜力对国际传媒集团的吸引力是显而易见的。庞大的潜在受众数量是一方面；同时，由于越来越多的跨国公司在中国取得了立足之地，一些国际传媒集团也希望在中国与他们的广告客户继续保持合作关系。国际传媒集团希望中国受众对媒体日益增长的需求能够转化成对国外信息的实际需要。事实上，当前中国的传媒产业并没有满足市场的实际需求。新闻集团旗下星空传媒集团的一名中国区市场经理接受笔者访问（采访时间：2011 年 10 月 21 日）时表示："我们不是为了播出国外节目而播出国外节目，我们播出这些节目是因为我们觉得观众需要，但目前中国市场还没有被完全激活。"

国际传媒集团把中国当前日益激烈但不甚公平的市场竞争环境视为经济挑战。对于外资电视频道来说，缺乏全国性的播放渠道是其面临的主要问题。在电视内容产业，由于节目抄袭所导致的收入流失是竞争环境不公的主要表现之一。维亚康姆旗下 MTV 电视网的一名中国区数字媒体经理接受笔者访问（采访时间：2011 年 11 月 18 日）时认为："可能在不久的将来，电视内容产业会在中国赚钱，但不是现在。"

虽然中国市场的吸引力与经济挑战并存，但国际传媒集团显然更看重其中的潜力。国际传媒集团专门为中国观众开发的本土化电视频道和节目，足以表明他们对中国传媒市场重要性的认知。即便在当前市场准入机制十分严格的语境下，外资全额或部分控股的电视频道中，以中国观众为主体目标受众的已有 9 个。[①] 其中最活跃的新闻集团旗下拥有 6 个普通话电视频道：星空卫视，星空中文电影频道，Channel [V]，凤凰卫视中文台，凤凰卫视资讯台和凤凰卫视电影频道。这些涉足电视业务的国际传媒集团对进一步开放中国市场的期望不言而喻。与此同时，中国市场的巨大规模以及本土传媒产业尚未满足受众需求的现状，则被他们视为经济机遇。

---

① See Tan, Kam. (2011). *Global Hollywood, Narrative Transparency, and Chinese Media Poachers: Narrating Cross-Cultural Negotiations of Friends in South China*. Television & New Media, 12 (3), 207 - 227.

（3）**文化挑战**

传媒产业本质上是内容产业，而内容则是一种文化商品。在国际传媒产业贸易中，直接出口现成的媒体产品或观念，是进入海外媒体市场最便捷的途径。然而，这种策略可能难以真正奏效，因为不是所有的媒体产品都能被不同文化背景的受众接受，这便是国际传媒集团面临的文化挑战。国际传媒集团需要通过观察和实践，逐步了解跨文化受众的不同需求与好恶，掌握克服文化挑战的成功之道。

这里我们将利用"缺失与通用模型"①，分析受访者如何看待西方媒体在中国遇到的文化挑战。该模型为产生文化挑战的不同原因提供了一个理论框架，以分析"话语缺失"（term lacunae）；同时，该模型也为外媒成功应对文化挑战的不同原因提供了理论框架，以分析"通用话语"（term universal）。

缺失与通用模型对三种类型的缺失做出了区分。第一种是"内容缺失"（content lacunae），指的是外国媒体无法提供与受众相关或与受众态度相符的内容，导致受众对内容缺乏兴趣；第二种是"资本缺失"（capital lacunae），指受众因缺乏相关文化知识而无法理解或享受外媒提供的内容；第三种是"生产缺失"（production lacunae），即受众难以适应外媒产品的风格，它与"内容缺失"的区别在于，前者侧重媒体产品的形式，后者侧重媒体产品的内容。②

在电视市场的内容缺失方面，前述星空传媒集团的中国区经理认为，与韩剧等一些亚洲电视剧相比，美剧与中国观众的文化相关性要小。最明显的资本缺失则是语言障碍。由于普通观众无法驾驭原版节目，进口节目需要翻译成中文才能进入市场。这名受访者认为，随着人们的生活节奏日益加快，未来普通中国受众对原版英文媒体的需求将会进一步减少。财富中文网的一名编辑接受笔者访问（采访时间：2011年9月8日）时说："你越忙，你就越在乎时间和效率。所以用母语进行阅读总归是最舒服的。"该受访者还举了个例子，可以用来说明另一种资本缺失：美国畅销书作家约翰·格里沙姆（John Grisham）的律政惊悚小说在中国不太流行，这是由于大部分中国读者对美国的法律制度并不熟悉。在电视市场，前述MTV数字媒体经理接受笔者访问（采访时间：2011年11月18日）时认为，生产缺失发生的主要原因不在于原版节目，而在于改编后的中文版节目的风格："翻译过来的进口节目在配音上存在诸多问题，比如配音人员存在单一化现象，阅读时表现得过于夸张，这些因素都让节目黯然失色。"前述派拉蒙影业中国区代表（采访时间：2011年11月16日）对此表示认同："那些被删除的暴

① Rohn, U. (2010). *Cultural Barriers to the Success of Foreign Media Companies: Western Media in China, India, and Japan*. Frankfurt am Main: Peter Lang.

② 同上。

力或性爱片段，往往在影视叙事过程中起到了关键作用，这些部分的缺失无疑会让观众在欣赏影视节目时产生理解上的障碍。”

许多观众热衷于购买盗版影碟或者上网下载免费影视资源，这也表明并非所有的西方媒体在中国都会遇到文化挑战。一些西方媒体能够在华取得成功，很重要的一个原因是这些媒体注重提供跨文化内容，这便是上文提及的“通用话语”。此外，一些进口节目能够在中国市场受到欢迎，很大程度须归结为有效的市场营销活动，缺失与通用模型称之为“企业创造的通用性”（company-created universal）。[①]

关于通用话语，前述 MTV 数字媒体经理（采访时间：2011 年 11 月 18 日）强调：“两部系列动画片《海绵宝宝》和《猫狗》之所以能在中国获得这么高的收视率，不仅仅是因为节目制作本身的高质量，还在于它们把儿童观众带入了一个非常美妙的幻想世界，这种感觉是没有国界的。”

企业创造的通用性，就本文来说，讨论的是国际传媒集团通过有效的营销手段使得传媒产品成功进入中国市场。这点至关重要，维亚康姆集团为此投入了大量财力获取资源，向中国观众和发行商推广自己的传媒产品。在电视市场，国际传媒集团与中国电视台合作时，非常善于利用本方的国际知名品牌。前述 MTV 数字媒体经理表示，诸如 MTV 这样的品牌在中国享有很高的知名度，这种情况有利于帮助他们与中国本土的广播电视公司（如中央电视台）合作，打造适合本土观众的节目。

**2. “大佬们”的机遇与前景**

中国传媒市场的潜在受众与广告收入规模吸引着国际传媒集团寻求更多的收入来源，以弥补本国市场饱和与停滞所导致的收入下滑。无论在媒体的数量和质量方面，中国本土传媒业都没有满足受众的需要，因而中国市场的机会要比想象中还大。[②] 此外，在与中国同行竞争时，国际传媒集团的财力及其与大型跨国广告客户的既有良好关系是一种明显的优势。但这种不确定的优势也面临着挑战，进入中国传媒市场并非易事，贝塔斯曼的遭遇就是一个典型的例子。

对国际传媒集团而言，在中国运营面临的最大挑战是法律与政策挑战。前述派拉蒙代表认为中国市场在法规的一致性与透明度方面存在不足，并将中国较低的知识产权保护水平视为主要关切。在谈到盗版问题以及由于法律与政策

---

① Rohn, U. (2010). *Cultural Barriers to the Success of Foreign Media Companies: Western Media in China, India, and Japan*. Frankfurt am Main: Peter Lang.

② See Tan, Kam. (2011). *Global Hollywood, Narrative Transparency, and Chinese Media Poachers: Narrating Cross-Cultural Negotiations of Friends in South China*. Television & New Media, 12 (3), 207 - 227.

限制所导致内容上的妥协时，这位派拉蒙代表（采访时间：2011 年 11 月 16 日）说：

“这确实是个问题，但还是那句话，中国是个非常重要的市场，从某种程度上说，我们不能够缺席。自从 1995 年市场改革，有了引进大片的概念以后，派拉蒙作为片商就已经开始在中国参与到市场运作当中。2009 年，我们还在中国正式成立了独立代表机构。”

在经济环境方面，国际传媒集团的机遇与挑战并存。就电视业来说，由于播出渠道和时间方面的限制，国外节目在与中国本土节目的竞争中，往往处于劣势。[①] 在文化挑战方面，这位派拉蒙代表（采访时间：2011 年 11 月 16 日）认为，一些影视节目在中国没有获得认可的原因是中国观众对进口节目的表现形式比较陌生，但他同时提到，成功应对文化挑战的影视节目也不少：

“比如部分进口动画节目在中国市场有着很高的收视率，一些国外电视剧在网上也受到许多年轻观众的热捧。中国观众甚至比日本、印度等亚洲其他国家的观众对欧美影视节目更感兴趣。这些节目成功的原因在于较高的制作质量，优秀的剧本与有效的市场营销手段。”

前述星空传媒中国区市场经理（采访时间：2011 年 10 月 21 日）则从文化差异视角建议，国际传媒集团应该放弃短线投资中国市场的想法：

“新闻集团与凤凰卫视之间、中国与西方之间存在文化差异。当我们中国人遇到问题，可能会后退一步，停下来等一会儿，重新思考我们的策略，然后再往前走两三步。但对于他们西方人来说，这样做是很难的。他们太急躁了，比如当初轻易就想完全撤资。所以说这是一个文化差异。”

事实上，进入 21 世纪以来，国际传媒集团已经通过各种渠道，向中国受众提供了大量的媒体内容资源，并充分利用每一个机会参与市场。这在这些集团投资的大量普通话节目和电视频道中表现得尤为明显，尽管这些节目和频道的合法落地区域一度十分有限。显然，相对于在中国市场上遇到的挑战与风险，这些国际传媒集团更加看重其中所蕴含的经济机遇。

中国的新兴媒体正在不断涌现，受众的需求正在不断增长，而在农村地区仍有较大的增长潜力与空间；随着经济发展与中产阶级的涌现，广告需求也在不断增长；中国传媒业正处于快速增长期，无论是官方媒体还是市场化媒体，都已意

① Lin, Mu. (2004). *Changes and Consistency: China' s Media Market After WTO Entry*. Journal of Media Eiconomics, 17 (3), 177—192.

识到生产丰富优质内容的重要性。尤其在中国这样的新兴市场，传媒产业正处于瞬息万变的时代。中国市场快速发展与变化的特征也受到了国际传媒集团的关注。目前，中国传媒业发展最快的是传播技术领域，这在一定程度上为国际传媒集团在中国市场开拓新机遇铺平了道路。但同时，上文提到的市场壁垒依然存在。

作为一个内容提供商，维亚康姆集团对中国市场低水平的版权保护深有体会。鉴于当前中国作为一个正在崛起的媒体出口国，前述 MTV 数字媒体经理（采访时间：2011 年 11 月 18 日）对中国市场的前景持乐观态度，认为在一定条件下，盗版猖獗的状况有望得到改善：

“只有意识到把电视节目卖给世界各地的观众能够赚钱时，这个市场才会变得成熟起来；只有当相关部门开始妥善处理知识产权问题时，其他国家才会接纳中国的文化输出。只有这样，情况才会好转。”

就经济挑战而言，这些年来，中国传媒市场的竞争日趋激烈。虽然中国媒体行业的专业程度在近年取得了长足进步，但国际传媒集团在生产和管理方面较中国同行仍具较大优势。在应对文化挑战方面，一旦中国市场进一步开启，他们将有机会生产更多专门针对本土受众的内容，而具有文化接近性的媒体产品显然更能够吸引中国受众。虽然随着时间的推移，中国市场带给国际传媒集团的文化挑战并没有明显减弱，但印度和日本传媒市场的文化壁垒更加明显，而这两个国家对国外媒体的开放时间与开放程度都远甚中国。因此，国际传媒集团的隐忧在于，一旦中国传媒市场进一步对外开放，且本土传媒业在数量与质量方面皆能满足受众需求，中国受众是否也会与上述两国受众一样，开始产生出一种内向型的媒体接触偏好。[①] 总体而言，中国作为一个新兴的传媒市场，仍存在开放程度不足、版权保护水平低下等问题。市场竞争环境未能及时改善，成为国际传媒集团的主要关切之一。

无论是 Lotman 的文化“接收”与“输出”理论，还是 Rantanen 的全球化三阶段理论，都阐释了在新兴传媒市场，受众对国外媒体需求的不同阶段。根据这两个理论，一旦受众对于国外媒体的兴奋度减弱，便会转向本土媒体。换言之，一个国家的国际传媒贸易开展一段时间后，本土传媒产业的实力也会逐渐增强，并最终满足本国受众的需求。在这种情况下，受众更愿意选择具有文化接近性的内容。[②] 而目前的中国传媒业虽然在产业实力方面要弱于欧洲和美国，但发展势

---

① Rohn, U. (2010). *Cultural Barriers to the Success of Foreign Media Companies: Western Media in China, India, and Japan*. Frankfurt am Main: Peter Lang.

② Straubhaar, J. (1991). *Beyond Media Imperialism: Assymetrical Interdependence and Cultural Proximity*. Critical Studies in Media Communication, 8, 39 - 59.

头却被外界一致看好。

当前，虽然中国的传媒市场仍不如西方国家开放，但国外媒体在中国的影响力正日趋增强，他们正处于文化“接收”与“输出”理论的第三阶段——国外媒体如何本土化。该阶段的特点是，当国外媒体开始生产本土化内容时，他们所倡导的文化与理念也逐渐开始被本土受众所接纳。[①] 国际传媒集团制作的一些高度本土化、而不仅仅是简单模仿原版节目的产品（如 MTV 中文频道）在输入地大获成功，便是最有力的佐证。随着本土传媒产业的兴起，国际传媒集团的制作理念将会逐渐融入本土传媒集团的产品中。在下一个阶段，海外业务的不断增长将促进中国的传媒集团走向世界，而他们生产的媒体产品也将逐步打上“中国设计”的烙印。[②]

与那些市场开放程度更高的国家相比，中国受众对西方媒体更感兴趣；但西方媒体在中国通过提供新颖内容，并在内容数量和质量上满足受众需求而树立起来的优势已经见顶。[③] 这与 Lotman 和 Rantane 提出的受众需求变化阶段的理论相符。这表明，在新兴传媒市场，国际传媒集团在取悦受众方面正面临着越来越多的困难。在搁置政策因素的前提下，国际传媒集团显然应当顺应当前的媒介变革大势，积极实施数字化转型，在开发新型数字平台、参与媒介融合的同时，在数字媒体营销方面找到更多的突破口。

从上文可以看出，相对于中国本土传媒集团的崛起，受访者对中国市场存在的准入限制以及盗版现象更为关注。国际传媒集团虽有财力与内容优势，但这种优势的持久性并不稳固。国外有学者的研究提出，中国正在继续巩固传媒产业，以形成可以与时代华纳或新闻集团这样的全球巨头竞争的大型传媒集团。[④]他们感到，虽然目前中国政府拥有大部分媒体，并仍然对内容实施管控，但市场导向型媒体的比重正在不断上升。中国政府已下令国有媒体自负盈亏，增强市场竞争力。[⑤]根据新闻出版总署的数据，截至 2009 年年底，中国大陆大约 80%的出版集团完成了从政府扶持的事业单位到自负盈亏的企业组织的过渡。[⑥] 这种改制使市

---

① Keane, M. (2007). *Created in China: The Great New Leap Forward*. London: Routledge, 95.

② 同上。

③ Sparks, C. (2008). *Media Systems in Transition: Poland, Russia, China*. Chinese Journal of Communication, 1, 7 - 24.

④ Chu, C.-W. (2008). *A Comparative Review of Media Globalization in China and Taiwan*. International Association for Media Research (IAMCR) annual conference, Stockholm, Sweden. Sparks, C. (2008). *Media Systems in Transition: Poland, Russia, China*. Chinese Journal of Communication, 1, 7 - 24.

⑤ Chinaview. (2009). *China Pushes Audio, Visual Publishing Houses to Compete*. http://news.xinhuanet.com/english/2009—07/30/content_11800301.htm, 2009—07—30.

⑥ China Media Observatory Newsletter. (2010). *Around 80% of Mainland Publishers Complete Forms*. http://www.chinamediaobs.org/pag/CMO_newsletter_Nov_2009_Jan_2010.pdf, N.06/09 - N.01/10.

场竞争更加公平，同时也加剧了中西方出版商之间的竞争。事实上，近年中国已经建立起具有国际竞争力的传媒集团——上海文广新闻传媒集团（SMG）。虽然他们的收入与西方传媒集团相比仍不在一个数量级，但这样的本土集团却拥有无限准入与了解市场等明显优势。国际传媒集团把他们与跨国广告客户的紧密联系作为自身在中国市场起步的重要保障，但随着中国本土传媒集团与国际广告商的合作日益密切，以及本土广告客户的成长，国际传媒集团原有的广告资源优势正在逐渐消失。

由此可见，未来国际传媒集团进入中国市场时将面临更加严峻的挑战。即使法律与政策挑战在未来得以削弱，国际传媒集团也将面对实力更加雄厚的中国传媒业与更明显的文化挑战。随着中国的传媒市场在未来进一步开放，中国的市场化媒体和合资媒体将对国际传媒集团旗下的产品造成正面冲击，后者在中国市场获得成功的难度也将增大。因此，国际传媒集团在中国推动本土化进程的同时，也纷纷着手数字化转型与升级，试图通过多元数字分销平台找寻开拓中国市场的新突破口。

## 二、维亚康姆的数字化转型

上文阐述了国际传媒集团当前在中国市场遇到的挑战，而与此同时，如何应对媒介变革时代的到来，同样是他们在经营过程中不可回避的课题。长期以来，传统传媒集团一直标榜“内容为王”，无论是影音、文字或图像，都是稀缺的内容资源。而在数字化时代，这种格局已然发生剧变。随着数字媒体与移动互联网技术的飞速发展与广泛使用，媒体信息可以轻易穿透现实的国界，把服务传递到世界各地，给跨国传媒集团提供了新的战略选择空间。对于这些传媒集团而言，要适应数字化传媒生态并继续成长，不仅要获得数字化的传播能力，也要满足新兴受众在数字化传媒生态中的内容需求；不仅需要面对全球不同市场的法律、政策、经济与文化挑战，还应具备自我超越的能力，将过去的成功经验与现实的数字化生态相结合，探索新型商业模式，促进内容与网络、终端的融合，以实现数字时代的战略转型。

由于本研究将维亚康姆集团作为个案研究对象，故从这一部分始，我们将以维亚康姆集团作为国际大型传媒集团的代表，探索其在数字媒体语境下的战略转型以及在中国市场的本土化运营实践。本部分基于该集团近年最新的营收数据与相关信息，分析维亚康姆的资本运营和战略调整情况，探讨这家传统传媒集团如何应对媒介变革时代的挑战。

1. 从汽车影院到传媒航母

目前，以BET电视网、MTV电视网和派拉蒙影业为主体的维亚康姆集团，媒体业务涵盖电视、电影、网络和移动平台，受众遍布全球160多个国家和地区。维亚康姆目前经营着超过170个媒体网络，在全球拥有6亿多用户和500多个数字媒体品牌，在国际传媒市场的每一个领域都占有举足轻重的地位。2002年中期，维亚康姆的股票市值曾超越美国在线时代华纳，跃居世界第一大传媒集团。当年，该集团在《财富》杂志每年一度的“全球最受赞赏公司排行榜”的娱乐类企业排名中名列榜首。经过多年的合并、拆分与重组后，目前维亚康姆旗下的业务主要分为媒体网络（MEDIA NETWORKS）和派拉蒙影业公司（PARAMOUNT PICTURES CORP）两大块，呈现出综合性、多元化、交互性、跨媒介的特征，在坚持内容生产优质化的基础上，不断拓展新型数字分销平台，完善品牌网络，逐步迈入媒介革新实践的“深水区”。

媒体网络包括：MTV电视网（MTV NETWORKS）、BET电视网（BET NETWORKS）、原子网（ATOM. COM）、乡村音乐电视（CMT）、喜剧中心频道（COMEDY CENTRAL）、标志电视网（LOGO）、尼克儿童频道（NICKELODEON）、土地电视（TV LAND）和HV1音乐频道等。

派拉蒙影业公司旗下拥有派拉蒙电影（PARAMOUNT PICTURES）、派拉蒙优势电影（PARAMOUNT VANTAGE）、MTV电影（MTV FILMS）、尼克电影（NICKELODEON MOVIES）和派拉蒙家庭娱乐（PARAMOUNT HOME ENTERTAINMENT）。

在数字媒体业务（DIGITAL ASSETS）方面，截至2011年，维亚康姆集团在全球拥有500多个数字媒体品牌。2010年第二季度，集团数字媒体业务的国内独立访问者数量达到了每月6400万。其中最受欢迎的网站有：MTV音乐网（MTV. com）、家长联系网（PARENTSCONNECT. com）、EPIX影视网（EPIX. com）、黑人娱乐网（BET. com）、尼克儿童网（Nick. com）、每日秀（TheDailyShow. com）、乡村音乐网（CMT. com）、上瘾游戏网（AddictingGames. com）、师评网（RateMyProfessors. com）、原子喜剧网（Atom. com）、尼奥宠物网（Neopets. com）、游戏追踪网（GameTrailers. com）、教父网（TheGodfather. com）、逗乐网（Jokes. com）、VH1音乐网（VH1. com）、麦穗电视网（Spike. com）、365同性恋网（365Gay. com）、土地电视网（TVLand. com）等。

截至2010年年末，维亚康姆是世界第五大传媒集团，位居迪士尼、新闻集团、时代华纳和贝塔斯曼集团之后（表3—2—1）。

表 3－2－1　2010 年世界十大传媒集团①

| 集团名称 | 销售额（百万美元） | 员工数 | 毛利率 | 集团驻地 |
| --- | --- | --- | --- | --- |
| 迪士尼 | 38063.00 | 149000 | 17.67% | 美国伯班克 |
| 新闻集团 | 33405.00 | 51000 | 37.33% | 美国纽约 |
| 时代华纳 | 26888.00 | 31000 | 43.62% | 美国纽约 |
| 贝塔斯曼 | 22019.68 | 102983 | —— | 德国居特斯洛 |
| 维亚康姆 | 14914.00 | 11470 | 47.24% | 美国纽约 |
| 考克斯 | 14600.00 | 60000 | —— | 美国亚特兰大 |
| 哥伦比亚广播公司 | 14059.80 | 25380 | 40.51% | 美国纽约 |
| 拉加代尔 | 10556.54 | 28080 | 23.73% | 法国巴黎 |
| 迪瓦恩娱乐 | 8015.00 | 5400 | 87.20% | 加拿大多伦多 |
| 贝内德蒂 | 6368.20 | 12940 | 23.07% | 意大利米兰 |

**（1）“前维亚康姆”时期（1971 年以前）**

维亚康姆集团的孕育与形成过程，可以追溯至 20 世纪 30 年代。从娱乐业起家的维亚康姆对于内容产业的重视与坚守可以从其早期发展史中找到轨迹。20 世纪 30 年代中期，东北影院公司（国家娱乐公司前身）成立，经营连锁汽车影院。1954 年，萨默·雷石东（Sumner Redstone）继承家族企业——东北影院公司，并更名为国家娱乐公司（National Amusements），该公司正是后来成立的维亚康姆集团的所有者。

CBS 集团成立于 1952 年，旗下的 CBS 影视公司便是维亚康姆的前身。1971 年，由于当时的美国联邦通讯委员会（FCC）禁止传媒集团旗下拥有辛迪加公司（该规则现已废止），CBS 影视公司便从 CBS 集团分离，独立上市，并更名为维亚康姆。维亚康姆在影视制作方面的丰富经验在此便可找到原因。其后，不论集团业务如何扩张，影视业务始终是其保证营收的支柱性产业。

**（2）“老维亚康姆”时期（1971 年至 2005 年）**

收购与兼并，是美国传媒公司走向集团化过程中普遍采用的策略。维亚康姆是这方面的老手。20 世纪末期，全球化的发展导致传媒业的兼并不断出现，新闻业、信息业和娱乐业呈现出高度融合的趋势。这一时期，维亚康姆的传媒版图不

① 数据来源：Hoovers Online Database 2011。

断扩大，书写了一部企业的兼并收购史。维亚康姆的第一次收购发生在1978年，当时前者购买了Sonderling广播公司，并在纽约、华盛顿、休斯敦和旧金山设立广播电台，在纽约州的阿尔巴尼建立了WAST电视台（现为WNYT电视台）。当年年末，维亚康姆又在康涅狄格州买下了WHNB电视台，并把呼号改为WVIT。20世纪80年代初期，维亚康姆通过对Sonderling广播公司进行重组，明确了企业的核心业务。

1983年，维亚康姆在路易斯安那州的什里夫波特收购了KSLA电视台，在纽约州的罗切斯特收购了WHEC电视台。具有讽刺意味的是，3年后，维亚康姆又在圣路易斯买下了CBS所有的KMOX电视台，并把呼号改为KMOV。1983年，维亚康姆与华纳通信公司（Warner Communications Inc.）及华纳证券有线通信公司（Warner Amex Cable Communications）合资成立Showtime电影频道。两年后，维亚康姆收购了拥有MTV音乐电视频道（Music Television）、尼克儿童频道（Nickelodeon）、尼克夜间频道（Nick at Nite）和VH1音乐频道的华纳证券有线通信公司，并把该公司更名为MTV电视网。

1986年，雷石东出任美国国家娱乐公司董事长。次年6月，国家娱乐公司以34亿美元收购了维亚康姆的股权，并保留下了“维亚康姆”这个名称。雷石东在20世纪90年代初进行了一连串大型收购。1994年，维亚康姆以100亿美元买下了派拉蒙影业公司，并收购了美国最大的影视租赁连锁公司百视达公司（Blockbuster）。收购百视达使得维亚康姆有能力在电视市场与当时的巨头拼写娱乐公司（Spelling Entertainment）抗衡。

1999年，维亚康姆宣布了集团历史上最大的并购计划——次年，维亚康姆以398亿美元收购前母公司哥伦比亚广播公司（CBS），将TNN有线电视频道（现麦穗电视台）、乡村音乐电视（CMT）、CBS的生产经营单位以及电视辛迪加目标娱乐（Eyemark Entertainment）和国王世界（King World）收归帐下。CBS的生产经营单位和国王世界仍然保持原名运营，而TNN和CMT则完全并入了MTV电视网。

在2001年，维亚康姆以30亿美元完成了对黑人娱乐电视台（BET）的收购。与TNN和CMT电视台一样，BET也在第一时间被并入MTV电视网，但此举引发了该电视台老员工的强烈抗议，最终维亚康姆取消了BET与MTV电视网的整合计划。此时，虽然维亚康姆的大部分经济利益由独立股东持有，但雷石东家族通过国家娱乐公司对维亚康姆的控股，实际上把持着71%的表决权。

2002年，维亚康姆买下了独立经营的TMF音乐频道以及无限广播公司（Infinity Broadcasting Corporation）的剩余股份。次年4月，维亚康姆收购了时代华纳旗下喜剧中心频道（Comedy Central）的剩余股权，并将其整合入 MTV 电视网。2004 年 6 月，维亚康姆又买下了具有“德国 MTV”之称的 VIVA 传媒公司。当年年末，维亚康姆卖掉了经营状况不佳的百视达公司。

至 2005 年初，经过多轮的并购整合，雷石东的集团化进程也告一段落。三十余年间，维亚康姆从一个经营广播电视的单一化企业，发展至涵盖各种媒介形态的世界大型传媒集团，并将“内容为王”的经营理念传遍全球。而 21 世纪初的这五年，也成为维亚康姆成立至今最鼎盛的时期。

然而此时，转折点悄然出现。集团股价开始停滞不前，CBS 与 MTV 电视网的两位领导者——莱斯利·穆恩维斯（Leslie Moonves）与汤姆·弗雷斯顿（Tom Freston）之间矛盾重重。2004 年，总裁梅尔·卡尔马津（Mel Karmazin）离任后，雷石东决定将 CBS 和 MTV 的办事处分离。2005 年 3 月，维亚康姆宣布了将集团拆分成两家上市公司的计划。外界认为，彼时的雷石东即将退休，而拆分能够为处理继承人问题提供一个创造性的解决方案。

**（3）“新维亚康姆”时期（2006 年至今）**

2005 年 12 月 31 日，维亚康姆和 CBS 正式拆分成两家独立的上市公司，以此为节点，新维亚康姆正式走上历史舞台。与老维亚康姆相比，新时期的维亚康姆在坚持“内容为王”理念的基础上，更注重对数字媒体资产的并购与开发，开始实施数字化战略转型，积极应对媒介变革时代的挑战。

新维亚康姆由弗雷斯顿领军，包括 MTV 电视网、BET 电视网、派拉蒙电影工作室和派拉蒙影业的家庭娱乐业务。这些被归类为高增长业务（特别是 MTV 电视网和 BET 电视网），把它们并入一个独立的公司，有利于注入新的资本，为将来的并购和扩张作准备。独立出来的 CBS 由穆恩维斯领导，包括老维亚康姆旗下“增长缓慢的业务”，如西蒙与舒斯特出版公司（Simon & Schuster）、CBS 广播、CBS 户外（原维亚康姆户外）、CBS 电视工作室、CBS 电视发行公司、CBS 国际工作室和 Showtime 电影频道等。MTV 有线电视网的快速增长使得上述业务举步维艰，拆分则有助于使独立后的 CBS 重新焕发活力。此外，派拉蒙主题公园和 CBS 高校体育网也并入了新 CBS。2006 年 9 月，雷石东辞退弗雷斯顿，任命菲利普·道曼（Philippe Dauman）为新维亚康姆的领导者。

2005 年 6 月，维亚康姆宣布了一连串数字媒体收购计划，包括购买尼奥宠物网（Neopets）、游戏追踪网（GameTrailers）、儿童城市指南网（GoCityKids）和 iFilm 电影网等。2006 年 2 月 1 日，派拉蒙影业公司出资 16 亿美元，完成了对梦工厂（DreamWorks）的收购。维亚康姆向数字媒体进军的步伐并没有停止，当年 4 月 24 日，维亚康姆将网游开发商 Xfire 收归旗下。8 月，就在宣布最新的季度盈利情况前，维亚康姆又斥资2亿美元收购互联网公司原子娱乐（Atom Entertainment）。9月，维亚康姆收购了视频游戏开发商Harmonix。

2007年2月，维亚康姆要求视频分享网站YouTube删除来自其电视网络的盗版视频片断，由此拉开了两家公司持续至今的版权之争。当年5月21日，维亚康姆与印度环球广播新闻集团签署合作协议，在印度当地成立合资子公司，负责运营MTV、VH1、尼克儿童印度频道以及宝莱坞电影业务。维亚康姆为印度受众生产的所有内容，包括新成立的印地语娱乐频道和电影频道也将由这家合资公司运营。

2007年12月19日，维亚康姆在内容共享和广告方面与微软签订了一个为期5年的5亿美元合同。该协议授权微软在Xbox Live和MSN上使用维亚康姆旗下的有线电视和电影工作室的内容，而维亚康姆则可以在休闲游戏开发和发行上成为MSN和Windows的首选合作伙伴。在广告方面，微软的Atlas广告服务将成为维亚康姆旗下网站的独家供应商。此外，微软购买了维亚康姆的广播和在线网站上的大量广告。微软还将在推广和赞助MTV和BET颁奖典礼方面与维亚康姆展开合作。

受金融风暴影响，2008年12月4日，就在圣诞节的三个星期前，维亚康姆宣布裁员850人，该数字占工作人员总数的7%。① 一年以后的12月7日，维亚康姆出售了MTV在巴西的股份和品牌权利，这项交易没有对外界公布。2010年5月，维亚康姆旗下的喜剧中心频道开始独立制作有关耶稣基督的系列动画片，以获得新增长点，摆脱集团长久以来的颓势。②

2011年2月，著名视频网站Hulu和维亚康姆就《乔恩·斯图尔特每日秀》（The Daily Show with Jon Stewart）和《科尔伯特报告》（The Colbert Report）等节目达成合作协议，但尼克儿童频道的节目不包括在本协议中。当月，维亚康姆入股意大利著名儿童动画与消费品公司彩虹集团。10月份，维亚康姆收购了Bellator格斗锦标赛的多数股权，旗下的麦穗电视台计划在2013年开始直播该赛事。③ 12月1日，维亚康姆停止了在纽约证券交易所连续40年的交易，开始在纳

---

① Nolan，Hamilton.（2008）. *The Dreaded Viacom Layoffs*：*850 People*. http：//gawker.com/5101825/the-dreaded-viacom-layoffs－850－people，2008－12－04.

② Hibberd，James.（2010）. *Comedy Central Developing Jesus Christ Cartoon*. http：//www.hollywoodreporter.com/blogs/live-feed/comedy-central-developing-jesus-christ－53581，2010－11－30.

③ Non，Sergio.（2011）. *Viacom Buys Bellator*，*Plans* 2013 *Start on Spike*. http：//www.usatoday.com/sports/mma/post/2011－10－26/viacom-buys-bellator-plans-2013-start-on-spike/558003/1，2011－10－26.

斯达克上市，公司股票代码不变。①

总体而言，拆分后的新维亚康姆摆脱了老维亚康姆的臃肿，资产组合结构更加合理明晰，在提升传统影视品牌影响力与传播效果的基础上，数字媒体业务的比重不断上升，同时新型数字平台反过来对传统内容产业的增值起到了推动作用。

**2. 新维亚康姆的“翻身仗”**

**（1）“老维亚康姆”的经营理念和发展战略**

企业的存亡有赖于切实可行并具有可持续发展性的战略。本世纪初，国际传媒集团掀起了一场并购互联网的狂潮，时代华纳与美国在线的世纪并购、维旺迪环球集团的举债收购令人关注，但维亚康姆一直没有参与其中，依然脚踏实地地围绕着核心业务开拓国际市场，坚持“把互联网和强大的品牌捆绑在一起，然后创建一个平台整合推销这些产品”。② 在彼时的传统媒体语境下，维亚康姆最为业界所熟知的经营战略就是ABC——A即Acquire（购买），即购买和开发最好的内容；B即Brand（品牌），注重对内容进行品牌建设，并在经济可行的前提下将这些内容在尽可能多的平台和市场进行杠杆经营；C即Copyright（版权），为自己创建品牌的内容进行严格的版权保护。③ 具体可简要归纳为以下几点：

①坚持以传统产业为核心

维亚康姆对于传统影视产业的重视一直为业界所津津乐道，也为自己一度成为世界传媒霸主奠定了坚实基础。在世纪之交的那场网络泡沫中，大多数传媒集团都遭受到了巨大打击。美国在线与时代华纳合并后仅3个月就陷入了巨额亏损中，但维亚康姆却逃过了这场风波。早在互联网经济处在最高峰时，雷石东就针对美国在线时代华纳的电子商务计划说：“一些媒体公司的错误在于，高估了新技术改变人们习惯的迅捷性……行为模式不会这么容易就改变的，人们仍然继续使用支票，习惯在商店购物。”④ 所以当时的维亚康姆并没有投身到网络热潮中去，而是继续并购电影院，买下百视达录影带出租连锁店的控股权，仍然围绕传统业务作文章。

20世纪末期，维亚康姆已建立了自己的官方网站，但其中大多是旗下传统电影、电视、音乐等媒体的介绍，并没有借互联网开展更多的业务。对于传统业务

① Lee，Edmund.（2011）. *Viacom to Move Stock Listing to Nasdaq From NYSE on Dec*. 1. http：//www.businessweek.com/news/2011－11－13/viacom-to-move-stock-listing-to-nasdaq-from-nyse-on-dec-1.html，2011－11－13.

② 刘明燕．维亚康姆：传媒新霸主的地位是这样确立的［J］．传媒观察，2003，2.

③ 唐润华．解密国际传媒集团［M］．广州：南方日报出版社，2003：25.

④ 曾彦．国际传媒集团成功经验探析［J］．人民论坛，2010，11（32）.

的坚守，成为21世纪初维亚康姆在美国在线时代华纳和维旺迪环球纷纷损兵折将的情况下依然保持强劲增长的重要原因之一。

②收购优秀产业，整合内部资源

对于传媒市场来说，并购是一种公认的能够迅速有效增强企业实力的方式。在新千年各传媒集团的兼并纷纷遭遇滑铁卢之时，维亚康姆对CBS进行的收购却得到了业内的赞许，成为当时少有的几桩成功且符合股东利益的案例之一。这项兼并的基础在于结合两家公司电视业务产生的潜在广告销售增效作用。

在并购的同时，维亚康姆非常关注所选产业的增长速度。雷石东坚持不进入报业的原因就在于他认为报业发展缓慢，而广播电视是具有高速增长力的领域。2001年，维亚康姆完成了对黑人娱乐电视台（BET）的收购。BET是为非裔美国人和全球黑人文化消费者服务的大型有线电视网。该电视网的节目制作和出版资产与维亚康姆的风格非常吻合，而且在成为维亚康姆家族成员之后，在很短的时间之内就获得了巨大的经济效益。如今，BET已成为非裔美国观众的首选媒体品牌，在美国、英国、加拿大、中东、非洲和加勒比地区，超过9000万户家庭可以收看到BET电视频道的节目。①

此外，维亚康姆在力求规模扩张的同时，也注重对集团内部资源的有效整合。雷石东曾就此发表过观点："一味地追求公司的规模是没有必要的。现在美国很多公司都陷入了一个'为大而大'的误区，盲目地追求规模促使他们疯狂地进行合并和收购活动。而我觉得公司的扩张之路一定要符合公司的整体策略布局和经济前景预测。如果只是规模大，那么对手很容易就能追上来，而我们最成功之处就是把维亚康姆建成一家极具创造能力的公司。创造力其实才是竞争的焦点。"②

维亚康姆在扩张之后，比较有效地实现了资源的合理配置，以促进同一内容在多种媒体之间的传播与共享，促进媒介多种功能的开发，扩大新型传播技术的应用范围，从而达到了预期的传播效果。例如，维亚康姆与CBS合并后，旗下的派拉蒙影业公司、MTV电视网可以向CBS电视网和电台提供节目，后者可以通过播放维亚康姆提供的精彩节目来吸引更多的青年观众，从而以较低的制作成本扩大双方的品牌影响力。

---

① Viacom.（2012）. *The Premier Media and Entertainment Company For Consumers of Black Culture Globally*. http：//www.viacom.com/ourbrands/medianetworks/betnetworks/Pages/default.aspx.

② 中国新闻研究中心．走近传媒天才：维亚康姆CEO雷石东［EB］. http：//blog.ifeng.com/article/207716.html? flag=1，2003-2-19.

③内容为王，拓展渠道

维亚康姆在内容经营方面的优势给外界留下了深刻印象。雷石东认为："任何传媒企业的基石必须而且绝对必须是内容。内容就是一切，内容为王！"① 早在1987年，雷石东决定收购维亚康姆之时，看中的便是这家电视公司的节目编排资产。高质量与大数量的内容为维亚康姆赢得了丰厚的利润。无论是在传统媒体还是数字媒体，维亚康姆都拥有丰富多彩、设置合理的节目。在电视节目制作方面，维亚康姆被称为是制作黄金时段节目的高手，每周制作的黄金时段节目时长远远超过其竞争对手。维亚康姆在生产内容产品时，非常重视受众市场的精确定位与细分。MTV电视网每年都要花几千万美元做市场调研，分析全球青年时尚品味的变化，通过性别、年龄、人种的分类去了解不同人群消费音乐的能力和方式。② 精确的定位使MTV在全球12至24岁观众身上打上了自己的烙印。

注重内容建设的同时，维亚康姆在以美国为基地的全球扩张中积极实施内容与渠道相结合的战略。例如，派拉蒙影业公司下属的派拉蒙电影和派拉蒙家庭娱乐就分别担负着内容生产与发行渠道的功能。通过派拉蒙家庭娱乐公司，派拉蒙电影公司可以在美国和加拿大发行电影DVD，使内容产业和发行渠道结合得非常紧密。同时，派拉蒙家庭娱乐公司还负责尼克儿童频道节目的发行。维亚康姆正是通过不同品牌的节目内容和渠道之间的相互协作，促使集团旗下品牌产生增值效应。

④注重品牌经营，扩大衍生利益

维亚康姆集团历来非常重视旗下品牌的经营与维护，通过提升内容产品的市场竞争力、延伸产业链条，不断扩大品牌在受众心目中的知名度与美誉度。雷石东认为，如果把内容比作国王，那么已创建品牌的内容更是至高无上的王中之王，决定传媒企业最终能否在全球市场取胜的关键是这些企业采取哪些措施来创建、培育和拓展其品牌。③ 目前，维亚康姆旗下拥有的众多品牌都在世界上享有盛誉，且具有相当高的知名度。例如，派拉蒙影业公司创建于20世纪初期，当时就在故事片制作和发行市场居于领先地位，其制作的许多影片成为了好莱坞电影史上的经典，如《罗马假日》《教父》《阿甘正传》《勇敢的心》《拯救大兵瑞恩》《泰坦尼克号》《楚门的世界》《碟中谍》等。

老维亚康姆的品牌战略体系分为两个层次：一是维亚康姆、派拉蒙和CBS自

---

① 郭全中．传媒新机遇与"伴生战略"［E］．http：//www. baoye. net/News. aspx? ID＝323437，2012－03－21.

② 卢思宇．维亚康姆蓄势待发中国市场［N］．中国经营报，2002－04－22.

③ 唐润华．解密国际传媒集团［M］．广州：南方日报出版社，2003：30.

身享有的品牌声誉；另一个层次是各个公司旗下的频道和栏目品牌，这些公司建立了一套自身节目品牌的推广体系。例如当时的无限广播公司掌管着180家广播电台，每一家电台的管理阶层中，除了总经理、销售经理、节目总监、商务总监、新闻主管、技术总监之外，还专门设有一位推广总监，其职责是通过各种途径推广电台的形象、节目及活动。①

维亚康姆还善于对旗下知名品牌和节目进行特许经营，从而产生系列衍生效益。派拉蒙电视集团的《星球大战》特许经营可以作为一个典型案例：其中一个节目导致了联合派拉蒙电视网（UPN）的问世；派拉蒙影业制作了9部《星球大战》系列电影；西蒙与舒斯特出版公司出版了数百万册星球大战相关书籍；西蒙与舒斯特交互公司发行了同名光盘；派拉蒙公园开辟了星球大战主题体验娱乐项目。②

⑤捆绑经营，优势互补

通过数轮兼并之后，由于维亚康姆的内容产业涉及各种媒介，能够满足各类客户的广告需求，无形中为全球广告商提供了一个大平台，而维亚康姆也非常善于运用捆绑经营的策略。2001年6月，维亚康姆与宝洁签署了一笔价值3亿美元的广告协议，以推动后者通过维亚康姆的多媒体平台进行销售。根据这个为期一年的协议，保洁公司将在CBS、MYV、VH1、尼克儿童频道等12家维亚康姆旗下的电视台，以及户外广告牌、广播和百视达录像带租赁门店等部门投放产品广告。③

维亚康姆还善于运用优势互补战略。集团旗下的无限广播公司既是美国最大的无线电广播公司之一，也是北美最大的户外广告公司。该公司拥有超过180家广播电台和100多万块户外广告牌。④ 这样，维亚康姆便成功地将广播电台的时间优势与户外广告业务的空间优势结合起来，从而占领了许多重要广告市场。

**（2）“新维亚康姆”的数字化发展战略**

进入21世纪以来，以互联网、手机、平板电脑为代表的新型媒体以令人惊叹的发展速度走到了历史舞台之前。毋庸置疑，数字媒体的迅疾发展对传统传媒集团造成了巨大冲击，而这种冲击实际上是多方面、多层次、多维度的。

2012年3月，美国权威调查机构皮尤研究中心（Pew Research Center）发布美国新闻业2010—2011年度报告。由图1和图2可知，网络继续统治着受众的增

---

① 高振强．全球著名媒体经典案例剖析［M］．北京：中国国际广播出版社，2003：13.

② 唐润华．解密国际传媒集团［M］．广州：南方日报出版社，2003：31.

③ 中国广告网．宝洁与Viacom签署广告捆绑协议［EB］．http：//news. a. com. cn/News/Infos/200106/19313779164. shtml，2001—06—01.

④ 唐润华．解密国际传媒集团［M］．广州：南方日报出版社，2003：34.

长。2011 年，数字媒体的绝大多数领域都在试图阻止上年所经历的受众流失问题。其中，新闻网站的受众增幅最大，而印刷媒体的受众数量则继续下滑，下滑幅度几乎与上年的 5%相当。在各种媒介的收入情况方面，2011 年数字媒体的经营情况不尽相同。广告支出随着受众流向网络，而稳定的业务模式帮助有线电视稳固了其收入，但是大多数传统媒体依旧遭受着营收下滑的困境。

当网络逐渐在人们日常生活中普及，年轻一代不断把娱乐重心从传统媒体转移到互联网与移动终端时，维亚康姆也适时调整了运营战略，将互联网与品牌紧紧捆绑在一起，力求在数字媒体时代占据一席之地。

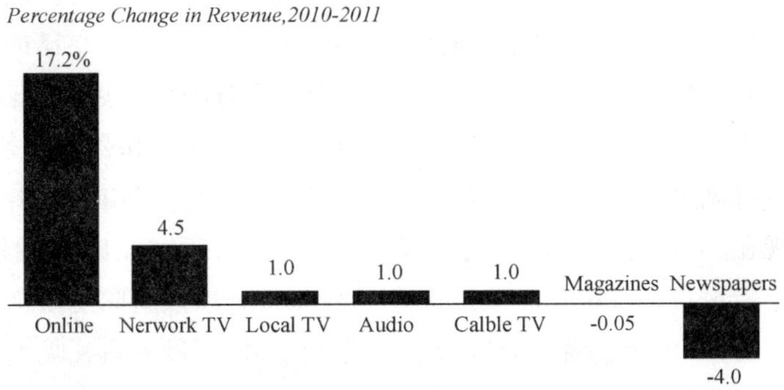


**图 3－2－1　2011 年各种媒介的受众变化百分比**①

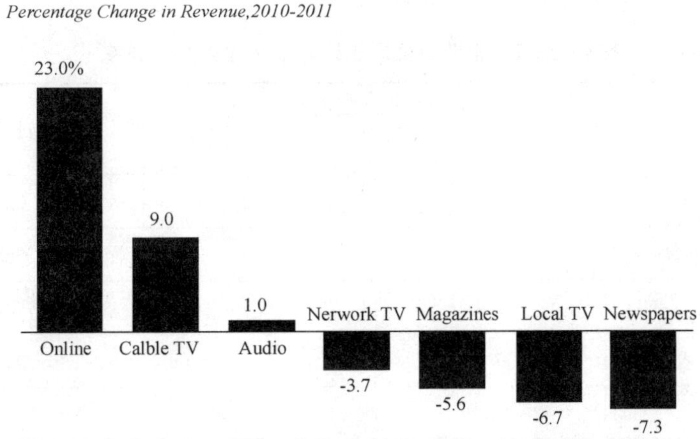


**图 3－2－2　2011 年各种媒介的营收变化百分比**②

① 数据来源：Pew Research Center 2012。

② 同上。

①业务扩张和投资向数字媒体领域倾斜

传媒业属于技术密集型行业，只有具备高技术支撑才能为受众提供更好的渠道服务。面对媒介变革时代的到来，以内容产业起家的维亚康姆并不甘于成为新技术的摒弃者。事实上，在老维亚康姆时期，雷石东就相当重视传媒技术的先导和支撑作用，在新技术的使用和开发方面一直走在前列。早在 2002 年 7 月，维亚康姆就为旗下的 MTV 开通了“MTV 直播”宽带服务，该服务基于互联网平台，运用先进的互动技术，使观众任何时候都可以了解到音乐新闻、艺术家近况，欣赏最新流行音乐，观看演唱会或音乐会的网络直播。用户可以自己录制歌曲或拍摄 MV (Music Video)，通过互联网传送给“MTV 直播”的主持人，从而实现了节目的互动性。该宽带服务使 MTV 通过个人电脑这一媒介进一步扩大了自己的受众群。当年 5 月，维亚康姆敲定由 IBM 帮助其构建未来数字服务的技术基础框架。根据双方签订的七年期合同，IBM 将为维亚康姆的美国总部提供技术和咨询服务。[①] 而彼时传统业务经营得风生水起的维亚康姆，尚没有真正感受到数字时代的冲击。

拐点出现在 2006 年。当时，与 CBS 拆分之后的新维亚康姆股价缩水超过 25%；随着年轻观众日益转向视频共享网站 YouTube 以及新闻集团旗下的社交网站 MySpace，MTV 发展停滞，业绩萧条。当年的 MTV 颁奖典礼吸引的观众人数比 2005 年减少约 30%。[②] 由表 3—2—2 和表 3—2—3 可知，至 2006 年上半年，集团的收入增长主要还是受传统娱乐业务驱动，媒体网络业务的收入增长幅度较小，2006 年上半年仅比 2005 年同期增长 7%。

**表 3—2—2　维亚康姆电影娱乐业务收入及增长率[③]**

| 业务类别 | 业务收入（亿美元） | | 同比增长率（%） |
|---|---|---|---|
| | 2005 上半年 | 2006 上半年 | |
| 家庭娱乐 | 7.7 | 8.2 | 6.5 |
| 电视许可费 | 2.9 | 5.5 | 90 |
| 院线 | 2.4 | 4.4 | 83 |
| 辅助收入 | 0.7 | 1.3 | 86 |
| 总计 | 13.7 | 19.4 | 42 |

① 唐润华．解密国际传媒集团［M］．广州：南方日报出版社，2003：36.

② 凤凰网．维亚康姆：雷石东的煎熬时刻［E］．http：//news.phoenixtv.com/phoenixtv/83886170194313216/20060912/884868.shtml，2006—09—12.

③ 数据来源：Viacom Quarter 2 of 2006 Earnings Release。

表 3－2－3　维亚康姆媒体网络业务收入及增长率[①]

| 业务类别 | 业务收入（亿美元） | | 同比增长率（%） |
|---|---|---|---|
| | 2005 上半年 | 2006 上半年 | |
| 广告 | 18 | 19 | 5.6 |
| 加盟费 | 9 | 9.9 | 10 |
| 辅助收入 | 3.6 | 3.9 | 8.3 |
| 总计 | 30.6 | 32.8 | 7 |

当时 MTV 已是全球最大的手机视频内容提供商，收购来的数字公司——如 Xfire、GameTrailers 和 Neopets——也运转良好，维亚康姆还在 2006 财年与 Google 建立了分销伙伴关系，并宣布收购原子娱乐。虽然维亚康姆在数字领域动作不断，但股东仍认为其向数字时代过渡的表现非常糟糕，在数字媒体领域已落后于其他竞争对手，这使该集团的股价不断下跌。当年 9 月，由于弗雷斯顿领导下的维亚康姆在进军数字媒体方面的表现明显逊于竞争对手迪士尼和新闻集团，雷石东在第一时间将其辞退。

换帅之后，菲利普·道曼领衔的新团队延续了通过电视、手机和互联网传播资讯内容的战略，同时更为积极有效地加以执行，尤其加强了对在线内容的把控与提升，进军网络的野心更加明显。维亚康姆集团认为，由于市场与受众在持续变化，其业务也要随之改变，需要大力发展网络数字媒体。维亚康姆虽然在战略方面没有大的改变，但是对数字媒体更加关注，积极寻找创业公司进行合作或收购。2007 年 2 月，维亚康姆与 Joost 视频网站签署合作协议，拓展互联网电视业务。根据协议，维亚康姆旗下的 MTV 和 BET 电视网以及派拉蒙影业公司的所有影视节目都可以在 Joost 网站上免费播出。当年，维亚康姆还与著名软件生产商 Adobe 公司共同开发了一款手机嵌入式软件，用于支持手机用户无线收看 MTV 所制作的手机电视节目内容。[②] 这无形中增加了维亚康姆在手机增值服务市场的终端优势。同时，MTV 继续向宽带网络空间迈进，通过数字电视进入更多的家庭。维亚康姆在数字播放平台中融入了适合新型媒介观看习惯的节目编排理念，让 MTV 充分探索数字媒体时代的内容生产。从这一点可以看出，维亚康姆在高举“内容为王”大旗的同时，也在积极开发数字媒体潜能，并没有忽视技术变革

① 数据来源：Viacom Quarter 2 of 2006 Earnings Release。
② 张金海，梅明丽．世界十大传媒集团产业发展报告 [G]．武汉大学出版社，2007：189.

与经济形态的转变。

而上述努力也让维亚康姆的经营状况实现了一定程度的好转。2007 年，集团作为全球领先的娱乐内容制作公司的地位得到巩固，并成功扩大了品牌在数字市场和商业风险投资方面的影响力。集团全年营收为 134.2 亿美元，较 2006 年的 113.6 亿美元增长 18%，媒体网络（Media Networks）和电影娱乐（Filmed Entertainment）两个部门的营收均实现两位数增长。其中，媒体网络部门的营收增长了 12%，增至 81 亿美元，其中净收购（扣除可影响公司业绩可比性的处置资产收购）为此次增长贡献了 9150 万美元。[①] 媒体网络部分收入的增加主要来自《摇滚乐队》（Rock Band）、《吉他英雄》（Guitar Hero）等多种网络视频游戏的销售。总裁兼首席执行官菲利普·道曼表示，创新的变革和强大的执行力是维亚康姆 2007 年获得成功的关键。

②针对数字媒体部门进行业务重组

2008 年，由于受到金融危机影响，维亚康姆收入增速大幅下降。当年实现收入 146.25 亿美元，与上年同期相比仅增长 9%。值得注意的是，在传统业务显现疲态之时，数字业务增长速度呈现出逆势上扬的趋势。以网络视频游戏为主的辅助业务收入增加 3.81 亿美元，增幅达 29%（表 3—2—4）。

从具体收入结构上观察（表 3—2—5），媒体网络业务收入 87.56 亿美元，增长 6.6 亿美元（8%），主要驱动力是“摇滚乐队”系列网络视频游戏销售火爆，以及加盟价格和加盟用户的增加。在媒体网络业务收入中，辅助业务增长最快，2008 年增长 3.42 亿美元（32%），达到 14.14 亿美元。该业务在美国国内市场增长 26%，《摇滚乐队》网络视频游戏（包括其后发布的《摇滚乐队 2》）是主要驱动力；国际辅助业务收入强劲增长 50%，主要贡献来自《摇滚乐队》和电视许可费。其次，加盟费收入增速居次席，2008 年增长了 2.81 亿美元（12%），达到 26.2 亿美元。数字频道加盟用户和移动加盟收入的扩大在此得以体现。但广告收入的增速却创下新低，2008 年仅增加 3200 万美元，增幅仅为 1%（表 3—2—4），国内广告收入甚至减少了 300 万美元。全球经济的不景气给维亚康姆的广告收入增长带来很大压力。

---

① 雅虎财经．维亚康姆公布 2007 年全年和第四季度业绩［EB］．http：//biz.cn.yahoo.com/080229/6/pjov.html，2008—03—01.

表 3-2-4　2007-2008 年维亚康姆各项业务收入及增长情况[①]

| 业务类别 | 业务收入（亿美元） | | 增长情况 | |
|---|---|---|---|---|
| | 2008 年 | 2007 年 | 增幅（亿美元） | 增长率（%） |
| 广告 | 47.22 | 46.90 | 0.32 | 1 |
| 故事片 | 57.71 | 52.53 | 5.18 | 10 |
| 加盟费 | 26.20 | 23.39 | 2.81 | 12 |
| 辅助业务 | 16.76 | 12.95 | 3.81 | 29 |
| 内部抵消 | -1.64 | -1.54 | -0.10 | / |
| 总计 | 146.25 | 134.23 | 12.02 | 9 |

表 3-2-5　2007-2008 年维亚康姆媒体网络业务收入及增长情况[②]

| 业务类别 | 业务收入（亿美元） | | 增长情况 | |
|---|---|---|---|---|
| | 2008 年 | 2007 年 | 增幅（亿美元） | 增长率（%） |
| 广告 | 47.22 | 46.90 | 0.32 | 1 |
| 加盟费 | 26.20 | 23.39 | 2.81 | 12 |
| 辅助业务 | 14.14 | 10.72 | 3.42 | 32 |
| 总计 | 87.56 | 81.01 | 6.55 | 8 |

为了缓解以广告为中心的众多业务受到的不利影响，维亚康姆在 2008 年内启动了一系列业务重组项目，着力改善集团的资产结构，控制成本，提高效率。其中的主要任务便是重组集团的数字媒体资产，按照业务优先的原则重新配置内部资源，使各种资源适应数字时代运营的要求，更紧密地为集团目标服务。重组项目包括了明显的工作岗位的裁撤，精简国内外的人员和机构，以提高媒体网络业务部门的商业运作效率。集团还削减了很多额外设施需求，进一步降低成本。2008 年底，作为重组计划的一部分，维亚康姆裁员 850 人（此人数约占员工总数

① 数据来源：Viacom Fiscal Year 2008 Annual Report。

② 同上。

的7%），还冻结了集团高级管理人员2009年的薪水。[①]

2010年9月，维亚康姆董事会授权管理层出售经营不佳的Harmonix游戏业务，进一步削减成本，优化产业结构。2011年2月，维亚康姆与著名视频网站Hulu达成合作协议，将旗下的《乔恩·斯图尔特每日秀》（The Daily Show with Jon Stewart）和《科尔伯特报告》（The Colbert Report）等热门电视节目引入Hulu网。根据这份协议，上述两个节目将同时提供免费和收费两个版本，免费版本将通过广告获取收入。同时，维亚康姆还将《泽西海滩》（Jersey Shore）等旗下其他节目通过Hulu网的收费服务出售。

另一方面，集团重组策略中还包括重新评估即将制作发行的数字节目。2008年，约有2.86亿美元的重组费用被用于中止一些不能达到预期收视效果和品牌价值的线上节目。同时，由于部分国际媒体网络业务经营困难，维亚康姆不得不付出3200万美元的减损支出以中止这些市场效益不明显的国际业务节目授权。[②] 2009年12月7日，维亚康姆出售了MTV在巴西的股份和品牌权利。2010年5月，维亚康姆旗下的喜剧中心频道开始独立制作有关耶稣基督的系列动画片，以获得新增长点，摆脱集团长久以来的颓势。

2009年，金融危机带来的冲击体现得更为明显，维亚康姆在拆分后第一次出现了多项经营收入下滑的情况。值得一提的是，网络视频游戏业务在2008年获得短暂成功之后，后续产品在2009年暴露出的高成本低收益状况显示其还缺乏数字媒体业务的运营经验。依靠节省开支，维亚康姆依然实现了利润增长，但经营收入下滑背后的问题着实值得业界思考。从数据观察，截至2009年12月31日，维亚康姆2009年全球总收入下降了7%，最终仅为136.19亿美元（表3－2－6）。其中，媒体网络业务的全球收入下降了5%，跌至82.88亿美金，主要源于辅助业务和广告业务的下降，不过加盟费总体收入却有所增长。[③] 受零售环境的挑战性增强和产品供应构成的影响，《摇滚乐队》网络视频游戏收入下滑明显，这也直接导致了当年媒体网络部门的辅助业务收入下跌31%（表3－2－9）。尽管2009年9月发布的《披头士：摇滚乐队》游戏销售情况良好，但最终被《摇滚乐队》和《摇滚乐队2》的销量不佳所抵消。

---

① 新浪科技．传媒巨头维亚康姆宣布裁员850人［EB/OL］．http：//tech.sina.com.cn/i/2008－12－04/22312626383.shtml，2008－12－04.

② 韩晓宁，王鑫．维亚康姆业务发展困境分析［J］．青年记者，2010，10（28）．

③ 邢建毅，陈丽娟．2009年五大跨国传媒集团发展概述［J］．现代传播，2010，6（167）．

表 3-2-6　2009 年维亚康姆各项业务收入及增长率①

| 业务类别 | 业务收入（亿美元） | | 同比增长率（%） |
|---|---|---|---|
| | 2008 年 | 2009 年 | |
| 广告 | 47.22 | 44.05 | -7 |
| 故事片 | 57.71 | 52.05 | -10 |
| 加盟费 | 26.20 | 29.01 | 11 |
| 辅助业务 | 16.76 | 12.59 | -25 |
| 内部抵消 | -1.64 | -1.51 | -8 |
| 总计 | 146.25 | 136.19 | -7 |

值得注意的一个趋势是，维亚康姆集团 2009 年总资产为 219 亿美元，连续三年持续减少（表 3-2-7）；即便加上从老维亚康姆拆分出来的 CBS 的资产（269.62 亿美元），仍列于时代华纳（657.30 亿美元）、迪士尼（631.17 亿美元）和新闻集团（531.21 亿美元）之后。②

由表 8 可知，在维亚康姆集团资产结构中占有较大比重的媒体网络业务，在经历了连续三年的收入增长之后，也在 2009 年出现下滑，与 2008 年相比收入下降 5%。维亚康姆在过去几年里对媒体网络业务持续进行重组，成本支出增长迅速，导致 2008 年利润下降 10%。2008 年的重组行为到 2009 年基本完成并收到成效，重组带来的开支节省，使媒体网络业务在收入下滑的情况下反而实现了 8% 的利润增长，但收入下滑相对来说更应引起重视。③

表 3-2-7　2006-2009 年维亚康姆经营业绩（单位：亿美元）④

| 年份 | 2009 年 | 2008 年 | 2007 年 | 2006 年 |
|---|---|---|---|---|
| 资产总量 | 219.00 | 224.87 | 229.04 | 217.96 |
| 总收入 | 136.19 | 146.25 | 134.23 | 113.61 |
| 总支出 | 107.15 | 121.02 | 104.87 | 85.94 |
| 营业利润 | 29.04 | 25.23 | 29.36 | 27.67 |

① 数据来源：Viacom Fiscal Year 2009 Annual Report。

② Viacom.（2010）. *Fiscal Year 2009 Annual Report*. http://proxymaterials.viacom.com/（S(ovttq0mm3ipgqcixouokim55)）/Default.aspx.

③ 韩晓宁，王鑫．维亚康姆业务发展困境分析 [J]．青年记者，2010，10（28）.

④ 数据来源：Viacom Fiscal Year 2009 Annual Report。

**表 3－2－8　2006－2009 年维亚康姆媒体网络业务经营业绩**（单位：亿美元）①

| 年份 | 2009 年 | | 2008 年 | | 2007 年 | | 2006 年 |
|---|---|---|---|---|---|---|---|
| | | 增长率 | | 增长率 | | 增长率 | |
| 收入 | 82.88 | －5% | 87.56 | 8% | 81.01 | 12% | 72.41 |
| 支出 | 53.54 | －11% | 60.27 | 19% | 50.53 | 17% | 43.37 |
| 利润 | 29.34 | 8% | 27.29 | －10% | 30.48 | 5% | 29.04 |

**表 3－2－9　2006－2009 年维亚康姆媒体网络业务收入及增长率**（单位：亿美元）②

| 年份 | 2009 年 | | 2008 年 | | 2007 年 | | 2006 年 |
|---|---|---|---|---|---|---|---|
| | | 增长率 | | 增长率 | | 增长率 | |
| 广告 | 44.05 | －7% | 47.22 | 1% | 46.90 | 8% | 43.46 |
| 加盟费 | 29.01 | －11% | 26.20 | 12% | 23.39 | 14% | 20.50 |
| 辅助业务 | 9.82 | －31% | 14.14 | 32% | 10.72 | 27% | 8.45 |

维亚康姆虽然在 2005 年至 2009 年间收购、重组了不少数字媒体平台，但这些平台对于传统业务的推动力却十分有限。由表 3－2－10 可知，虽然 2009 年其他平台播放许可费和辅助业务收入一直呈略微增长的态势，但由于增长数值太小，根本无法弥补前面两项收入的下滑。电影娱乐业务其他平台播放许可费增加的收入主要来自电视平台的许可费用，数字平台非常少。电影娱乐业务方面，派拉蒙影业公司也在尝试通过数字传播平台分销其电影娱乐产品。如 2009 年在 MySpace 上首播了 10 集原创超自然惊悚片《八魔阵》，还将电影《星际迷航》在 iTunes、Xbox 在线等平台提供高清观看。但实际业绩表明，电影娱乐业务在这种新型平台上显然还没能获得实质性的收益进展，由电影转换成的长视频在各种数字平台上的销售和播放仍受制约。

① 数据来源：Viacom Fiscal Year 2009 Annual Report。
② 数据来源：Viacom Fiscal Year 2009 Annual Report。

表 3-2-10　2006-2009 年维亚康姆电影娱乐业务收入及增长率（单位：亿美元）[①]

| 年份 | 2009 年 | | 2008 年 | | 2007 年 | | 2006 年 |
|---|---|---|---|---|---|---|---|
| | | 增长率 | | 增长率 | | 增长率 | |
| 院线 | 13.21 | -23% | 17.14 | 17% | 14.66 | 69% | 8.66 |
| 家庭娱乐 | 25.01 | -8% | 27.24 | 9% | 24.93 | 18% | 21.16 |
| 其他平台播放许可费 | 13.83 | 4% | 13.33 | 3% | 12.94 | 15% | 11.22 |
| 辅助业务 | 2.77 | 6% | 2.62 | 17% | 2.23 | 31% | 1.70 |

维亚康姆集团在 2009 年的经营收入下滑状况值得引起我们对传媒内容生产企业发展模式的反思。维亚康姆的内容生产能力虽然强大，但收入过于依赖广告市场和版权保护的效果。而受众媒介接触习惯的变化和数字媒体时代的新型商业模式，都会对传统的内容生产和销售模式形成冲击。对维亚康姆来说，仅靠单向度地并购数字媒体资产，业务重组，缩减生产规模或节省开支并不能完全摆脱企业的发展瓶颈。在数字媒体时代，将传统媒体产品简单地嫁接在数字平台上，并不能得到预期的传播与营销效果；其内容产品需要在借助数字平台充分实现和提升价值的基础上，更新内容制作理念，用数字媒体思维打造适合数字平台的节目内容，增强数字媒体业务的价值获取能力。

③进军社交媒体

2009 年末至今，以微博、社交网站、视频分享网站为代表的社交媒体（Social Media）成为数字媒体领域被谈论最多的话题之一。关于社交媒体，学界并没有统一的定义。简言之，它是用户社会交往和信息分享的平台。除了门户网站，其他大部分具有互动性、UCG（User Generated Content）性质的网络应用都可以归为社交媒体。如中国的新浪微博、人人网、优酷网、百度百科，美国的 Twitter、Facebook、YouTube、Wikipedia 等皆属于社交媒体。

在社交媒体时代，传统的门户网站正逐渐被社交媒体所挤压。社交媒体的主要特点是用户生产内容，但是推动他们生产内容的底层心理需求是社交。用户不是为生产内容而生产内容，而是要扩大自己的社交圈子，获得更多人的关注。[②]因此，社交媒体的出现促使媒体生态开始由“内容为王”向“关系为王”转变，

① 数据来源：Viacom Fiscal Year 2009 Annual Report。

② 彭兰．社交媒体与媒介融合的双重挑战［J］．新闻界，2012，1.

不断将用户对内容的需求深化为对人与人关系的需求。

这种需求与新型移动终端的结合，则催生了数字时代的又一次变革。2011年2月，著名风投、美国KPCB风险投资公司合伙人约翰·杜尔（John Doerr）首次提出了“SoLoMo”（Social＋Local＋Mobile）的概念。这个概念自提出后，不到三个月便风靡全球。这在某种程度上标志着移动社交网络大行其道的时代的到来，而SoLoMo强调的LBS（Location Based Services）则成为数字媒体发展的新趋势。

维亚康姆集团乘势而上，从2009年年末开始大规模进军社交媒体，将自己的内容产品和品牌与新型移动终端嫁接，开发了大量社交媒体应用。2009年8月19日，维亚康姆旗下的“上瘾游戏网”在苹果应用商店（App Store）上发布了供iPhone用户下载的“美国地图拼图”（50 STATES）和“世界大战”（World Wars）两款游戏，售价均为0.99美元。这标志着维亚康姆开始正式开拓社交媒体市场。2010年4月1日，维亚康姆首次在苹果应用商店上发布供iPad用户下载的应用——游戏“瘪四与大头蛋”（Beavis and Butt-Head，根据1996年美国同名动画电影改编），进一步拓展社交媒体的终端市场。2012年3月29日，喜剧中心频道为iPhone和iPad用户同步推出基于iOS平台的社交媒体应用“选举伴侣”（Comedy Central's Indecision Election Companion）（图3—2—3，图3—2—4）。该社交媒体应用由AT&T公司赞助开发，并为用户提供独家政治新闻与笑话、互动内容、图片库和第二屏体验。在该应用程序中，“优柔寡断”博客版块的内容由用户自己提供，各地的公民记者可以在该版块实时发布、更新2012年美国大选的独家信息；“剪影”图片库24小时循环向用户呈现新闻图片；“花生画廊”是个视频版块，用户可以在上面看到全国电视台的政治谈话类节目以及来自“优柔寡断”博客里的实时评论精选，该版块为用户提供了评论与交互功能，注册用户可以在上面就选举话题各抒己见、展开辩论，该版块的评论功能里还提供了“胆小鬼”“傻瓜”“没睡醒的”“滚蛋”“牛B”等选项让用户快速表达他们对某位候选人或谈话节目中某位专家的态度。该功能在一定程度上可以实时反映选民对总统候选人的支持情况；此外，该应用附带的“选举日历”上还标明了2012年美国大选的每一个重要时间节点与相关活动。

图 3－2－3　“选举伴侣”iPhone 界面截屏

图 3－2－4　“选举伴侣”iPad 界面截屏

截至 2012 年第一季度，仅维亚康姆旗下的 MTV 电视网一个部门，就已在苹果应用商店上发布了 87 个应用程序（图 3－2－5，图 3－2－6）。

图 3－2－5　MTV 电视网发布的 iPhone 应用

图 3－2－6　MTV 电视网发布的 iPad 应用

维亚康姆不仅大力开发社交媒体应用程序，同时也注重传统媒体品牌与既有社交媒体平台的合作。以中国的新浪微博为例，MTV 中文频道早在 2010 年 7 月 21 日就开通了同名官方微博，《MTV 天籁村》和《MTV 国际音乐榜》这两档节目先后于 2010 年 12 月 8 日和 2011 年 2 月 22 日开通同名官方微博，尼克儿童频道于 2011 年 2 月 18 日开通同名官方微博，海绵宝宝官方微博“海绵宝宝 SBSP”于 2011 年 1 月 12 日开通。其中，由于 MTV 中文频道与海绵宝宝这两大品牌在中国有着较大知名度，其微博也受到众多中国网民的追捧。截至 2012 年第一季度，MTV 中文频道的新浪官方微博拥有粉丝数 109430，发布微博 2397 条；海绵宝宝的新浪官方微博拥有粉丝数 107156，发布微博 481 条。

从经营业绩上看，得益于全球经济复苏和由此带来的广告市场回暖，以及削减成本的措施，维亚康姆集团在 2010 年的收入和运营利润都实现了增长。截至 2010 年 9 月 30 日前的 9 个月期间①，维亚康姆的全球收入同比增长了 1%，为 93.37 亿美元（表 3－2－11）。由表 3－2－12 可知，其中媒体网络业务增长了 4.05 亿美元（7%），达到 60.77 亿美元，反映了较高的加盟费和广告收入。值得引起关注的是，媒体网络和电影娱乐部门的辅助收入同比增长率是所有业务板块里最高的，分别为 11%和 12%，主要得益于在线内容许可费和数字产品收入的增长。维亚康姆对于数字媒体的投入正逐渐凸显成效。

① 注：2010 年，维亚康姆将财年的截止日期从 12 月 31 日改到了 9 月 30 日，并将 2010 年 1 月 1 日至 9 月 30 日的这九个月称为“2010 过渡财年”。从 2010 年始，维亚康姆的财年便从上年 10 月 1 日开始，结束于当年 9 月 30 日。

表 3-2-11　2009-2010 年维亚康姆收入及运营利润[①]

| 综合经营业绩（亿美元） | （9 个月，截至当年 9 月 30 日） | | 同比增长率（%） |
|---|---|---|---|
| | 2010 年 | 2009 年 | |
| 收入 | 93.37 | 92.38 | 1 |
| 运营利润 | 22.07 | 19.04 | 16 |

表 3-2-12　2009-2010 年维亚康姆各项业务收入及增长率[②]

| 业务类别（亿美元） | （9 个月，截至当年 9 月 30 日） | | 同比增长率（%） |
|---|---|---|---|
| | 2010 年 | 2009 年 | |
| 广告 | 32.51 | 31.03 | 5 |
| 加盟费 | 23.72 | 21.60 | 10 |
| 辅助业务 | 4.54 | 4.09 | 11 |
| 媒体网络业务总计 | 60.77 | 56.72 | 7 |
| 院线 | 12.83 | 12.28 | 4 |
| 家庭娱乐 | 9.51 | 13.56 | —30 |
| 电视许可费 | 9.38 | 9.38 | — |
| 辅助业务 | 1.9 | 1.69 | 12 |
| 电影娱乐业务总计 | 33.62 | 36.91 | —9 |

维亚康姆在 2011 年财报中对经营战略进行了更新："充分利用数字分销商创造的资源与机会，在各种媒介平台上生产和发行娱乐内容。拓展与数字移动平台伙伴的合作关系，通过进一步的研究，打造更加适合数字媒体的内容，以获得受众的青睐。"[③] 由此可以看出，维亚康姆已经意识到，在移动互联网时代，单纯把品牌捆绑网络，或生硬地将传统媒体内容嫁接数字平台的战略在推动数字资产增

① 数据来源：Viacom Fiscal Year 2010 Transition Report。
② 数据来源：Viacom Fiscal Year 2010 Transition Report。
③ Viacom.（2012）. *Fiscal Year* 2011 *Annual Report*. http：//proxymaterials. viacom. com/（S（rg051d45v1io1t55fshuhnbn））/pdf/Fiscal%20Year%202011%20Annual%20Report%20on%20Form%2010—K. pdf.

值方面效果有限。转变内容生产思维，使之适应移动数字媒体的传播规律，成为传统内容生产商维亚康姆在2011年开启的新课题。仍以MTV电视网在苹果应用商店发布的应用程序为例，2009至2011年该部门开发的应用程序数量分别为7，28，32,呈持续上升趋势（图3－2－7）；而在2012年的第一季度中，该部门就已发布了20个应用程序。由此可见，维亚康姆越来越重视对移动互联网平台的内容产品开发。

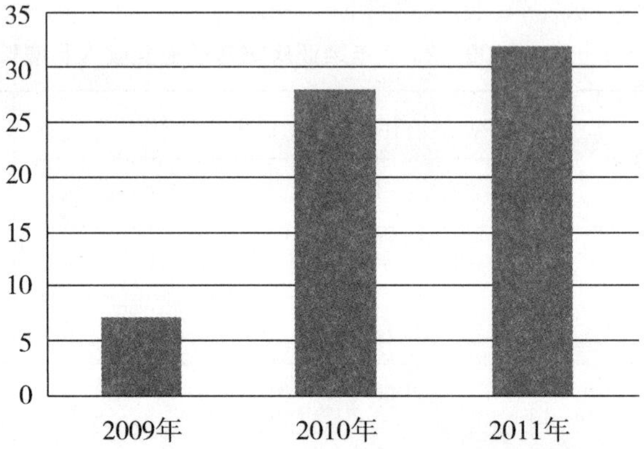


**图3－2－7　2009－2011年MTV电视网开发的应用程序数**

截至2011年9月30日（2011财年起止日期为2010年10月1日至2011年9月30日），维亚康姆全球收入149.14亿美元，较上年同期增长15.58亿美元（12%）。其中，媒体网络业务贡献8.14亿美元，反映了较高的广告和加盟费收入；电影娱乐业务贡献的7.7亿美元收入中，辅助业务收入发挥了主要驱动力。运营利润增加4.46亿美元（13%），达到38.54亿美元（表3－2－13）。[①] 由表3－2－14可知，媒体网络部门中，增长最快的是加盟费收入（12%）。维亚康姆在年报中认为，这得益于一些节目在数字平台发行量的增加。[②] 在电影娱乐部门中，辅助业务收入的增速达到48%，仅次于院线（58%）。维亚康姆认为，除了出售热门影片《复仇者联盟》和《钢铁侠3》经销权的收入外，数字平台的良好业绩成为收入增加的主要驱动力。[③]

① Viacom.（2012）. *Fiscal Year 2011 Annual Report*. http://proxymaterials.viacom.com/(S(rg051d45v1io1t55fshuhnbn))/pdf/Fiscal%20Year%202011%20Annual%20Report%20on%20Form%2010－K.pdf.

② Viacom.（2012）. *Fiscal Year 2011 Annual Report*. http://proxymaterials.viacom.com/(S(rg051d45v1io1t55fshuhnbn))/pdf/Fiscal%20Year%202011%20Annual%20Report%20on%20Form%2010－K.pdf.

③ 同上。

表 3－2－13　2010－2011 年维亚康姆收入及运营利润[①]

| 综合经营业绩（亿美元） | （从上年 10 月 1 日至当年 9 月 30 日） | | 同比增长率（%） |
|---|---|---|---|
| | 2011 年 | 2010 年 | |
| 收入 | 149.14 | 133.56 | 12 |
| 运营利润 | 38.54 | 34.08 | 13 |

表 3－2－14　2010－2011 年维亚康姆各项业务收入及增长率[②]

| 业务类别（亿美元） | （从上年 10 月 1 日至当年 9 月 30 日） | | 同比增长率（%） |
|---|---|---|---|
| | 2011 年 | 2010 年 | |
| 广告 | 49.97 | 45.53 | 10 |
| 加盟费 | 35.19 | 31.38 | 12 |
| 辅助业务 | 6.29 | 6.40 | −2 |
| 媒体网络业务总计 | 91.45 | 83.31 | 10 |
| 院线 | 21.75 | 13.76 | 58 |
| 家庭娱乐 | 18.90 | 20.96 | −10 |
| 电视许可费 | 14.17 | 13.83 | 2 |
| 辅助业务 | 4.41 | 2.98 | 48 |
| 电影娱乐业务总计 | 59.23 | 51.53 | 15 |

根据维亚康姆 2012 年 2 月最新公布的 2012 财年第一季度（起止时间为 2011 年 10 月 1 日至 2011 年 12 月 31 日）财报显示，媒体网络部门经营收入同比增长 7%，其中加盟费的驱动力最强，增速达到 16%[③]，反映了数字分销平台的突出贡献。雷石东在季报发布会上表示："我们将继续利用制作内容方面的丰富经验和品牌优势，在每一种平台上为我们的受众打造独特的视听盛宴，这将是带给我们成功的长期战略。"集团 CEO 菲利普·道曼认为："尽管广告市场出现了短期疲软，但维亚康姆的季度业绩受到了加盟费收入增长的强力驱动，这得益于我们在

① 数据来源：Viacom Fiscal Year 2011 Annual Report。

② 数据来源：Viacom Fiscal Year 2011 Annual Report。

③ Viacom. (2012). *Quarter* 1 *of* 2012 *Earnings Release*. http://files.shareholder.com/downloads/VIA－B/1756043622x0x539157/7a51cf23－32b0－4ab0－b45f－910d39441625/Viacom_Q1_12_Earnings_Release_Final.pdf.

业内领先的电视品牌持续吸引着新兴数字平台分销商。”①

### 3. 辅助业务与加盟费的“秘密”

自20世纪90年代至今，国际传媒集团经历了两次数字媒体浪潮。第一次是20世纪90年代以互联网为代表的数字媒体，第二次是2005年以来以移动通信、网络电视为代表的数字媒体。出于对传统产业高增长率的坚持，维亚康姆的初始战略是将旗下品牌与互联网捆绑，通过自身的力量创建互联网整合营销平台。2005年以来，面对第二次数字媒体浪潮的来临，拆分后的维亚康姆对经营战略进行了调整，开始重点对互联网和手机媒体应用领域的资产进行收购（表3－2－15）。

**表3－2－15　维亚康姆数字媒体战略实施年表**

| 年份 | 事件 | 标志性意义 |
| --- | --- | --- |
| 1995年 | 启动尼克儿童频道网站（Nickelodeon Online） | 开启频道互联网在线业务 |
| 2000年 | 与美国微软公司、自由数字媒体、新闻集团、美国电视网共同创建BET.com | |
| 2002年 | 在互联网上开通“MTV直播”互动服务 | Web2.0的初步尝试 |
| 2005年 | 收购美国游戏开发商MidwayGames | 进军互联网游戏产业 |
| 2007年 | 并购美国在线游戏服务公司Xfire | |
| | 与新创网络电视Joost合作，旗下MTV、BET、派拉蒙影业公司的节目都可免费在Joost网站上播出 | 拓展互联网电视业务 |
| | 与Adobe共同开发手机嵌入式软件，支持手机用户无限收看MTV音乐台所制作的手机电视节目 | 介入手机技术开发服务领域 |
| 2009年 | MTV电视网收购游戏制作商Harmonix公司 | 进一步扩展游戏业务 |
| | 尼克儿童频道（Nickelodeon）推出适用于iPhone和iTouch的内容产品与社交媒体应用 | 进军社交媒体 |
| 2010年 | MTV电视网发布适用于iPad的应用程序 | 进一步拓展移动终端 |

① Viacom.（2012）. *Quarter 1 of 2012 Earnings Release*. http://files.shareholder.com/downloads/VIA－B/1756043622x0x539157/7a51cf23－32b0－4ab0－b45f－910d39441625/Viacom_Q1_12_Earnings_Release_Final.pdf.

根据上文数据，拆分后的新维亚康姆在总体上处于稳步上升的态势，但发生于 2008 年前后的金融危机对其造成了较大影响，特别是 2008 年的经营利润出现了首次下滑，2009 年集团通过资产重组、裁员、节省开支等措施实现了经营利润的反弹，但由此也造成了当年总收入的下降（表 3—2—16，图 3—2—8）。

**表 3－2－16　2001－2011 年维亚康姆收入及盈利情况（2010 过渡财年不计在内）①**

| 年份 | 收入（百万美元） | 运营利润（百万美元） | 毛利率（%） | 员工数 |
|---|---|---|---|---|
| 2011 年 | 14914.00 | 2136.00 | 14.32 | 11470 |
| 2009 年 | 13619.00 | 1611.00 | 11.83 | 11470 |
| 2008 年 | 14625.00 | 1251.00 | 8.55 | 11500 |
| 2007 年 | 13423.10 | 1838.10 | 13.69 | 13100 |
| 2006 年 | 11466.50 | 1592.10 | 13.88 | 12800 |
| 2005 年 | 9609.60 | 1256.90 | 13.08 | 9500 |
| 2004 年 | 8132.20 | 293.70 | 3.61 | 38350 |
| 2003 年 | 7232.30 | —— | —— | —— |
| 2002 年 | 6050.70 | 894.40 | 14.78 | —— |
| 2001 年 | 5497.60 | —— | —— | —— |

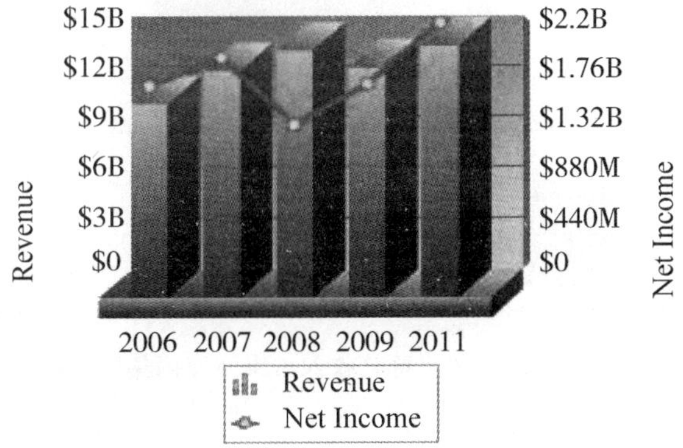


**图 3－2－8　拆分后的新维亚康姆经营情况（2010 过渡财年不计在内）**

① 数据来源：Hoovers Online Database 2011。

辅助业务和加盟费收入主要来自维亚康姆的各种数字媒体平台和授权数字分销商，如用户在维亚康姆网站上通过网络支付的方式购买内容产品，或者在苹果应用商店购买应用程序等。这两项业务收入体现了数字分销平台对总收入的贡献，因此最能反映维亚康姆集团实施数字战略的成效。由表 3－2－17 和图 3－2－9可知，2007 年至今（2010 过渡财年不计在内），维亚康姆集团旗下各部门的辅助业务和加盟费总收入占集团年收入的比重呈逐年递增之势，由此可见数字媒体战略成效初显。在移动互联网时代，数字媒体平台对维亚康姆营收的推动作用不言自明，如何进一步优化业务配置，让数字平台发挥出更大的驱动力，当是维亚康姆亟待思索的课题。

**表 3－2－17　辅助业务与加盟费总收入占维亚康姆集团年度收入比重的变化**
**（2010 过渡财年不计在内）**

| 年份 | 辅助业务与加盟费总收入（亿美元） | 年收入（亿美元） | 辅助业务与加盟费总收入占年收入比重（%） |
|---|---|---|---|
| 2007 年 | 36.34 | 134.23 | 27.07 |
| 2008 年 | 42.96 | 146.25 | 29.37 |
| 2009 年 | 41.60 | 136.19 | 30.55 |
| 2011 年 | 45.89 | 149.14 | 30.77 |

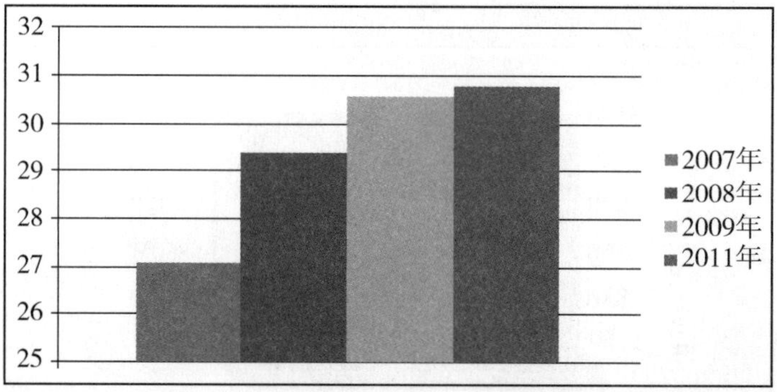


**图 3－2－9　辅助业务与加盟费总收入占维亚康姆集团年收入比重变化**

## 三、尼克儿童频道的“野心”

上文对以维亚康姆为代表的国际传媒集团当前面临的两大挑战——海外市场准入与媒介环境变革——做了阐述。以下我们试图结合以上两大挑战，选取维亚康姆集团旗下的尼克儿童频道（Nickelodeon）做个案分析，以传播效果研究中的受众本位论为理论依据，探究数字媒体语境下国际传媒集团在中国市场的运营实践。

由传媒实践和传播学研究成果可知，受众在传播过程中具有十分重要的地位。受众不仅是新闻信息传播活动的接受者，而且也是整个传播活动的重要参与者。对受众的不同认识直接影响着新闻传播的模式和传播效果，也影响到媒体的生存与发展。在传播效果理论发展史上，研究重心经历了从传者中心论到受者中心论的嬗变。1964 年，“受众本位论”因 Bauer 提出“固执的受众”（The Obstinate Audience）[①] 而闻名于世。他认为，以往的问题是“讯息如何作用于受众”，而现在还要加上“受众如何使用讯息”，受众总是顽强地、任性地挑选新闻。在受众的约束下，媒介在传播中影响受众，不能不以信息的质量使受众满意为前提。受众决定新闻能否有效传播，决定媒体能否在市场竞争中站稳脚跟。受众关注的热点是媒体的思想焦点，决定着传媒工作者的思考方向，无形中为媒体设置着大量的议题。受众是个重要的变量，引导媒体重视受众的变化，并对这种变化做出正确的抉择。

在传媒市场全球化时代，传播者的经济利益与受众对传播的接受程度有了直接联系，受众的地位也随之发生了根本改变——从消极的教育对象变成被服务的主体。媒体若不以受众为本位开展传播活动，则有可能失去受众，进而失去自身价值的依托。而国际传媒集团在拓展海外市场过程中实施的本土化战略，恰是受众本位论的具体体现。每个国家特有的政策环境、经济基础和文化传统塑造着迥异的受众群体，同时也决定着传媒企业在全球化的同时必须本土化。由于性别、年龄、职业、文化、民族、信仰和居住地区等变量的影响，导致不同受众的阅听兴趣存在共性与差异性相互交织的情况，这就要求跨国媒体对不同国家与地区的受众进行定位，依据其不同特点生产内容。为了让内容产品得到输入地受众的青睐，本土化战略已经为越来越多的国际传媒集团所重视。随着儿童电视频道成为全球发展最迅速、最有利可图的娱乐产业部门，全球儿童和青少年传媒市场已日趋饱和，竞争亦越发激烈。[②] 在全球化与数字媒体语境下，儿童节目也面临着与本土接轨的迫切需要。当前，全球儿童电视市场呈现出一种多元动态的景观。国家商业和非商业广播公司，泛区域有线电视和卫星节目供应商，以及诸如尼克儿童频道、迪士尼等跨国儿童电视频道的本地和地区版共同构成了全球儿童电视网。有学者认为，类似尼克儿童频道的跨国电视品牌正“处于当前地区和全球传

---

① Bauer, Raymond. (1964). *The Obstinate Audience: The Influence Process From The Point of View of Social Communication*. American Psychologist, 19 (5), 319—328.

② The Economist. (1999). *European Media: Flirtation and Frustration*, 11 December.

媒产业与文化的重塑中心”①。

国际传媒集团在全球扩张过程中，本土化战略被充分利用，并成为决定经营成败的关键因素之一。然而，数字媒体时代的到来，又为本土化战略的实施增添了新的机遇与考察视角。我们以下将以维亚康姆集团旗下的尼克儿童频道节目在中国的运营为例，从进入策略，本土化实践和数字平台推动三个方面考察维亚康姆如何面对数字化与本土化的双重挑战，以对前两章做出回应。

**1. 海外扩张**

作为全球领先的国际传媒集团，维亚康姆致力于为全世界的受众提供娱乐内容。目前，该集团通过 MTV 电视网、BET 电视网和派拉蒙影业这三大世界级核心品牌实现了对儿童、青少年和成人目标受众的完全覆盖。

尼克儿童频道（Nickelodeon）隶属于维亚康姆集团旗下的 MTV 电视网，被誉为“世界第一儿童娱乐品牌”②，目前通过 150 多个本地频道，用 33 种语言向 161 个国家，约 7.9 亿个家庭提供节目。③ 尼克儿童频道于 1979 年 4 月 1 日在美国开播，以 2 至 11 周岁的儿童为目标受众。该频道坚持“孩子第一”的经营理念，目前已经将业务拓展至电视频道以外的电影、衍生品、网络、娱乐、主题公园和出版等诸多领域。从 1995 年开始，它一直是美国市场占有率最高和收视率最高的有线儿童频道，也是全世界最出色的儿童电视节目制作机构之一。尼克儿童频道的大部分原创节目诞生于好莱坞和纽约的尼克卡通工作室，以及佛罗里达环球制片厂的尼克工作室。④ 节目内容涵盖动画、电视剧、竞赛节目、综艺晚会等多种形式。节目曾经获得了包括“父母之选”（Parent's Choice）、艾美奖（Emmy Awards）、奥斯卡（Oscars）和博美奖（Promax）在内的多项大奖。2002 年该频道的原创动画电影 Jimmy Neutron 又获得了奥斯卡最佳动画特辑奖提名。⑤ 和迪士尼类似，尼克儿童频道已建立起一个庞大的儿童节目数据库（2001 年时已超过 2000 小时），目前可实现节目内容的全球流通。⑥

---

① Chalaby, J. K. （2005）. '*Towards an Understanding of Media-Transnationalism*', pp. 1 - 13 in J. K. Chalaby (ed.) *Transnational Television Worldwide*. New York: I. B. Tauris.

② Viacom. （2012）. *Giving Kids a Place To Be Kids*. http://www.viacom.com/ourbrands/medianetworks/Pages/nickelodeon.aspx.

③ Viacom. （2012）. *For Cutting-Edge Entertainment, We Speak Your Language*. http://www.viacom.com/ourbrands/medianetworks/mtvnetworks/Pages/mtvninternational.aspx.

④ Lustyik, K. （2010）. *Transnational Children's Television: The Case of Nickelodeon in the South Pacific*. The International Communication Gazette, 1748—0485; Vol. 72 (2): 171 - 190.

⑤ 雷晓艳．维亚康姆的经营战略以及对中国传媒的启示［D］．西北大学新闻传播学院，2006.

⑥ Westcott, T. （2002）. '*Globalisation of Children's TV and Strategies of the* "*Big Three*" ', pp. 69 - 76 in C. von Feilitzen and U. Carlsson (eds) *Children, Young People and Media Globalisation*. G? teborg: *The UNICEF International Clearinghouse on Children*, Youth and Media.

尼克儿童频道刚开播时仅仅是个植物科普频道，20世纪末已成长为一个举世闻名的儿童娱乐品牌。[①] 尼克儿童频道的第一轮扩张发生于1993年至1997年间，这一阶段包括了频道在西欧国家的开播，如1993年在英国开播，1995年在德国开播。此外，尼克澳大利亚频道（1995年），尼克泛拉美洲频道（1996年）和尼克北欧地区频道（1997年）都在这一阶段相继落地。第二轮扩张浪潮始于1998年，尼克儿童频道在这年得到了包括独联体和波罗的海国家在内的中东欧地区落地权，2000年，频道又在匈牙利成功落地。[②] 第二轮扩张还涉及亚洲地区的菲律宾（1998年）和印度（1999年）。在第三轮扩张过程中，尼克儿童频道延伸到了大洋洲（2000年落地新西兰）和亚洲（2001年落地新加坡，2002年落地香港）的部分国家和地区。在西欧地区，尼克荷兰频道、法国频道、意大利频道从2002年开始相继开播。伦敦成为负责美国之外所有尼克儿童频道运营的总部。

**2. 入华策略**

中国作为一个人口众多、地域广阔的亚洲大国，其巨大的市场潜力一直令维亚康姆集团垂涎不已。中国自然成为尼克儿童频道无法忽视的重要市场。事实上，早在1995年初，维亚康姆集团就以开展节目交换的形式进入中国市场，并在北京成立了办事处，开始制作推出《MTV天籁村》栏目。MTV音乐电视频道也成为第一批获准在中国的三星级以上酒店和涉外小区落地的境外媒体。中国加入世界贸易组织后，维亚康姆集团进入中国市场的步伐进一步加快。尼克儿童频道通过与唐龙传媒、CCTV少儿频道、上海文广新闻传媒集团的合作，迅速抢占了中国市场。[③] 2001年，维亚康姆总裁雷石东访问北京时拜会了当时的国家主席江泽民和国家广电总局局长等。访问期间，他与中国的合作者唐龙文化发展有限公司签订了关于通过100个有线频道、以每天半小时的频率向中国观众播放尼克儿童频道节目的合约。同年5月，该频道制作的《尼克知识乐园》通过唐龙的销售网络在中国100多个电视频道同时播出，业界视此为维亚康姆向中国电视市场发动攻势的标志。[④] 2003年3月26日，维亚康姆宣布旗下的尼克儿童频道与上海声像出版社正式合作，在中国发行该频道儿童节目的DVD/VCD音像制品。2004年

---

① Pecora, N. (2004). '*Nickelodeon Grows Up: The Economic Evolution of a Network*', pp. 15 - 44 in H. Hendershot (ed.) *Nickelodeon Nation: The History, Politics and Economics of America's Only TV Channel for Kids*. New York: New York University Press.

② Lustyik, K. (2003). '*The Transformation of Children's Television from Communism to Global Capitalism in Hungary*', unpublished PhD dissertation, University of Colorado at Boulder. Lustyik, K. (2006). '*Going Global? Children's Television in Transition in Central-Eastern Europe*', pp. 113 - 36 in H. S? ndergaard and L. H? jbjerg (eds) *European Film and Media Culture*. Copenhagen: Museum Tusculanum Press.

③ 雷晓艳．维亚康姆的经营战略以及对中国传媒的启示［D］．西北大学新闻传播学院，2006.

④ 卢爱芳．维亚康姆牵手唐龙文化——国际传媒巨头抢滩中国电视市场［N］．证券时报，2001—04—15（004）.

3 月，尼克儿童频道与中央电视台达成合作协议，向央视新开通的少儿频道提供尼克频道 90 分钟的节目，在央视少儿频道全面播出动画连续剧《猫狗》。2004 年 11 月下旬，尼克儿童频道与上海文广新闻传媒集团合作成立了上海东方尼克电视制作有限公司。这是中国 2003 年年底向外资开放媒体行业以来成立的首家中外合资媒体节目公司。[①] 该合资公司的主要任务是制作教育节目以及生动有趣的儿童节目，并面向全国市场发行，部分节目还将在其他尼克海外频道中播出。这标志着尼克儿童频道的节目正式进入中国市场。

纵观尼克儿童频道节目进入中国市场的整个过程，不难归纳出维亚康姆集团所采取的以下三个主要策略：

**(1) 公关先行**

作为国际传媒集团，维亚康姆积极发起的一系列面向政府的公关活动，在客观上促进了中美经济文化交流和中美关系的良好发展，也为维亚康姆开拓中国市场的活动创造培育了有利的政治环境。这种有利的政治环境反过来又为维亚康姆在中国的经营发展提供了保证，两者形成了良性互动。[②] 与当时美国在线、时代华纳、新闻集团等国际传媒集团麾下的外资频道直接进入中国电视传媒市场的方式不同，维亚康姆在进军中国过程中与中国政府展开了紧密合作。他们制定了“先中央再地方”“要想在中国立足，应该先替中国做些事情”的策略，一直充当着“亲善使者”的角色，不断加强与中国政府的有效沟通，博得政府的好感，从而获得了较大的生存空间。[③] 20 世纪 90 年代末以来，维亚康姆集团总裁雷石东频频访问中国，为尼克儿童频道在中国市场的开拓创造了良好的条件。1999 年，雷石东出席了在上海举行的“财富”论坛，其间得以拜会当时的国家主席江泽民和有关政府官员。临走时，他便宣布维亚康姆与中国中央电视台及上百家有线电视台合作的电视节目将进入 5400 万个中国家庭。同年 9 月，维亚康姆集团赞助了在美国举行的“中国文化周”主题活动，雷石东同时担任“中国文化周”顾问委员会委员。与此同时，维亚康姆还在中国中央音乐学院设立了奖学金。2001 年，雷石东的第二次访华便促成了尼克儿童频道与中国唐龙文化公司的合作，使该频道制作的儿童节目首次出现在中国内地。2002 年，雷石东第三度访问中国，并再次得到了江泽民主席的会见。《人民日报》2002 年 8 月 1 日在头版位置刊发新华社电讯《江泽民会见美国维亚康姆公司董事长——指出中国需要进一步了解美国，美国也需要进一步了解中国》。同时，其他领域的公关活动也全面展开。2003 年 2

---

① 冯戈．首家合资电视节目公司将成立［N］．国际金融报，2004—03—25（中国）．

② 张洁．媒介生态学视野下媒介集团的发展研究［D］．浙江大学传媒与国际文化学院，2007.

③ 李文静．世界传媒新霸主——雷石东［J］．传媒观察，2003，1.

月，维亚康姆赞助了国家广电总局下属的中国广播民族乐团到美国纽约、华盛顿、洛杉矶、拉斯维加斯四大城市进行巡回演出，在12天的旅程中，100多位中国艺术家在林肯中心、肯尼迪中心等地演出了精彩的中国民族乐曲，在当地引起强烈反响。维亚康姆集团为此提供了近2000万人民币的赞助。① 维亚康姆集团的公关行动取得了显著成效，2003年时，尼克儿童频道的节目每天可在中国100多个频道播出30分钟。②

**（2）内容为王**

维亚康姆集团非常重视内容建设，具有丰富的节目制作经验，而其雄厚的资金也使它可以垄断一些节目的转播权，因此，通过低价或免费提供儿童节目进入中国市场是其主要手段。维亚康姆旗下的MTV和尼克儿童频道都曾通过赠送、低价销售或者付出少量播出费用的方式进入中国内地的有线电视系统。同时，以节目换广告的形式进入中国市场也是尼克儿童频道采取的主要手段。以节目换广告是在中国电视台经济实力缺乏的情况下进入中国受众市场的一个有效方法，但也使跨国传媒集团蒙受了不少短期损失。③ 将《尼克知识乐园》提供给中国内地的地方有线电视台时，维亚康姆像ESPN一样将换取的广告时段交由自己的广告公司经营，但它并没有采取收取月费的方式。

**（3）借力政策**

尼克儿童频道在中国的出现可以被看作是国家议程和商业利益的共鸣。国家与跨国资本之间的战略合作首先发生在基础设施层面，然后才与文化内容有关。④ 早在20世纪90年代初，跨国媒体已经企图进入中国市场，但是，中国在传媒领域的诸多政策限制，使他们一时难以在中国市场取得进展。入世后，虽然中国在传媒领域的政策有所放松，但在内容生产和载体上都还有着严格的市场准入限制。例如，在电视领域，根据《服务贸易总协定》之《电信附则》规定，有线电视网络将不对缔约国开放。因此，中国加入WTO后，有线电视网络运营基本没有受到影响。在卫星电视上，虽然一些跨国传媒集团已经取得了部分地区的落地权，但根据中国《卫星地面接收设施接收外国卫星传送电视节目管理办法》和《广播电影电视部关于引进、播出境外电视节目的管理规定》，境外电视媒体只能在有限范围落地，且加密电视频道在有限区域落地的推广由中国国际电视总公司

---

① 冯青．维亚康姆的跨国媒体运作［N］．中国新闻报，2003—06—09（05）．

② 王学成．全球化时代的跨国传媒集团［D］．复旦大学新闻学院，2003.

③ 王学成．全球化时代的跨国传媒集团［D］．复旦大学新闻学院，2003.

④ Lustyik K. （2010）. *Transnational Children's Television: The Case of Nickelodeon in the South Pacific*. The International Communication Gazette，1748—0485；Vol. 72（2）：171 - 190.

代理执行。[1] 因此，尼克儿童频道在内容与渠道推进策略方面在中国都碰到了政策上的壁垒。2004年2月10日，国家广电总局发布的《关于促进广播影视产业发展的意见》明确指出，允许境外有实力有影响的影视制作机构与境内国有电视节目制作单位合资组建由中方控股的节目制作公司。[2] 政策的松动，为国外资本进入以及民营资本的发展提供了一个良好契机，也为尼克儿童频道节目正式进入中国市场开辟了道路。2004年11月，国家广播电影电视总局颁布的《中外合资、合作广播电视节目制作经营企业管理暂行规定》开始实施，允许外资进入节目制作领域，维亚康姆集团抓住机遇，迅速采取同上海传媒合作的途径使尼克儿童频道的节目进入上海。[3] 维亚康姆集团与上海文广新闻传媒集团合作建立的上海东方尼克电视制作有限公司便是借力政策的产物，这也标志着维亚康姆集团的中国业务布局取得了关键性进展。

**3. 本土化尝试**

每个国家特有的政策环境、文化传统决定着传媒企业在全球化的同时必须本土化。只有实行本土化战略，才可能适应当地的人文环境，熟悉其经济运行模式和企业经营方式，才能尽快了解当地的市场需求、消费心理，消除当地对外国资本的排斥和市场壁垒。注重节目内容的本土化，是传媒集团跨国界、跨媒介经营的必然要求，能在更大程度上满足观众需求，在市场竞争中赢得主动。本土化战略已经为越来越多的国际传媒集团所看重。维亚康姆集团便制订了“全球视野，本土运作”（Think globally，act locally[4]）的海外扩张策略。保持内容的本土化宗旨，使推广的品牌内容与当地受众的文化品位与感受相吻合，已成为维亚康姆集团开展海外业务的重要经验之一。在全球化的背景下，儿童节目也面临着与本土接轨的迫切需要。当尼克儿童频道进入全世界各个不同国家和地区时，也需要同当地的文化相结合，在美国式的节目中增添本土化元素。目前，尼克儿童频道已经建立了相对成熟的节目改造体系，在节目本土化方面具有出色的能力。多元化设计的节目可以让儿童学会如何在全球一体化的多元文化格局中与人相处，并重视、尊重来自其他种族、具有不同文化习俗背景的人，这也让尼克频道培养了世界性的忠实观众。[5] 该频道经常对内容进行调整、裁剪和本土化，以确保内容适合实际环境。尤其是尼克作为一个外国公司的品牌，在中国的发展很难以品牌效

① 王学成．全球化时代的跨国传媒集团［D］．复旦大学新闻学院，2003.

② 赵茹．MTV全球音乐电视网在中国市场的经营战略分析［D］．西北大学新闻传播学院，2006.

③ 张咏华，潘华，刘佳．境外媒体进入上海的现状与挑战［J］．新闻记者，2005，6.

④ Fung，Anthony.（2006）．*'Think globally，act locally'- China's rendezvous with MTV*. Global Media and Communication，2（1）：71—88.

⑤ 殷俊，陈维璐．尼克洛迪恩频道的节目模式［J］．现代传播，2006，5（142）．

应的方式进入，所以尼克儿童频道的节目在进入中国市场时，最看重的就是本土化。[①] 尼克儿童频道在中国的本土化战略可归纳为三个主要方面：

**（1）渠道本土化**

随着中国加入WTO，境外各大国际传媒集团也将视线牢牢锁定中国大陆的巨大市场，纷纷通过各种途径寻找落地平台。在当时中国既有的发行渠道用不上的情况下，维亚康姆只能实行外资传媒、中国本土发行商、中国电视台“三位一体”的合作方式。[②] 2001年，尼克儿童频道将本土化后的《尼克知识乐园》嫁接在唐龙的发行网络上，由电视台负责节目拍摄许可的获得、拍摄和终审，发行运营商负责节目发行和广告经营，而尼克儿童频道则负责提供素材。通过与本土渠道的合作，尼克儿童频道把《尼克知识乐园》这档风靡世界三大洲的经典儿童节目率先在中国的100多家省市电视台顺利播出。2003年3月26日，维亚康姆宣布尼克儿童频道与上海声像出版社合作，在中国发行儿童连续剧《少女心路》《柯南和柯尔》和《史哥特表哥》等节目的DVD/VCD音像制品。2004年3月，尼克儿童频道又与央视达成合作协议，向央视新开通的少儿频道提供尼克频道90分钟的节目，在少儿频道全面播出动画连续剧《猫狗》和《丽莎和她的朋友们》。该频道的《海绵宝宝》动画于2006年进入中国，在央视少儿频道与中国观众见面，并屡创收视佳绩。2010年2月，尼克儿童频道开始将原创动画片《爱探险的朵拉》通过中国教育电视台以及中国教育电视台早教频道面向中国的少儿观众播出。具体播出时间为：中国教育电视台2月1日起每日14:30，中国教育电视台早教频道2月13日起每日17:30。[③]

与新闻集团不同，维亚康姆集团刚进入中国时仍秉持“内容为王”的方针，并不涉足传输载体的经营。它的收入模式是贴片广告与收视费，成本主要是业务制作成本与频道租用支出。[④] 然而，中国的电视领域依然是载体挟持节目。维亚康姆要推广自己的节目，就必须寻求推广渠道，建立广泛的关系网络。因此，如果总是依靠卖节目而没有自己的传输平台，维亚康姆早晚都要受制于人。维亚康姆的决策者们显然也认识到了这一点。维亚康姆与上海文广新闻集团成立合资公司，目的之一就在于开发本土的传播渠道。根据维亚康姆集团与上海文广新闻传媒集团达成协议，双方将共同制作儿童节目，在上海文广新闻传媒集团的频道及

---

① 蔡祥荣，林升梁．尼克罗迪恩经营的启示［J］．市场周刊（研究版），2005，4.

② 胡怡林．文广合资的策略性游戏［N］．经济观察报，2004—03—29.

③ 新浪娱乐．《爱探险的朵拉》2月1日将登陆中国教育电视台［E］．http：//ent.sina.com.cn/v/2010—01—29/14122860911.shtml，2010—01—29.

④ 叶琦．维亚康姆：还能坚持“内容为王”吗［N］．中国经济时报，2001—09—19（04）.

下属媒体中播出，并按比例分配广告收入。[1] 有了与中国传媒巨头之一的上海文广集团的合作，维亚康姆就在很大程度上确保了其节目播出渠道的畅通性。此外，对于国际传媒集团而言，这种渠道的本土化联盟有利于降低或化解当地竞争对手的敌意，减轻进入成本，并实现对当地资源最大程度的利用。对于本地媒体企业来说，与外国媒体的合作，可以为本国媒体从业者提供最先进的媒介经营理念和制作技术，并带来新的视野、创意与启发。

**（2）内容本土化**

这里所说的内容本土化包含两层含义，首先是内容生产地域的本土化。例如，MTV 国际频道有 60％－70％的内容是在它的市场相关地生产的。如果当地有更本地化的内容制作商，MTV 甚至会直接购买，比如在荷兰，MTV 就购买了 TMF（THE MUSIC FACTORY）制作的音乐节目。[2] 上海东方尼克电视制作有限公司成立后，于 2005 年第一季度开始为中国电视台制作本土化的儿童类节目。目前，央视少儿频道播出的《海绵宝宝》和《爱探险的朵拉》的汉语配音工作均在中国完成。其次是生产本土化的内容。即针对当地的政策法规和观众的欣赏口味对节目进行本土化处理。维亚康姆集团在中国市场最典型的本土化例子莫过于与内地电视台共同制作、共同发行的《MTV 天籁村》《MTV 学英语》《MTV 光荣榜》和《MTV 明星档案》这四档本土化节目。1999 年，当时尚隶属于维亚康姆的 CBS 将真人秀节目《幸存者》卖给中国，进行汉语配音后播出。此外，与中央电视台合作、至今已成功举办十届的“CCTV—MTV 音乐盛典”也是维亚康姆打造本土化内容的经典案例。维亚康姆把这个节目带到了全球，为中国文化走向世界做出了贡献。尼克儿童频道也为中国观众量身制作了本土化的儿童节目。上海东方尼克电视制作有限公司利用尼克频道的品牌效应，以制作本土化的儿童电视节目为主，引进尼克频道的《蓝色线索》《孩子的选择》等名牌栏目的市场模式和制作理念，推出了包含现场综艺栏目、游戏栏目和动画栏目的《尼克时段》，并在全国 30 多个有线电视频道中播出，为上海文广传媒集团旗下的东方少儿频道和全国各电视台提供儿童节目，该节目还向世界 100 多个国家的 69 个频道播出。

**（3）人才本土化**

维亚康姆集团非常重视运用本地人才。本地人才对当地市场的认知度高，有利于降低经营风险与成本，增加当地观众的认同感。同时，本地人才也是制作本土化内容的主导力量。从早期的李霞、林海、张峥到现在陈正飞和朱珠，本地化

---

① 谢小芳．尼克少儿频道在中国的发展战略［J］．声屏世界，2005，5.

② 张志安，柳剑能．维亚康姆：征逐国际传媒业的 ABC 战略［J］．传媒观察，2004，6.

的主持人一直是MTV中国频道的一大亮点。而迄今为止的三位维亚康姆中国区负责人也皆由中国面孔担纲。维亚康姆在尼克儿童频道中国化的过程中，大力使用本土专业技术人才，以打造适合中国观众的节目。在管理层面，尼克儿童频道充分使用本地经营人才，注重将自身先进的经营管理经验与本土的文化背景相结合。这些本地人才为尼克儿童频道节目在中国的传播起到了非常关键的作用。

随着中国化进程的不断深入，尼克儿童频道的《海绵宝宝》目前已成为中国收视率最高的动画片之一，曾覆盖3亿多家庭用户，每周在中国的15个城市有两千万的观众都在收看该节目，在儿童群体中引发了“海绵宝宝热”。2008年末，《海绵宝宝》已进入了大约2050万个中国家庭。根据央视索福瑞媒介研究公司在2008年12月25至2009年2月4日的收视调查，《海绵宝宝》在4—12岁电视受众群的收视排行中位居第一。[①] 2009年11月到2010年1月期间，《海绵宝宝》成为CCTV综合频道收视率季军，吸引了1220多万收视观众，在4—14岁收视群中取得了9.24%的收视份额。[②] 2010年4月29日，第六届中国国际动漫节2010“美猴奖”在杭州揭晓，尼克儿童频道制作的《海绵宝宝》获得了“美猴奖”外国动画系列连续片奖。[③]《海绵宝宝》新一季节目内容的获奖，证明这部风靡全球的动画片在中国继续受到广大少年儿童观众的认可。此外，尼克儿童频道与中央电视台少儿频道共同制作的“孩子的选择”（Children's Choice）欢乐盛典已覆盖全国3亿户家庭。在上海，备受欢迎的《爱探险的朵拉》系列节目已通过东方电视台覆盖330余万户家庭。[④] 继《爱探险的朵拉》风靡中国后，作为其姐妹篇，中英双语儿童动画片《迪亚哥》（GO，Diego，GO）2013年1月由广州艺洲人文化传播有限公司引进发行，这标志着尼克儿童频道在开拓中国市场的进程中又迈出了坚实一步。此外，尼克儿童频道在中国的消费产品领域也成绩斐然，通过与广州艺洲人文化传播有限公司的合作，《海绵宝宝》《爱探险的朵拉》等内容产品都已实现了多类别品牌延伸。以海绵宝宝为例，相关衍生产品便包括毛绒表情抱枕、公仔、洗脸棉、沐浴棉、拼图玩具、冰箱贴、笔袋、书包、拉杆箱、保温杯等三大类（玩具、文具、生活用品）90余种（图3—3—1）。

---

① 金星．海绵宝宝热在国内升温15城市收视率居首位［E］．http：//www.zhongman.com/cartoon/newdt/gnnews/20090219/12192736680.html，2009—02—19.

② 中国网络电视台．尼克中文官方网站上线启动仪式［E］．http：//nick.cntv.cn/20100204/110564.shtml，2010—02—04.

③ 中国网络电视台．尼克中文官方网站上线启动仪式［E］．http：//nick.cntv.cn/20100204/110564.shtml，2010—02—04.

④ 网易娱乐．梅燕出任MTV中国区首席执行官［E］．http：//ent.163.com/09/0504/16/58FUN4U1000335TL.html，2009—05—04.

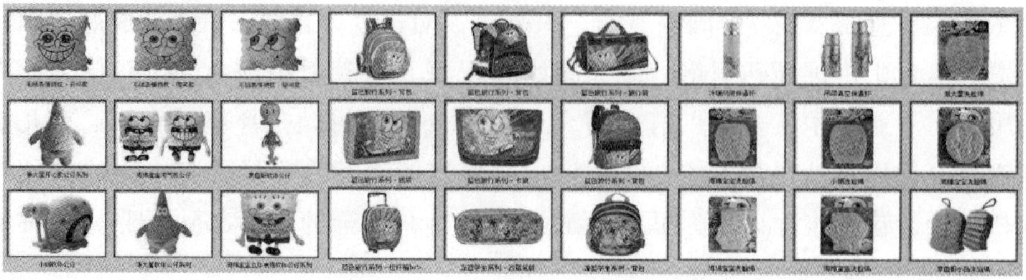

图 3－3－1　海绵宝宝系列衍生产品

4. 数字化拓展

在全球范围内，数字技术和网络技术的飞速发展使一系列互动性强、个性化鲜明的数字媒介纷纷登上历史舞台，改变了人们对媒介的接触形态、媒介消费方式和媒介使用习惯。面对数字媒介平台的发展，作为传媒产业中具有举足轻重作用的综合性国际传媒集团，纷纷探索数字时代新的突围之路。① 在本世纪初，维亚康姆曾经是唯一一家经受住互联网诱惑的国际传媒集团。当时，维亚康姆并没有参与数字媒体与旧媒体的并购浪潮，而是继续围绕着核心业务一步步开疆拓土。虽然维亚康姆集团在 20 世纪通过收购、兼并、控股等方式，建立了涵盖多种媒介形态的渠道平台，但单纯依靠传统的广播、电视、电影等媒介平台吸引和影响受众的策略已远远不够，媒介技术的革新是无法逆转的趋势。面对数字媒体的汹涌而至，维亚康姆集团适时调整战略，尤其是在互联网和手机媒体的应用方面，开展了强大的建设和推广工作，力求在数字媒体领域占据一席之地，建立一个完整的新旧媒体平台来整合推销内容产品。② 2004 年，维亚康姆集团卖掉了经营状况不佳的百视达录像带租赁公司，在某种意义上标志着维亚康姆开始调整战略走向。维亚康姆一改以往一味强调“内容为王”而忽视渠道作用的经营战略，逐渐认识到数字技术的不可或缺性。将互联网与自有品牌捆绑在一起，不断并购数字媒体资产，创建规模化的数字平台对内容产品进行整合营销，成为集团的新战略。

维亚康姆不但建立了自己的 MTV（www. mtv. com）和尼克（www. nick. com）官方网站，还不断地并购其他网站，从而建立起庞大的数字媒体体系。MTV 音乐网站开通不久就成为了线上音乐娱乐网站的领导品牌，如今已是全球头号娱乐网站和全球网络中点击量最大的网站之一。它旗下的尼克网则是美国儿童的首选娱乐网站。维亚康姆还拥有总部设在加州的儿童网站尼奥宠物网

① 袁丽娜．数字时代国际传媒集团的转型之策［J］．出版参考，2010，3.
② 沈辉．维亚康姆：纵横捭阖的内容帝国［J］．媒介，2009，12.

（www. neopets. com，2005 年花费 1.6 亿美元并购得来），从而将维亚康姆在儿童节目方面的优势从电视进一步扩展到互联网。维亚康姆还曾一度拥有美国在线游戏服务公司 Xfire（2006 —2010）。

**（1）打造互动式数字媒体平台**

传统媒体时代，报刊、广播、电视过于依赖单一的广告收入，经营风险居高不下。随着传播技术的进步，信息的获取与分享方式逐渐多元，给传统媒体带来挑战的同时，也提供了多样化的传播渠道与平台，使得丰富营收来源成为可能。利用移动互联网技术积极发展互动式数字媒体平台，为手机、平板电脑和其他新型移动终端提供内容服务，已成为尼克儿童频道在数字媒体时代的主要经营策略。目前，尼克儿童频道同时拥有 17 个手机平台和 111 个线上平台。如尼卡德在线（Nickarcade. com），沃利丰无线移动视频发布平台（Verizon Wireless' V Cast mobile video），按需点播视频系统（video-on-demand），TurboNick 网站的视频点播服务（broadband video with TurboNick）和基于 iPod＋iTunes 平台的视频资源等。[①] 早在 2003 年，尼克儿童频道便利用孩之宝公司推出的便携式个人视频播放器“随时看”（Video Now），让儿童观众实现了可以随时观赏其节目录像的愿望。此后，该频道启动了宽带内容战略，推出 TurboNick 网站，经营多个网络电视的内容，为儿童提供适时视频服务。它还和美国沃利丰无线公司达成合作协议，在沃利丰的拓展 V 型发布平台上发布其移动视频节目，向移动电话用户发送适合手机接收的短小视频。2005 年 10 月，尼克儿童频道开通“尼克移动”（Nick Mobile），这是一种专门用来发布该频道儿童节目内容到各种移动设备中的手提装置。观众可以利用这个装置下载尼克频道的节目作为手机铃声、开机画面，并订阅文本信息内容。尼克儿童频道还采取多平台推广方式来为其新节目做宣传，如《神奇宠物》（The Wonder Pets）这部动画片的片断首先通过旗下“尼克幼儿”（Nick Jr.）子站的宽带服务和沃利丰无线 V 型移动电话服务与观众见面。对高新技术的开发利用确保尼克儿童频道的内容无处不在，从而扩展了观众收看尼克节目的时间和空间，也给观众提供了一种全新的收视方式，使得父母有更多机会与孩子一起观看节目，大大增加了收视人群数量。更为重要的是，掌握拥有消费能力的家长，就能增加广告收入。[②] 同时，多元化的渠道与平台可以最大程度地分摊制作成本，促进业务营收多样化，化解一味依赖广告收入所带来的经营风险。

---

① 殷俊，陈维璐．尼克洛迪恩频道的节目模式［J］．现代传播，2006，5（142）．

② 殷俊，陈维璐．尼克洛迪恩频道的节目模式［J］．现代传播，2006，5（142）．

（2）开发移动应用程序

近年，智能手机和平板电脑的市场占有率不断上升，传统媒体纷纷开发相应的应用程序，抢占移动终端市场。维亚康姆亦不例外，他们积极和其他公司共同推广数字媒体业务，并与设计商合作，开发数字媒体应用程序。2007 年，维亚康姆与著名软件设计商 Adobe 所共同开发的手机嵌入式软件正式投入使用。根据维亚康姆与 Adobe 的合作协议，这套手机嵌入式软件可用于支持手机用户无限收看 MTV 音乐台所制作的手机电视节目内容，这无形中也增加了维亚康姆在手机增值服务市场的终端优势。2009 年 2 月，尼克儿童频道宣布，面向苹果公司的 iTunes 在线下载平台专门推出首个适用于 iPhone 和 iTouch 用户下载的内容产品系列。该产品系列以尼克频道热播动画节目《海绵宝宝》《爱探险的朵拉》和青少年互动自创节目秀《我是卡莉》（iCarly）为内容基础。尼克还推出了在线游戏网站：Shockwave. com 和 AddictingGames. com，为 iPhone 用户提供手机视频游戏内容下载服务。截至 2012 年 4 月，尼克儿童频道已在苹果应用商店发布了 47 个适用于 iPhone 的应用程序（图 3－3－2）和 26 个适用于 iPad 的应用程序(图 3－3－3)。

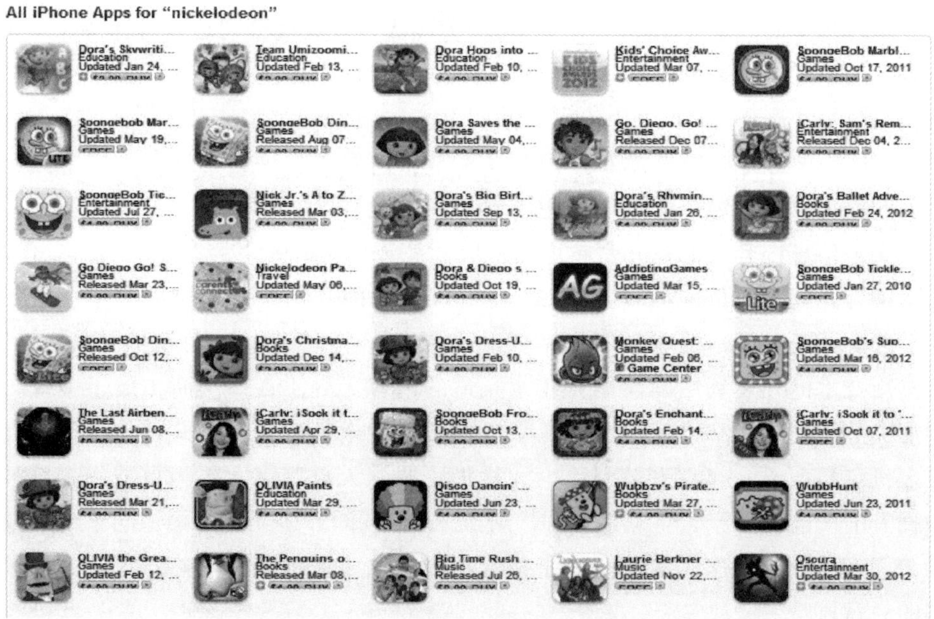


图 3－3－2　尼克儿童频道开发的 iPhone 应用程序

图 3－3－3　尼克儿童频道开发的 iPad 应用程序

尼克儿童频道对于移动应用程序的开发并没有局限在单一的 iOS 系统。2010 年至今，该频道又相继开发出适用于 Android 手机系统的应用程序“尼克官方频道”（NICKELODEON）、“尼克幼儿频道”（NICKELODEON JUNIOR）、“逗逗海绵宝宝”（Talking SpongeBob）、“海绵宝宝拼图”（Spongebob Jigsaw Puzzle）、“馅饼抢夺者”（Patty Snatchers）（图 3－3－4）和“朵拉骑彩虹”（Dora's Rainbow Ride）等，安装 Android 系统的手机用户可以在应用商店 Google Play 上下载这些应用程序。

图 3－3－4　尼克儿童频道开发的 Android 系统游戏应用：馅饼抢夺者（游戏界面截图）

然而，尼克儿童频道在中文版移动应用程序的开发方面却显得较为滞后。在当前用户数最多的 iOS 和 Android 两大系统平台上，仅能搜索到“海绵宝宝智力拼图”这一个汉化应用程序（图 3－3－5）。该游戏应用发布于 2013 年 3 月 28 日，在苹果应用商店的售价为 0.99 美元，目前只适用于 iPhone。由此可见，移动数字媒体平台在尼克儿童频道拓展中国市场过程中起到的作用非常有限。在移动互联网与社交媒体时代，移动数字平台对媒体品牌营销的积极影响力正日趋增强，其在媒体产品本土化进程中的助推作用，亟待受到国际传媒集团的重视。

图 3－3－5 尼克儿童频道开发的 iOS 系统中文版游戏应用（游戏界面截图）

**（3）细分市场**

美国传播学者梅尔文·德弗勒（Melvin L. Defleur）从行为主义视角出发，认为媒介信息包含着特定的刺激性，这与受众的个性特征有特定的相互作用。[①] 由于受众的心理结构各不相同，个性特征相异，受众对信息的理解亦不尽相同。因此，掌握受众的各种心理特征及其内在联系，有利于提高传播效率，反映目标受众的群体利益与诉求，促进共同兴趣的发展。早在 20 世纪 60 年代，美国传媒业就开始从满足大众需求向满足部分人和某方面需求转变。以受众为依据，细分市场，面向特定群体进行内容定位，从彼时起逐渐内化为传媒业的基本操作理念。在传统媒体时代，维亚康姆就已非常注重受众细分，在旗下的几大品牌中，MTV 主要定位青年群体，NICKELODEON 是美国儿童观众心目中的第一品牌，BET 关注黑人受众，LOGO 则为同性恋群体提供娱乐内容。

在数字媒体时代，维亚康姆继续坚持细分市场的策略，有针对性地为受众提供在线内容。尼克儿童频道在网站的板块与内容设置上，通过受众细分实现了对各年龄段少儿用户的全覆盖。例如，“尼克幼儿”子站（www. nickjr. com）是尼克儿童频道官方网站（www. nick. com）中特别设计的一个板块，致力于为 2 至 5 岁的学龄前儿童提供节目。作为联结父母与学前儿童的第一在线平台，“尼克幼儿”子站能够使整个家庭共享丰富的信息，共同体验游戏的乐趣，家长还可从中

① 陈文莉．试论受众本位意识［J］．新闻大学，2000，夏．

获取育儿技巧。而尼克网上的视频频道 Turbonick（www. nick. com/turbo）则把 5 至 11 岁的儿童观众作为目标对象，后者能够在该版块无限制回看尼克儿童频道中自己最喜欢的内容，同时还能在网上玩视频游戏，按照自己的喜好制作节目播放清单。① 而“尼克青少年”子站（www. teennick. com）则属于 11 至 18 岁青少年用户的小天地。

在细分市场策略的实施过程中，尼克儿童频道并没有将目标局限在少儿受众身上，而是将目标受众围绕儿童这一核心圈层进行延展。2013 年 2 月 8 日，尼克儿童频道宣布，将通过旗下的幼儿频道推出针对妈妈观众的全新节目内容。这一被称为“尼克妈妈”（NickMom）的新栏目将从 2013 年秋季起每天晚上 9 点至凌晨 1 点播出②，这恰好是孩子休息、妈妈们可以放松观看节目的时间段。尼克频道同时宣布将为“尼克妈妈”创作逾 50 个各类原创子栏目，包括脱口秀、单人喜剧表演、真人秀、动画片等，具有较强的娱乐性，充分考虑到年轻妈妈的收视兴趣。2012 年年末，同名网站（www. nick*mom*. com）已经上线（图 3－3－6），目前以分享各类幽默视频、照片、原创贴为主。这一网站将陆续加入游戏、社区等功能，为 2013 年秋“尼克妈妈”节目的播出造势。此外，尼克儿童频道还宣布通用磨坊食品公司（General Mills）、塔吉特超市（Target）等知名企业已成为“尼克妈妈”节目的赞助商。

妈妈群体是儿童消费的重要决策者，尼克频道此次计划在其幼儿频道开办“尼克妈妈”栏目，主要目的在于通过节目继续挖掘她们在儿童消费领域乃至家庭日常消费领域的商业价值，这从“尼克妈妈”目前的赞助商通用磨坊食品公司以及塔吉特超市的背景就能看出。细分市场使得目标受众清晰可辨，优化传播效果的同时也提高了广告投放效率。

同时，尼克频道在“尼克妈妈”节目正式播出之前便率先推出了同名网站，并有计划地通过网站收集受众反馈信息，造势扩大影响，使频道节目与网站形成良好的互动与宣传体系。不同于电视频道与网站联合制作节目、播出或广告搭售的常规“台网联动”模式，“尼克妈妈”采用的是线上拓展，借助频道品牌逐步向互联网延伸的策略，这对中国少儿类电视频道一心关注线下资源、争开实体店、销售玩具的传统衍生品经营模式或是一个新启示。

---

① Viacom.（2012）. *Giving Kids a Place To Be Kids*. http://www. viacom. com/ourbrands/medianetworks/Pages/nickelodeon. aspx.

② 中国儿童产业研究中心. 美尼克少儿频道：发现妈妈的“商业价值”［E］. http://baby. china. com. cn/2012－02/21/content_4828089. htm，2012－02－21.

图 3-3-6 “尼克妈妈”首页（局部）

**（4）与本土数字媒体合作**

维亚康姆在中国市场的本土化过程中，数字媒体战略同样扮演着重要角色。2005 年 4 月 27 日，中国移动通信集团公司和维亚康姆旗下的 MTV 全球音乐电视网在北京联合宣布双方正式签署阶段性合作协议。中国移动于当年 5 月初推出了移动梦网音乐频道，并发布了一个以客户对无线音乐产品真实定制、下载量为数据基础的音乐榜单——“无线音乐排行榜”，同时还在移动梦网音乐频道上开辟以 MTV 品牌命名的“MTV 音乐专区”，推出 MTV 独有的音乐娱乐内容服务。[①] 2007 年，维亚康姆继续与百度和中国移动合作，向互联网用户和手机用户传播内容。2010 年 2 月 4 日，尼克儿童频道和央视网动画频道共同搭建并合作运营的尼克中文官方网站（http：//nick. cctv. com）正式上线（图 3-3-7）。[②] 尼克中文官方网站由“首页”“海绵宝宝”“爱探险的朵拉”“新闻活动”“衍生产品”和“联系我们”等六大板块构成，不仅提供尼克儿童频道丰富的原创内容：卡通节目在线视频、焦点角色介绍、尼克儿童频道的热点新闻和线下活动，还提供以卡通人物为主角的免费在线游戏及墙纸下载。以“海绵宝宝”板块为例，少儿观众不仅可以随时随地在线点播这部动画片的所有 211 段视频，还有“喂食凤尾鱼”“蟹堡王餐厅”“穿越弹坑”“傻瓜龙拯救鲸鱼公主”“海怪大追击”等 27 个在线游戏供他们选择。

2011 年，尼克儿童频道还与腾讯网、乐看网建立了合作关系，进一步在数字媒体领域开拓中国市场。在腾讯网儿童频道，《爱探险的朵拉》已经拥有了高度本土化的中文主页（http：//kid. qq. com/dora/）（图 3-3-8）。该中文主页内容

① 高剑巍．中移动联合 MTV 战略合作 推移动梦网音乐频道［N］．国际金融报，2005-04-28（03）．
② 中国网络电视台．尼克中文官方网站上线启动仪式［E］．http：//nick. cntv. cn/20100204/110564. shtml，2010-02-04.

丰富，寓教于乐，下辖“游戏大丛林”“朵拉涂鸦王国”“动画过山车”“趣味加油站”“小小手工匠”“厨师训练营”和“活动驿站”等七大板块。儿童用户不仅可以在线点播中文版动画节目，还可以玩在线视频游戏，学习制作小手工和美食。同时，该主页具有较强的互动性，有力促进了线下品牌延伸。3 至 14 周岁的小朋友只要参加“朵拉涂鸦王国”板块中的“朵拉涂鸦秀”活动，为各式各样的朵拉卡通形象涂色，就有机会免费参加尼克儿童频道提供的亲手制作蛋糕体验课程，并获赠海绵宝宝精美礼品。在乐看网（http：//kids. lekan. com/），中国儿童观众能够免费点播完整版的《海绵宝宝》（1—5 季，共 150 集）（图 3—3—9）和《爱探险的朵拉》（共 51 集）。

图 3－3－7　尼克中文官方网站首页（局部）

图 3－3－8　腾讯网《爱探险的朵拉》中文主页（局部）

图 3-3-9　乐看网的《海绵宝宝》节目库

本部分简要梳理了维亚康姆集团旗下尼克儿童频道的全球扩张步伐及其进入中国市场的过程与策略，并以该频道在中国新旧业务的开展情况为线索，重点考察了尼克儿童频道的本土化战略与数字化转型。研究发现，尼克儿童频道的全球扩张步伐非常迅速，只用了不到 10 年时间就完成了从欧美、大洋洲到亚洲的全球布局。由于每个国家的政策宽松度不尽相同，尼克儿童频道在各个国家和地区的本土化程度也存在较大差异，西欧大部分国家已经允许制作与播出本土化的尼克儿童频道，中东欧和亚洲的部分国家和地区允许原版的尼克儿童频道落地，而中国目前仍不允许该频道完整落地，尼克儿童频道只能以输出节目内容与资本合作的形式进入中国市场。在进入中国这个世界上人口最多、市场潜力最庞大的国家时，尼克儿童频道采取了公关优先、内容为王、借力政策等策略，并在渠道、内容与人才这三个方面全力推进本土化，《海绵宝宝》和《爱探险的朵拉》这两部动画片在中国儿童观众群体中形成了一定知名度与美誉度。近年来，维亚康姆逐步开始实施数字媒体战略转型，特别是尼克儿童频道充分开发并利用数字媒体平台整合营销内容产品，在数字媒体领域占据了一席之地。

不可否认，与 MTV 相比，尼克儿童频道在中国市场的本土化进程进展缓慢，至今没有实现完整频道的落地，而节目数量的有限也制约了其影响力的进一步扩大，这与其所受到的政策约束有关。同时，尼克儿童频道的数字媒体产品虽然在美国已进入千家万户，但针对中国受众开发的数字媒体应用仍极其有限，大大制约了该频道在中国市场的本土化进程。2009 年，由于受到金融危机与媒介环境变革的影响，维亚康姆的多项经营收入出现下滑，一些海外节目投放计划被迫中止，这也对尼克儿童频道进一步开拓中国市场造成了负面影响。总体上看，维亚康姆旗下虽然拥有众多数字平台，且平台播放许可费和辅助业务收入一直呈略微增长的趋势，但增长数值太小，无法弥补传统内容产业出现的收入下滑。维亚康姆集团的内容生产能力虽然强大，但收入状况受到广告市场波动影响较大，同时也比较依赖版权保护的效果。受众媒介接触习惯的变化和互联网企业的商业模式都会对传统的内容生产和销售模式形成冲击。① 作为以生产内容为主的国际传媒集团，维亚康姆的内容产品需要借助多元分销平台尤其是数字平台，充分提升其价值，增加价值获取能力，以实现数字媒体环境下内容生产的可持续发展；同时加快数字媒体平台的本土化转型，加强数字媒体在本土化进程中的推动作用，在中国传媒市场相关政策许可的情况下尽力拓展在中国市场的份额。

在全球化与数字媒体语境下，国际传媒集团的跨国运营实践与战略转型经验对中国本土传媒集团而言具有较大的参考价值。中国本土传媒集团在走向海外市场的过程中须要在打造内容竞争力的基础上做到知己知彼，充分研究海外市场的政策法规，提升版权保护意识，增强媒体产品的文化软实力，尊重海外受众的阅听习惯，而不仅仅只是增加资本和硬件的投入。同时，对跨媒体整合、多元化发展尚不普遍的中国传媒业而言，国际传媒集团的数字化经营战略所带来的启迪意义不言自明。中国传媒集团近年来致力于数字媒体的利用与开发，通过构建完备的数字媒体分销渠道，大大提高了内容到达率。广电集团通过战略联盟的方式在内容、技术、渠道、终端四个方面实现了全面整合；报业集团主要将旗下的报纸进行数字化处理，如建立自己的新闻网站，少数报纸还开发了移动应用程序；出版集团则着力打造一体化的内容运营平台，大力发展电子书，拓展各种移动终端形式的多元化阅读体验。

但是，新兴的移动互联网时代要求的是“化学反应”而不仅仅是“物理结合”，拥有数字媒体渠道的同时，传统媒体不能仅将生产的内容直接嫁接于新型媒介平台，而应着力实现媒介更新与内容再生产的同步和交互。中国本土传媒集团首先需要转变内容生产模式，根据数字媒体的接触习惯和传播规律，更新内容生产思维，打造有别于传统媒体的全新内容与服务。集团旗下的媒体在经营官方微博时，不应只是简单地将传统媒体上的内容复制到微博中，而应考虑到数字媒体受众的阅听习惯与需求，创新内容编排，增强内容的互动性与新鲜感；同时，加大自身对应用程序的开发与投入，在经营好既有应用程序平台的基础上，打造出一批具有品牌效应的应用程序，为受众提供多元信息服务。维亚康姆集团旗下媒体开发的各种适用于 iOS 与 Android 平台的应用程序，涵盖了新闻、娱乐、生活等多方面内容，这些数字分销平台目前已成为集团收入增长的重要驱动力。

---

① 韩晓宁，王鑫．维亚康姆业务发展困境分析［J］．青年记者，2010，10（28）．

其次，本土传媒集团应把内容生产与用户个性服务有机结合。只有主动了解数字媒体用户的个性化需求，积极提供特色化服务，才能提高用户的忠诚度。科技新闻网站 Techmeme 的编辑马亨德拉·帕素雷（Mahendra Palsule）2013 年 3 月发表文章称，网络已进入了“相关性时代”（The Age Of Relevance）。[①] 他认为，新的潮流已经出现，网络正在从简单的社交共享转向提供个性化的、具有相关性的内容。这个潮流的关键元素在于，配合社交图谱的兴趣图谱变得越来越重要。维亚康姆集团在传统媒体和数字媒体上坚持细分受众的经营策略，根据受众的年龄与肤色生产差异化内容，不仅避免了内容错位与资源浪费，同时提高了传播的针对性与有效性。《海绵宝宝》和《爱探险的朵拉》是维亚康姆引进中国最成功的两档少儿动画节目，在中国本土传媒集团旗下的各种平台播出时，并无明确的受众年龄划分。而尼克儿童频道在生产这两部动画片时，则把《爱探险的朵拉》目标受众年龄定位为 2 至 4 岁，《海绵宝宝》定位为 5 至 8 岁，其细分受众的标准之苛刻，给人留下了深刻印象。

再次，在数字媒体时代，信息复制与传播的便捷性使得版权纠纷问题空前突出。在这种环境下，本土传媒集团更应重视利用数字技术提高版权保护水平。当前，传媒业的数字化转型已渐入佳境，而传统内容产业一旦被数字化，盗版现象也随之而来。因此，寻找出产业的可持续增长模式，成为传媒业面临的一个新挑战。对于版权的保护和重视一直以来都是内容提供商维亚康姆的看家本领，但基于制度上的一些缺失与国情的差异，本土传媒产业多年来一直饱受版权侵犯问题的困扰。目前来看，“云服务”或是一个解决之道。从主机、个人电脑、互联网发展至现在的“云服务”，信息产业不断冲击、影响着人类的生产方式和生活方式。本土传媒集团应当认识到，无论是影视、音乐还是报刊、书籍，都可以通过“云服务”提升终端用户的数字化体验，从而引发后者的自发性消费。换言之，“云服务”有可能成为本土传媒集团在数字化时代提升版权保护水平的重要途径。

最后，善于借助社交媒体扩大传媒品牌的衍生效应。尼克儿童频道借助腾讯网举办网络涂鸦比赛，获胜的儿童观众可以免费体验制作蛋糕课程，维亚康姆借助新兴媒体实现线上与线下互动，继而扩大品牌影响力的做法值得充分借鉴。本土传媒集团需要增加对社交媒体的开发投入，重视社交媒体的传播力量，在移动互联网平台上借助社交媒体与受众展开在线互动，促进线下交流。在开通博客、微博客、轻博客、播客、社交网站以及其他新型社交媒体应用的基础上，本土传媒集团应当充分利用这些平台，展开内容营销，开发数字衍生产品，打造品牌活

① Palsule, Mahendra.（2012）. *The Age Of Relevance*. http://techcrunch.com/2012/03/03/the-age-of-relevance/, 2012—03—03.

动，让更多的受众通过社交媒体参与到内容生产制作过程中，提高他们的媒介素养与主人翁意识；同时，社交媒体平台的搭建，也为本土传媒集团开展线下活动提供了更多便利，有利于提高自身在受众心目中的认知度与美誉度，扩大品牌影响力。

## 四、中国传媒集团的破局之道

进入2013年，随着自媒体与小微媒体的涌现，传媒环境的变革正走向深入。作为媒体“航母”的传媒集团，已处于战略转型的关键时期。皮尤研究中心“卓越新闻计划”发布的《2012美国新闻媒体报告》显示，2011年，美国传统媒体中报纸的受众和收入减少比例最高（分别减少了4.0%和7.3%），杂志次之，在线媒体的受众和收入则分别增长了17.2%和23.0%。[①] 中国传媒界同样受到影响，根据中国广告协会报刊分会的统计数据显示，2012年1月至10月期间，传统媒体中报纸的广告收益呈负增长状态。[②]

近几年来，中国众多传媒集团纷纷推出门户网站和数字化内容，尝试“全媒体”转型和数字化营销，但总体看并没有达到预期效果。传统媒体集团要把握数字化未来，必须分析在线新闻信息流和新闻消费趋势，优化新闻生产实践，以此寻找破局之道。

### 1. 制定“全媒体”框架

自从中国传媒实现产业化以来，理念的改革一直被认为是最重要的问题之一，理念的变革不断推进中国传媒实践的改革。在数字媒介生态中，传媒集团面临着更加严峻的竞争，理念革新显得尤为重要。理念再造是理念改革的最高形式，在新媒介生态竞争中，传统的新闻生产思维、媒介经营思想和组织运行方式已经不适宜，理念革新是中国传媒集团顺利实现战略转型的重要前提。

未来传媒的发展趋势是：以用户和市场为导向，以技术为驱动，以平台为基础。而这些就要求传统传媒集团实施“全媒体”战略，来顺应传媒业发展的新趋势。同时，当下全球的数字媒体攻势凌厉，互联网广告投放量已超过报纸广告，媒体边界被无限打开，传统传媒集团的危机感正在加重。平面媒体的读者尤其是年轻读者正加速流向互联网和移动互联网。从长远看，中国传媒集团要进一步做

---

① Pew Research Center′s Project for Excellence in Journalism.（2012）. *The State of the News Media 2012*. http://stateofthemedia.org.

② 中国广告协会报刊分会.2012年10月中国报纸广告环比下滑41.7%. 中文互联网数据研究资讯中心，2012—12—22.

大做强，“全媒体”与国际化是必由之路。

“全媒体”结构的形成，基于数字媒体与传统媒体两种传播模式的结合，各取优势，互补短处，形成一个综合的信息传播和互动的平台。在这一整合中，读者、观众、网民和各类移动终端用户等各类媒介的受众资源整合是其中的枢纽。“全媒体”需要做到受众整合、内容整合、经营整合，最终形成机制融合。

“全媒体”的机制融合是最核心的融合。在任何系统中，机制都起着基础性的、根本的作用。传统媒体构建的舆论场呈现出主导性、权威性和专业性的特点，传统媒体引导力很强，这是其优势所在。数字媒体构建的舆论场有多样性、自发性、情绪性、广泛性、参与性和对话性等特点，这些特点带来的互动优势是传统媒体所没有的。这两个舆论场有很大的互补性，中国传媒集团应该将它们充分联动与融合，才能够真正形成一个有效的新型舆论场。

数字媒体转型赋予传统媒体集团的使命，实际上是在数字化信息传播技术打破了传统媒体原本在渠道和终端上的垄断局面后，如何借助高度共享性的数字化渠道和终端，实现更为开放、自由和便捷的海量信息整合、加工和传播。中国传媒集团在新型媒介环境中，不应当仅仅满足于做一个产品的拥有者，而应当争取成为一个平台的开发者和资源的整合者。

传统媒体内在的传播逻辑是“媒体本位，内容为王”；互联网遵循的逻辑是“开放分享，用户中心”。当下，传媒集团不能纠缠于内容为王、渠道为王、终端为王、体验为王的狭隘视角，必须紧紧围绕用户展开运作；唯有通过积聚资本、技术、人才，通过体制机制转换，通过植入互联网基因，通过直接投身移动互联网，寻找并积累新用户，才能真正提升自己在数字媒体时代的竞争力。

而最为关键之处在于，上述理念需要传媒集团高层管理者与采编工作者的深度内化。传媒集团的高层管理者决定着集团未来的战略发展和转型，也决定着传媒集团的组织结构和运作方式。他们是集团向“全媒体”与国际化战略转型的决策者、领导者和传播者。在新型媒介生态竞争中，传媒集团的高层领导者和管理者必须认识到向“全媒体”转型的战略意义；传媒集团的其他中层管理人员是集团向“全媒体”战略转型的传播者和解释者，他们必须能够清醒意识到集团实现全媒体转型的必要性；此外，传媒集团的采编人员是集团向“全媒体”战略转型的执行者。只有传媒集团内部的普通工作人员意识到这种战略转型的必要性，才能顺利推进传媒集团的组织革新，进而实现集团向“全媒体”的转型。

**2. 深耕新媒介平台**

多媒体信息平台解决了“全媒体”融合发展所面临的大部分技术瓶颈，但如果还是利用原有的采编系统——平面媒体只传送文字和图片，广电媒体仅仅发布音频和视频——显然无法实现互联网和移动互联网时代的战略转型。

中国传媒集团眼下应当着力建设基于互联网、移动互联网的传播终端体系。在互联网和移动互联网飞速发展的技术支撑下，信息的实时传递和多格式共享已不再是问题。同时，信息终端产品的智能化和便携化发展，更为信息传播提供了更为充分和便捷的个性化空间。基于这些技术背景，终端的融合就成为传媒集团转型的核心要义之一。对于传媒集团而言，只有凭借强势的原创内容，借助相关技术手段，充分占领各种智能化终端，才能够最终实现信息的价值。因此，对于传统媒体集团而言，需要尽早构建适应互联网和移动互联网的传播终端体系。这一传播终端体系应借助互联网和移动互联网已有的渠道和平台，借力发展读者、观众、听众、网民、移动终端用户等各类信息受众。

在大众传播时代，新闻消费周期为一天两次：早上阅读报纸，晚上收看电视新闻节目。数字媒体时代，互联网和移动互联网的出现推动新闻消费向即时化发展，用户随时随地都可以获取新闻。同时，以往的新闻消费主要是工作环境以外的，但计算机成为工作环境的基本配备以来，相当多的人选择在工作时间和工作地点获取在线新闻。[①] 一方面，电视、笔记本、手机、iPad 等电子媒介正在搅动着受众的视觉；另一方面，印刷媒介仍然拥有着巨大的生命力。于是，在原有的新闻消费模式——早上阅读报纸，晚上收看电视——之后似乎还需要补充两条——坐下用电脑，路上用移动终端。在互联网与移动互联网时代，这四类媒介或将平分秋色，在受众的生活中承担起不同的媒介消费需求。因而，传媒集团进行“全媒体”战略转型的实质，并不是摒弃传统媒介、一味抢占移动终端，而是整合传统媒介与新型媒介，在做好传统媒体的同时，深耕数字媒体平台，让后者成为传媒集团的新增长点。

目前，移动通信技术与互联网的结合已经带来网络的“持续联结性”。在这种情况下，深耕数字媒体平台的关键在于开发移动在线新闻技术。目前，在线新闻的互动性和多媒体性仍未得到彻底发掘。传媒集团应将用户反馈视为提升新闻质量和多元性的手段，引导更多用户成为合作生产者，推动参与式新闻的发展，尤其是在重大事件的报道上，应充分利用数字媒体平台的即时性、移动性与互动性，提高用户的参与度与黏性；同时，根据受众特点打造相应的互动应用，创建志趣相投的新闻生产社群，促进新闻编辑室、精英作者和用户之间的互动对话；再者，在丰富媒体多元性上下功夫，以数据新闻和创新的视觉故事打造更好的信息产品，开发应用程序以方便记者和编辑在多平台上自动发布内容相同、格式与

---

① Boczkowski, P. J. (2010). *News at work: Imitation in an age of information abundance*. Chicago: University of Chicago Press.

表达方式相异的新闻。

**3. 内容与社交同步**

媒介变革时代，内容生产仍然是中国传媒集团的核心竞争力，优质的内容产品体现了传媒优良的价值观和传媒责任。但由于外部媒介环境的剧烈变化，传媒集团在内容生产方面需要持有复合型思路。

随着社交媒体的流行，自媒体和小微媒体随之崛起，新闻专业主义理念和新闻职业认同也在不断转型。“客观性”是当代新闻专业主义理念的核心，但数字媒体时代新闻的无所不在降低了仅仅报道事实的价值，新闻如果还是停留在“事实”陈述层面，将很难吸引用户的注意力。《达拉斯早报》CEO的观点是：在线新闻要聚焦于“PICA”：观点（Perspective）、解释（Interpretation）、情境（Context）、分析（Analysis）。① 换言之，新闻价值不再仅仅包括事实验证和信息整合，同时也包括对事件意义的解释和平衡观点的提供。

这样一来，分化的新闻生产策略就显得尤为重要。数字媒体时代，新闻消费模式的即时化、工作化和移动化，增加了新闻消费的可能性和多样性，推动在线新闻生产向更为即时性的方向发展；但用户在消费新闻时仍然更看重新闻的可信度。要解决即时性和可信度之间的矛盾，首先，传媒集团可以尝试将新闻编辑室拆分为两个小组，一组专门生产即时性新闻，重在发掘突发性公共议题，全天候即时更新，以突出的标题和导语在最快时间吸引受众注意，并适当利用第二手信息源；另一组专门生产精选的新闻，重在生产对受众有吸引力的深度新闻，采用传统的原创采编流程，适当延长新闻生产周期。② 此外，加强对新闻事实的交叉验证，尤其是即时性新闻的事后审读和精选新闻的事前审读，在新闻生产的即时性和可信度之间达成平衡，确保传媒集团的公信力优势。

其次，传媒集团应在集团层面建设数字化信息生产平台，实现集团下属各媒体信息资源的整合，实现信息的专业生产、客户生产、用户生产的“三位一体”。专业生产是指专业新闻工作者在新型采编机制中借助信息技术手段生产的各种信息内容；客户生产是指广告客户所提供的关于产品、服务和企业的信息内容；用户生产是指媒体用户在专业人员导引下生产的个性化信息内容。采用“三位一体”的信息生产模式，可以解决传统媒体开展综合性信息服务所需要的海量信息如何生产的问题，也有助于解决信息的质量问题。以此为基础，传统媒体集团就

① Christensen，C. M.，Skok D. & Allworth J.（2012）. *Breaking News：Mastering the art of disruptive innovation*. Nieman Reports，66（3），6—20.

② Potts，M.（2007）. *The chasm*. http：//recoveringjournalist. typepad. com/recovering _ journalist/2007/11/the-chasm. html.

有了内容生产模式转变的可能，从以主要依赖专业人员进行的新闻内容生产为主的模式转变为“全媒体”形态的综合信息内容生产并提供即时信息服务为主的模式。综合性的信息生产，主要是指传媒集团在原有新闻等公共信息生产基础上拓展公众个人需要的个性化信息，以及企业需要的商业信息。①

中国主流传媒集团积极建设数字媒体平台，但在与受众互动、双向传播层面尚有很大的发展空间。目前，中国的数字媒体平台还以媒体提供内容为主，很少有受众共同参与内容建设，受众的活跃程度也不高。借鉴国际主流媒体，CNN 的 iReport 激励受众自拍自编自传，同时也是公益活动 freedom project 的展示平台；BBC 的 iPlayer 具有社交功能，促进了受众间基于媒体内容的互动。借助数字媒体平台，2010 年 3 月 8 日至 3 月 21 日，BBC 世界新闻和 BBC 网站共同推出 BBC Super-Power 活动，运用同步网络翻译机，使讲阿拉伯语、汉语、英语、印尼语、波斯语、葡萄牙语和西班牙语的国际受众同时在线交流，打破语言和地域的束缚。Super-Power 系列活动让 BBC 全球受众通过电视、互联网和手机彼此互动，这是受众对数字媒体超级能力的一次集体体验，同时也是 BBC 内部探索多团队合作、探索未知领域的有益尝试。而数字媒体中的翘楚——《赫芬顿邮报》更是将受众参与做到了极致。该网络媒体 2012 年 8 月中旬发布了视频直播应用 HuffPost Live，目前已实现了每天 16 小时的不间断直播。该应用产品的特点在于：多数内容都是以脱口秀形式就时下热点展开讨论，嘉宾则包括《赫芬顿邮报》的写手、第三方专家和观众，有些会被邀请到 HuffPost Live 位于纽约和洛杉矶的工作室参与节目，但更多的人则是通过谷歌 Hangout 或 Skype 参与。用户可以直接在主页面右侧的评论栏中实时评论，主持人则随时从中挑选精彩评论加以引用；用户还可以点击标题下方的“Be An On-Air Guest”按钮申请成为出镜评论员。（图3－4－1）最后，HuffPost Live 的视频内容还可以嵌入至《赫芬顿邮报》中，从而实现新闻产品的滚动利用。一言以蔽之，用户参与互动所产生的信息构成了 HuffPost Live 的全部内容。此类移动应用程序能够给转型中的中国传媒集团带来很大启示：数字媒体时代，传媒竞争的实质是用户之争，如何吸引受众、留住受众，成为传媒集团转型成败的关键。而答案也是显而易见的：打造具有品牌效应的原创内容固然是基石，但不断涌现的基于移动终端的数字媒体让受众注意力的转移变得更加容易，因而让受众充分参与媒体内容的制作有可能成为复杂媒介环境下留住受众的一个讨巧之策。中国传媒集团所开发的数字媒体平台，也应积极打造能够吸引国内外受众参与的节目，毕竟受众体验是数字媒体的最大优势和最佳传播方式，

---

① 宋建武．传统媒体集团向综合信息服务商的转型［J］．新闻与写作，2011，01（6）．

更有利于提升品牌价值，增强受众黏度。

图 3-4-1　HuffPost Live 界面截图

再次，传媒集团可尝试发展以“大规模定制”为基础的新型信息服务产品。即以新闻等公共信息服务产品为核心，依托数字化信息生产平台，根据社会各方面需要，生产各类新型的信息服务产品。完成这一转型的关键步骤就在于将“大规模定制”引入传统媒体生产领域。大规模定制（Mass Customization，MC）是指在先进技术的支持下，根据客户的个性化需求，以大批量生产的低成本、高质量和高效率提供定制产品和服务的生产方式。① 显然，信息产品是一种特别适合大规模定制的产品。以此方式进行生产，能够有效解决信息需求的共性与个性之间的矛盾，以及信息生产的成本问题。通过大规模定制，还可以有效克服以往信息生产的模糊性，更直接地指向定制者的信息需求，实现信息的个性化生产和精确传播。建立在信息大规模定制基础上的信息传播，必然是一种精确传播和个性化传播。这类实用性极强的信息，无疑可以通过对定制者收费实现价值补偿，而其中附加的非定制信息推送服务，又可以成为广告服务的一种新形式。信息内容的生产和营销在此实现了有机结合。

总之，中国传媒集团的“全媒体”转型不能陷入全力打造数字媒体内容的误区，而应注重传统媒体内容生产（主要是深度新闻产品）与数字媒体内容生产（主要是即时互动新闻产品）的有机平衡，同时开发“大规模定制”增值信息服务，最后在集团“全媒体”大框架下，促进这三类信息产品的交互渗透，从而在数字媒体时代的受众新闻消费模式（早上读报纸，晚上看电视，坐下用电脑，路上用移动终端）中实现全息覆盖。

---

① 1970 年，美国未来学家阿尔文·托夫勒（Alvin Toffler）在《未来的冲击》（Future Shock）一书中提出设想：以类似于标准化和大规模生产的成本和时间，提供客户特定需求的产品和服务。1987 年，斯坦·戴维斯（Start Davis）在《完美未来》（Future Perfect）一书中首次将这种生产方式称为“Mass Customization”，即大规模定制(MC)。

4. **速度与深度共生**

如前所述，向“全媒体”转型已经成为传媒集团实现可持续发展的重要战略。但是，中国传媒集团的机制和组织机构是建立在传统媒体运作的基础之上的，这并不适应于目前“全媒体”的运作。因而，要成功实现中国传媒集团向“全媒体”战略的转型，必须要实现真正意义上的体制创新和组织革新，摒弃传媒集团已成惯例的运营模式和工作方法，以工作流程为中心，重新设计经营、管理及运营方式。

在数字化背景下，传媒集团的组织革新就是要彻底消除资源重组和协同运作的障碍，从制度上和管理上给予保证，从而提升传媒集团“全媒体”的竞争力。传媒集团实施组织革新的目的是促进责、权、利相结合，建立高效、融洽的组织系统，其核心是建立一种利于实现过程整合的分工与协作架构。因而，组织革新对于提升传媒集团全媒体的竞争力具有重要意义。

根据组织理论，组织变革的目标就是要使组织适应环境，在不断变化的环境中求得生存和发展。从系统组织理论的观点来分析，组织是一个多变量的系统，其中任何一个变量发生变化，其他变量亦会发生相应的变化，而且组织的变化必须与环境相适应，同时，不断创新组织的内容。① 中国传媒集团的组织革新是一项复杂而又系统的工程，要注意目标统一与分工协调的原则。

在数字化背景下，中国传媒集团转型升级的首要任务就是要实现产业结构从报业一体化（垂直整合）向“全媒体”（水平整合、跨媒体）和多元化（跨行业）转变。“全媒体”经营对于习惯传统经营的传媒集团来说是极大的挑战，这个挑战能否取得成功关键靠人才。因而，人才再造是传媒集团组织革新的基础，没有合适的人才，组织革新只是流于形式。目前流行着一种认识上的误区，即一味强调“全媒体记者”在媒体转型过程中的迫切需求。而事实上，无论媒介形态如何变化，深度阅读与视听的需求仍然存在；而随着信息碎片化的加剧，受众也进入了获取即时信息的“审美疲劳”阶段，有态度与独特视角的深度信息产品将在数字媒体平台上继续获得认可。《经济学人》认为，平板电脑深度阅读的黄金期已经到来，深度阅读在数字时代仍将生存。根据皮尤研究中心 2012 年的调查数据，使用平板电脑阅读的受众（包括 25 岁以下用户）中，有 42％经常深度阅读（每日阅读时间超过两个小时），40％有时深度阅读。换言之，传统记者生产的深度报道或调查节目并非无人问津，而是需要增加阅听平台。

据上述认识，数字化背景下传媒集团实现人才再造的关键策略实际上在于分

① 朱方明，陈敬贵．组织理论与国有企业组织革新［J］．经济体制改革，2003，3.

化人才的引进机制：在内容生产方面，既要引进深度新闻记者，又要吸纳擅长“全媒体”操作的采编团队，后者隶属于集团的“全媒体中心”，负责独立采写即时新闻，编发各个数字媒体平台的信息产品，并对深度记者的作品进行二次加工，实现信息产品的多平台使用；在经营发行方面，集团则需要通过各种渠道引进数字媒体和“全媒体”传播的经营人才，比如从数字媒体企业等组织引进相关人才，后者能给传统的传媒集团带来新的技术和理念，为传媒集团组织革新提供人才保障和智力支持。

第二个方面，组织机构再造也是传媒集团组织革新的重要环节。组织机构是组织行为发生的载体，科学、合理的组织机构会产生高效的组织行为。目前，国外大部分传统媒体已分离出单独的部门来操作在线新闻，形成了在线新闻编辑室。数字化部门一开始可能仅为技术部门，但随着数字化进程的加快与深入，在线新闻编辑室已经发展出包括记者、编辑和技术人员在内的完整架构，原来服务于记者和编辑的技术团队更是成为核心力量。在中国传媒集团的机构再造中，则需注重“全媒体中心”的建设。在数字媒体时代，吸引庞大受众的关键在于：在任何时间、任何地点、任何终端上，同时提供适合该终端的文字、图片、影音、搜索、互动与社交服务，且每一种终端都需要提供极佳的用户体验。要做到这一点，传媒集团就需要一个“全媒体中心”发挥总指挥部职能，根据不同终端、不同受众的特点，重新设计信息产品的投放与呈现方式。而要充分发挥“全媒体中心”的功能，避免使之成为虚张声势的“傀儡部门”，重塑业务流程便成为绕不开的改革任务。传媒集团需要彻底打破传统的按职能设置部门的管理方式，以“全媒体”业务流程为中心，重新设计集团的经营与管理流程，从而实现生产模式的层级开发、多次利用，发布渠道的多媒介展示以及发布方式的灵活多样。

传媒集团在转型过程中，简单的数字化解决不了由采编为中心向受众为中心转变的问题。打造与移动互联网的接口，实质就是要通过一种体制机制的转换，来适应移动互联网的文化与运营方式。因此，传媒集团不能在原有的体制下让某个部门转向来担此职能，而应采取一种全新的方式来组建一个新部门（即“全媒体中心”），从采编、广告、发行、技术等各部门混合选调业务骨干组成“先头部队”，并从外部引进移动互联网专家和新生力量，对即时新闻产品进行重新包装设计；同时，传统的深度记者则应继续致力于生产传统新闻产品，不必被“全媒体记者”的头衔搅乱方向，追求“事事精”的结果便是“事事庸”，这对深度写作与摄制而言无疑是大忌。上述两类新闻生产者在数字媒体时代的传媒集团中应是一种共生关系，而“两套人马”设置也是传媒集团进行组织革新的一个最终落脚点。

**5. 新型商业模式探索**

对于同时拥有纸质和网质的传媒集团而言，这无疑是其他媒体无可比拟的优势。但面临传统媒体和数字媒体长期共存的现状，该如何发展，使两者结合产生“1＋1＞2”的结果，成为中国传媒集团当下亟待思考的课题。针对平面媒体的内容生产成本和渠道成本，扩大其规模，是降低成本的一种传统思路，即将平面媒体的内容移植到移动互联网，重复使用记者的信息产品，降低单位信息的成本。但问题在于单位信息的成本降低之后，该成本是否有产出，该产出是否能产生交换价值，目前尚未明确。传媒集团的网站与移动终端应用是否能成为投资价值，需要依靠受众的点击量来决定。目前新增的网民大部分在农村地区，老网民的浏览习惯相对难以改变，因为浏览一个新的网站或下载一个新的移动应用程序的价值难以抵消转移成本。因此，传媒集团在转型过程中需要构建新型商业模式：在移动终端重构内容的基础上，大量发展线下俱乐部与受众组织，同时广泛使用受众生产的内容，让受众参与到相关主题的编辑流程中。

中国传媒集团应适时从以 B2C 业务为主的信息服务模式转向以 B2B 和 B2P（企业对专业客户）为主的信息服务模式。传统媒体的信息服务业务，主要是以新闻信息为主体的公共信息服务，作为大众传播媒体，这类信息服务属于典型的面向普通公众的 B2C 业务。这类信息服务，以媒体广告服务的收入作为其价值补偿方式。然而，随着传统广告业务式微，长期来看，以广告服务的收入作为公共信息生产价值补偿方式的传统媒体商业模式已经难以持续，对习惯了信息“免费午餐”的普通消费者收取信息服务费的商业模式在中国一时难以广泛建立与推广，这就迫使传媒集团需要转型为综合信息服务商，主要通过面向各类政府和商业机构（B2B）以及面向专业人员（B2P）提供有偿信息服务，从而建立新型商业模式。

近年来，国内外传媒集团在向数字媒体转型过程中已经做出了种种尝试，尽管许多尝试并不成功，但确为传统媒体行业的转型发展提供了宝贵经验与教训。分析这些尝试的经验和教训，不难得出一个规律：许多努力都囿于试图找到一种基于新技术的终端，可以让传统媒体实现“新瓶装旧酒”式的终端平移，从而一劳永逸地解决转型问题。而搜索引擎和社交媒体的成功却提供了另一个关键信息：没有新媒体，只有新服务。中国本土传媒集团必须通过革新生产理念、应用新型信息技术，开发新型信息服务与商业模式，重塑组织架构，方能在业态急剧变革的背景中走上转型之路。

*　*　*　*　*　*　*　*　*　*

在市场全球化与媒介变革时代，以经营跨国业务为特征的国际传媒集团实际上同时面临着海外市场准入环境与数字化浪潮的双重挑战。我们以维亚康姆集团作为研究对象，考察其数字化战略转型与本土化运营实践。鉴于数字媒体对传统业务不确定的影响力及对内容产业的坚守，维亚康姆并没有参与本世纪初的第一次数字媒体并购浪潮，仅是发展业务形态单一的 Web 1.0 互联网业务。在第二次数字媒体浪潮开始后，维亚康姆采取较为主动的转型战略，全面进入多媒体数字领域，发展宽带、移动通信、视频点播、网络游戏等数字业务。维亚康姆集团数字媒体战略的实施路径主要是在坚持“内容为王”的前提下，将数字媒体作为传统业务的分销渠道。维亚康姆一直将生产一流的内容作为核心业务来发展，坚守内容供应商的阵地，同时借助数字媒体拓展多平台分销渠道。

维亚康姆的战略转型存在两个明显特点。其一，转型时机方面，维亚康姆并没有在数字媒体时代一味跟风抢先，而是采取适时转型的策略，这虽与当时 CEO 雷石东的保守不无关系，却也使集团幸运地躲过了世纪之交的互联网泡沫；其二，转型方式上，维亚康姆坚持“内容为王，拓展渠道”的策略，在追逐媒介变革与创新潮流、采纳数字化战略的同时，并未简单地摒弃以往“内容为王”的方针，并未放弃对于传统内容生产的把控，而是在并购、开发各种数字资产的同时，依然以内容生产为核心，真正将创造内容与媒介形式创新有机结合，从而做到了“总体大于部分总和”。

而以新闻集团为代表的传媒集团采取的则是另一种数字媒体战略，即直接收购数字媒体企业。收购的方式看似便捷，但收购后这些集团却面临着传统媒体与数字媒体的整合问题。美国在线时代华纳的最终拆分以及新闻集团对 MySpace 的惨淡经营都显示出传统传媒集团在数字媒体时代还有很长的路要走。

从 21 世纪以来几家国际传媒集团实施数字媒体战略的情况来看，通过内容分销，逐步吸收数字媒体，将自己的传统业务与数字媒体平台紧密结合这一路径相对来说更显成效。时代华纳在经历了第一次互联网浪潮的并购失败后，最终选择了回归传统业务，从电影、电视、出版和游戏四个方面实施数字化转型。时代华纳的做法在一定程度上证明了这一点。

同时，应当看到，以维亚康姆为代表的国际传媒集团的数字媒体战略始终在不断地调整和适应中，战略实施的不稳定主要是由于环境的变化和经验的缺乏。从维亚康姆近几年的数字媒体营收数据中可见数字媒体平台的驱动力依旧有限。维亚康姆从 2005 年开始加大数字媒体投入，2006 年涉足游戏业务，将自身的音乐资源纳入游戏之中，在 2008 年获得成功。但 2009 年的后续产品却并没有获得预期收益，收入又大幅下降。这虽与当时的金融风暴有关，但也反映出维亚康姆对数字媒体市场认识不足，缺乏新业务的运营经验。另一方面，维亚康姆在海外市场面临的法律和政策、经济、文化等挑战也在一定程度上阻碍了其数字媒体战略的施展，国际广告市场的不稳定性也让维亚康姆时常感到经营的被动。

基于此，我们在第三部分选取维亚康姆旗下的尼克儿童频道作为个案分析对象，考察在媒介变革语境下维亚康姆集团在中国市场的运营实践。相对于其他国际市场，维亚康姆集团在中国遇到了较强的政策壁垒，大多数节目只能以内容与资本合作的形式进入中国市场，且播出时间和时长也受到严格的限制。而在开展数字化战略过程中，维亚康姆也只能以原创内容嫁接本土网站的形式在中国市场展开经营，大大延缓了其本土化进程。维亚康姆在美国市场开发了大量社交媒体应用程序，这些基于移动终端的数字媒体对海外市场的推动作用，目前亦尚未显现。

数字化犹如一把双刃剑，对传统国际传媒集团造成挑战之时，也为它们打开了一扇新的窗口。如何利用频频涌现的新型数字媒体，开展基于多媒体平台的业务经营，同时创新内容生产理念，让各种数字化渠道与传统内容产业相互促进、共同发展，成为国际传媒集团下一步亟待思考的课题。无论是国际传媒集团还是本土传媒集团，未来都需要用实践来回答，如何在移动互联网与社交媒体交织的媒介大变革时代实现内容生产与渠道搭建的完美融合，继而实现媒介更新与内容再生产的同步和交互。传统传媒集团有必要将这两个旋律结合在一起思考，方有可能实现数字化转型所带来的可持续发展。

# 第四章　迪士尼：“一只老鼠”的“全媒体”转身

20世纪90年代，全球媒体巨头经历了一场史无前例的的并购浪潮，其中不断革新的信息传播技术是其核心推动力之一。网络数字技术的发展推动新的媒介种类和产业部门的产生，传统媒体业、新兴媒体业以及通信产业部门之间的障碍日益模糊，国家之间的联系更加紧密。为在新一轮变革中找到立足之地，世界大型跨国传媒集团纷纷开始拓展数字媒体业务，并进一步明确了全球市场战略。我国人口众多，市场潜力巨大，各大传媒巨头几乎都表示了强烈的兴趣。另一方面，我国自身也在进行媒介集团化和产业化的尝试，从国有媒体到民营资本，从传统媒介到新兴媒介，中国政府和传媒业界都在向全球媒介的发展趋势靠拢。但从目前来看，我国传媒产业在规模、结构等一系列方面，与世界传媒集团还有一定差距。这就使得研究和借鉴国际上传媒巨头有关发展经验具有现实意义。这是本研究的缘起。

迪士尼是世界五大跨国传媒集团之一，也是世界娱乐传媒业的巨头，研究迪士尼如何运用内容和品牌优势实施数字化战略转型、扩张数字化渠道，具有一定的代表性和典型意义。在数字媒体技术开始广泛发展的时候，迪士尼最初的应对有些迟钝缓慢。1999年迪士尼收购Infoseek开通Go.com门户网站，宣布进军互联网市场，然而仅仅两年时间，Go.com就因为巨额亏损而宣布关闭。之后迪士尼积极调整数字媒体战略，立足于自身内容发展数字平台，终于使网络部门在2003年的时候获得盈利。2008年，迪士尼整合了旗下的互动工作室和迪士尼互联网集团，成立迪士尼互动部门，作为除了媒体网络、主题公园、影视制作和消费品的第五大部门，集中管理游戏和在线服务，如今已推出多款受欢迎的游戏和应用。

尽管数字媒体发展的前景仍不甚明朗，然而媒体融合的趋势却无法阻挡。对迪士尼集团在当今数字媒体时代的生存和发展概况进行深度剖析，能够帮助我们深化对西方发达国家传统传媒业的生态环境和发展趋势的认知，同时，为我国传媒集团的产业化国际化发展和数字媒体战略的实施提供具有可操作性的参考，以期有助于提高中国传媒产业的整体实力和在国际传媒市场中的地位。

## 一、“一切都从一只老鼠开始”：迪士尼的发展历史和战略

迪士尼的发展史，可从以“一只老鼠”为主角的动画为产品典型的动画制作谈起。

### 1. 从动画制作到主题公园经营

20 世纪 20 年代是迪士尼公司的开创年代。1923 年，华特·迪士尼和他的哥哥罗伊·迪士尼成立了迪士尼兄弟制片厂（The Disney Brothers Studio），与 M. J. Winkler 签约制作爱丽丝喜剧系列（Alice Comedies）。① 1926 年，新制片厂华特·迪士尼工作室（Walt Disney Studio）在好莱坞建成。1928 年，迪士尼公司的动画影片《威利号汽船》公映，主角米老鼠一夜成名。在“大萧条”的背景下，这些有人情味、滑稽搞笑的卡通人物，为美国人的生活带去了欢乐。1937 年，世界上第一部长篇动画电影《白雪公主和七个小矮人》（Snow White and the Seven Dwarfs）首映，创造了空前的票房收入，并赢得奥斯卡奖。②

二战期间，迪士尼公司的业务曾经一度停摆。战争结束后，迪士尼开拓了更为广泛的经营范围，从原来的电影与商品扩充到电影、电视、主题公园和玩偶商品四大业务。首先，电影制作是迪士尼公司的核心业务，20 世纪 50 年代，迪士尼公司的影片进入了产量、质量的黄金年代。10 余年中，迪士尼几乎拍遍了所有的童话题材，《睡美人》《101 忠狗》《石中剑》等都是难得的佳作。③ 动画形象和动画影片不仅为迪士尼带来了不菲的收入，还增加了公司的知名度，为公司长期稳定的发展奠定了良好的基础。随着影片的热映，迪士尼开始进军电视领域。1950 年，迪士尼的第一个电视广播节目《奇妙王国一小时》首播。1954 年，迪士尼公司与美国广播公司合作，制作由沃尔特·迪士尼主持的电视节目《迪士尼乐园》，介绍迪士尼乐园并宣传迪士尼影片，之后还陆续推出了《米老鼠俱乐部》、电视剧《佐罗》等节目，均获得巨大成功。④

1955 年 7 月 17 日，投资 1000 万美元的迪士尼乐园在加州洛杉矶建成开放。⑤ 在这个世界上第一个现代意义上的主题公园里，迪士尼把动画片中的灯光、道

---

① Davis, A. M. (2006). *Good girls and wicked witches: Women in Disney's feature animation*. Eastleigh. John Libbey, 73.

② 董观志，李立治．盈利与成长——迪士尼的关键策略［M］．北京：清华大学出版社，2006：4—9.

③ 周鸿铎．世界五大媒介集团经营之道［M］．北京：经济管理出版社，2005：60.

④ Budd, M. & Kirsch M. H. (2005). *Rethinking Disney: Private Control, Public Dimensions* [M]. Wesleyan University Press, 103.

⑤ Giroux, H. A. (2009). *The Mouse that Roared: Disney and the End of Innocence*. Lanham. MD: Rowman & Littlefield, 35.

具、场景表现到现实中，并与传统游乐园功能相结合，使得它成为了全球著名的旅游景点，它不仅吸引了儿童，成年人也十分乐于游览。迪士尼将主题公园这种媒介外的文化活动场所与自身的媒体活动有机地结合在一起，开拓了新的商业模式，体现了媒介在当代社会文化中的又一种渗透。①

1966 年，沃尔特·迪士尼的逝世使得迪士尼公司经历了动荡不安的过渡期。直至 1985 年，迪士尼公司一直都陷入在无边无际的高层权力纷争之中，经营业绩一落千丈，甚至面临着严重的收购危机。唯一值得称道的是迪士尼公司在 1983 年成立了试金石电影公司（Touchstone），并拍摄了电影《美人鱼》。②

**2. 收购危机·复苏振兴·全球化扩张**

1984 年，在成功化解收购危机之后，迪士尼公司新任 CEO 迈克尔·艾斯纳（Michael Eisner）带领迪士尼走向复苏振兴。艾斯纳使得迪士尼公司在快乐文化的基础上更加商业化。③ 他充分挖掘迪士尼的品牌效应，迅速扩大其各项业务领域。

20 世纪 90 年代初，迪士尼公司把经营重点从主题公园和度假村建设转移到电影和媒体网络。改革后的迪士尼相继推出了《比利华山庄的落魄》《无情人》《漂亮女人》等叫座的实景电影。与此同时，艾斯纳延续了迪士尼优秀的动画制作传统，发行了一批质量过硬的动画电影，《小美人鱼》（1989）、《美女与野兽》（1991）、《阿拉丁》（1992）的成功热映，都为公司带来了知名度和高额的票房收入。④

电视节目虽不是迪士尼的强项，但它是公司宣传的重要途径。1983 年，迪士尼频道（The Disney Channel）在有线电视网播出。然而，由于规模较小，迪士尼的电视节目价格实际上一直被其他电视台操纵。1995 年，迪士尼以 190 亿美元购得美国广播公司（ABC），这是当时美国历史上金额名列第二的并购案。ABC 广播电视网覆盖全美 25％的地区，其分支机构遍布全美，对其的收购使得迪士尼的节目有了宣传和播出的平台。由于 ABC 已建立了健全的海外发行网并参与多个国家的电视台经营，迪士尼可以借此进一步扩张公司的国际业务；而 ABC 旗下的 ESPN 频道也有很高的市场地位和品牌影响力，已开办 ESPN、ESPN2、ESPNews 和 ESPN Classic 有线频道、ESPN 广播网、ESPN 杂志和 ESPN Sports-

① 张咏华．大众传播社会学［M］．上海外语教育出版社，1998，216.

② 董观志，李立治．盈利与成长——迪士尼的关键策略［M］．清华大学出版社，2006，17.

③ Giroux，H. A. （2009）. *The Mouse that Roared：Disney and the End of Innocence*. Lanham. MD：Rowman & Littlefield，34.

④ 董观志，李立治．盈利与成长——迪士尼的关键策略［M］．清华大学出版社，2006，18.

zone。[①] 这次收购使得迪士尼的节目制作和传播销售一体化，整合了垂直产业链的上游和下游。美国著名的投资专家沃伦·巴菲特认为这是一笔最合适的投资，其合并的意义在于：世界上最好的媒介产品公司与世界上最强的媒介渠道公司结合起来了。[②] 合并之后的迪士尼已成为一个集广播电视、书刊、音乐作品、出版、影视动画节目合作、名牌产品于一身的，世界上规模最大的、经营范围最广的综合性文化娱乐和媒体公司之一。

2001 年 7 月 23 日，迪士尼公司以 53 亿美元资金收购了福克斯家庭全球公司，并改名为"ABC 家庭频道"。[③] 这不仅使迪士尼获得了福克斯公司的节目库，还使迪士尼的产品可以通过有线电视向全球开展推广。通过这两次并购，迪士尼基本建立起了自己的媒体网络。现今，媒体网络是迪士尼公司五大业务组成部分之一。

除了媒体网络，迪士尼还在奥兰多、东京、巴黎、香港相继建立了迪士尼主题公园，并对其加强广告宣传、推进项目创新，使得公园的经营得到改善。此外，迪士尼充分运用品牌优势，专门设立了消费品公司来管理迪士尼的特许经营和零售业务。在艾斯纳的带领下，截止到 21 世纪初，迪士尼公司凭借着众多卡通形象和电影明星，在电影、电视、主题公园、特许经营等方面均有所收获，已经成为最具商业价值的娱乐传媒品牌。2002 年，迪士尼的品牌价值高达 292.6 亿美元，在世界知名品牌中排名第七，在传媒和娱乐业中排行第一。[④]

### 3. 初识数字化

2004 年，由于 43%的股东投票反对，在迪士尼工作了 21 年的艾斯纳被免去董事长职务，并于 2005 年离任 CEO。艾斯纳任职期间，迪士尼的资产获得巨大扩张，他将 4 个主题公园发展为 11 个，开通 2 条迪士尼巡航路线；旅馆从 2500 个增加到 32000 个；拥有全球数十个广播和有线网络；重组动画工作室，使用电脑制作新片。而另一方面，他的一些盲目投资和收购导致了若干战略上的失误。1992 年欧洲迪士尼乐园开幕，但由于缺乏对欧洲人消费观念和消费习惯的研究，使得乐园遭到抵制，频频亏损。1998 年，迪士尼并购了当时全球著名的搜索引擎网站 Infoseek，开通门户网站 Go. com。然而由于巨额亏损，2001 年初迪士尼宣布关闭 Go. com。皮克斯动画工作室原本一直与迪士尼保持着良好的合作关系，但

---

① Blevins, Jeffrey Layne. (2004). *Battle of the online brands: Disney loses Internet portal war*. Television and New Media, Vol. 5: 247—271.

② 胡正荣主编．外国媒介集团研究［M］．北京广播学院出版社，2003：172.

③ 唐润华．解密国际传媒集团［M］．广州：南方日报出版社，2003：221.

④ 唐润华．解密国际传媒集团［M］．广州：南方日报出版社，2003：269.

艾斯纳与其开创人之一乔布斯因为性格不合发生摩擦后，双方的合作关系产生裂痕。①

2005年，CEO继任者伊格上任后对迪士尼进行了大刀阔斧的改革。一方面他解散了公司内部的计划策略部门，给予电影、电视、主题公园及其他业务部门创作自由，以激活迪士尼的产品创造力；另一方面，他在外部主动修补艾斯纳在任时与各合作者的紧张关系，如与史蒂夫·乔布斯重修旧好，从而为迪士尼收购皮克斯扫清道路，把美国广播公司（ABC）的电视节目如电视系列剧《迷失》（Lost）引入视频iPod。②

2006年迪士尼以74亿美元的价格收购风格新锐而富于创意的皮克斯动画工作室，以争取年轻观众。2009年12月，迪士尼斥资42.4亿美元收购美国老牌动漫公司漫威（Marvel Entertainment Inc），从而拥有了蜘蛛人、钢铁侠、X战警等众多全球知名的漫画人物形象所有权，意在突破外界对迪士尼“低龄”“偏女性化”的印象，以进入成年男性收视市场。③ 至此，迪士尼基本打造完成了传统迪士尼电影、皮克斯动画工作室和漫威的三大制作团队的覆盖全年龄层的内容产品线。

2008年，迪士尼将旗下互联网集团和迪士尼互动工作室合并为迪士尼互动媒体集团，专门打造数字互动平台。2009年的经济危机使得竞争对手纷纷削减开支，伊格却大幅提高资本支出。2010年，迪士尼用7亿美元收购了社交游戏公司Playdom、用5.6亿美元收购手机游戏开发公司Tapulous，为迪士尼发展数字媒体平台创造了机会。2011年初，迪士尼公布的2010年财报显示，公司迅速摆脱了金融危机及欧美经济复苏乏力对公司业务的影响。继2009年净利同比减少25%之后，迪士尼2010年财年净利重回增长轨道，同比增长20%。2011年4月，上海迪士尼乐园宣布正式动工。④

经过百余年的发展，迪士尼已经成长为世界娱乐传媒界的巨头，其业务涉及电影、主题公园、媒体网络、消费产品以及其他娱乐事业等多个领域。2012年财富500强中，迪士尼排在第249位，居娱乐行业的首位。⑤

---

① 资料来源：迪士尼“暴君”谢幕［E］.雅虎财经 http://biz.cn.yahoo.com/051110/16/du01.html。

② 资料来源：迪士尼“暴君”谢幕［E］.雅虎财经 http://biz.cn.yahoo.com/051110/16/du01.html。

③ 迪士尼：老牌娱乐帝国的新拓展［E］.网易财经 http://money.163.com/11/0919/14/7EAPHSGD00253G87.html。

④ 资料来源：Walt Disney Company Fiscal Year 2008－2011 Annual Report. Accessed at http://cdn.media.ir.thewaltdisneycompany.com/2011/annual/WDC－10kwrap－2011.pdf。

⑤ 资料来源：财富中文网［E］.http://www.fortunechina.com/global500/company/2011。

**表 4-1-1　迪士尼公司各部门业务结构概览**

| 业务部门 | 子公司或部门 |
| --- | --- |
| 媒体网络 | ESPN，Disney/ABC Television Group，ABC Entertainment Group，ABC News，ABC Owned Television Stations Group，ABC Family，Disney Channels Worldwide，Hyperion Books |
| 公园和度假村 | Disneyland Resort，Walt Disney World Resort，Tokyo Disney Resort，Disneyland Paris，Hong Kong Disneyland，Shanghai Disney Resort，Disney Cruise Line，Disney Vacation Club，Aulani，a Disney Resort & Spa，Adventures by Disney，Walt Disney Imagineering |
| 制片公司 | Walt Disney Studios，Marvel Studios，Touchstone Pictures，Disneynature，Walt Disney Animation Studios，Pixar Animation Studios，Disney Music Group，Disney Theatrical Group |
| 消费产品 | Disney Licensing，Disney Publishing Worldwide，Disney Store |
| 互动部门 | Disney Interactive Media，Disney Interactive Games |

**4. 发展战略：拓展核心竞争力与技术创新**

作为世界顶级的娱乐内容提供商，迪士尼从一家不知名的小公司发展到世界娱乐传媒业巨头，其成功之道在于制作高质量的内容、造就知名品牌，并由此扩展出其他衍生产品，最终形成一条高附加值的产业价值链。首先，迪士尼优质的动漫影视内容是公司的品牌支柱，是其他衍生业务的核心。其次，迪士尼乐园将动画人物、故事场景等以主题公园的形式搬入现实生活，发展“体验式营销”。再次，随着传媒技术的进步，迪士尼将业务拓展到媒体网络，开拓内容渠道。最后，迪士尼的产业链下游是其丰富庞大的特许经营与衍生消费品体系，这部分收入也是产业链中最稳定的部分。现在迪士尼在所有业务中，都秉承三项最基本的战略思路：

不断创造高质量和具有创新性的内容，使迪士尼保持强大而独特的品牌，创新而持久的特许经营。

采用革新的技术以制作和传播内容，充分展现迪士尼特色，确保早期竞争的优势，同时丰富用户体验。

不断扩大全球市场，尤其是刚出现的市场。①

①内容为王，打造品牌。要打造优质的品牌，首先是要保证产品的质量。迪

① Walt Disney Company Fiscal Year 2008 Annual Report. http：//thewaltdisneycompany. com/investors/annual_reports/2008/index. htm. http：//thewaltdisneycompany. com/investors/financial-information/annual-report.

士尼公司自动画片起家，内容是其赖以生存的基石。1932 年彩色技术诞生时，迪士尼的《花与树》已用黑白片摄制了一半，但华特·迪士尼果断决定用彩色技术从头拍起。《白雪公主和七个小矮人》的拍摄耗时 3 年，成本是当初预算的 6 倍。[①] 1996 年，尽管在收购了 ABC 和 FOX 家庭之后，迪士尼大大扩展了传播渠道，但前 CEO 艾斯纳表示，迪士尼仍会把重点放在节目制作上，而不是经营节目放送。他说："我们的战略和我们的竞争对手有相似之处，但我们更着意于节目内容。"作为动画和影视制作商，迪士尼的经营宗旨就是"为家庭娱乐业提供最优秀的节目"。[②] 迪士尼的力量在于给大众以曾经失去的梦想，激发人们心底固有的童趣与纯真，这种精神具有永久的生命力，超越了年龄和文化。[③] 不同于时代华纳或是新闻集团这样的媒体公司，迪士尼已经成为美国价值观的一种象征，代表了中产阶级家庭的价值观。[④] 2012 年福布斯发布的全球品牌 100 强中，迪士尼综合排位第 13，消费者认知度排位第 8，品牌价值约 190 亿美元。[⑤]

在形成自身品牌影响力后，迪士尼利用其自身声誉和在观众中的广泛认知度发展休闲旅游业、音乐出版业、商业零售业等，渐而形成一条完整的商业链，充分打造迪士尼在其他领域的专业化优势，这样一方面提升了迪士尼动画片品牌的影响力，另一方面更加发挥了动画与其他领域的协同效应，凸显了整体优势。迪士尼公司认为，"Disney Difference"需要专注于制作迪士尼品牌的电影、视频游戏和消费产品。无论是运用新的技术平台还是开发新的地域，当一个产品使用迪士尼的品牌，那就确保了其进入新市场的能力，并且也会增加产品的价值。[⑥] 这么多年来，迪士尼公司一直在积累自身的品牌资产，并且进行着良好的品牌管理，内容为王、打造品牌已经成为迪士尼公司的核心战略。

②跨领域混合经营。西方传媒业发展的经验表明，传媒公司依靠单一的领域难以在激烈的竞争中获得优势。而当共同生产两个或更多相关产品的费用比单独生产这些产品更低时，所存在的状况即为范围经济。范围经济的存在使得多种经营成为有效策略，因为"同一群生产单一产品的公司相比，实行多种经营的公司总成本较低。"[⑦] 相较于行业而言，娱乐传媒业更容易实现同一内容多种渠道的应

---

① 马克·埃利奥特著，夏纪慧译．沃尔特·迪士尼传［M］．北京：外文出版社，1995，69—70，105—109。

② 周鸿铎．世界五大媒介集团经营之道［M］．北京：经济管理出版社，2005，69.

③ Giroux，H. A. （2009）. *The Mouse that Roared*：*Disney and the End of Innocence*. Lanham. MD：Rowman & Littlefield，8.

④ Giroux，H. A. （2009）. *The Mouse that Roared*：*Disney and the End of Innocence*. Lanham. MD：Rowman & Littlefield，27.

⑤ 2012 福布斯全球品牌 100 强［OL］．福布斯中文网 http：//www. forbeschina. com/review/list/001962. shtml.

⑥ Walt Disney Company Fiscal Year 2007 Annual Report.

⑦ Moschandreas. （1994）. *Business Economics*. London：Routledge，155.

用，传媒产品的特点可以使其针对某类观众的产品改变形式，成为适合另一类观众的新产品。[①] 与其他媒介巨头相比，迪士尼的特色在于它走了一条影视娱乐、主题公园、媒体网络和消费产品相融合的道路。

自米老鼠动画片畅销全球之后，迪士尼公司就积极开发特许经营，授权许可专业公司经营各类产品，如玩具、服装、食品等，通过品牌的高附加值获得利润。随着洛杉矶迪士尼乐园的建立，迪士尼从文化产业扩展到主题公园旅游业。主题公园不仅提供了高品质的娱乐服务，带动餐饮、旅游纪念品、度假旅馆、交通运输等相关行业的发展，还使得米老鼠、白雪公主等动画形象得到进一步推广，让迪士尼品牌深入人心。20 世纪 90 年代初，迪士尼将经营重点从主题公园度假区转移到电影电视业。如今，其旗下的电台、电视台、有线广播、互联网等各种媒介，满足了各类客户的广告需求，使已有客户能够在各媒介之间交替，同时能够吸引新的客户。[②] 另外集团收入还有来自集团的成员公司费、有线附加费、录像和 DVD 出租、许可经营等非广告业务，避免了市场过于集中的风险。而当人们消费迪士尼的各种媒介及非媒介文化产品时，迪士尼同时也对人们的行为、观念和习俗产生了无形的影响，并进一步将欢乐文化的理念渗透到人们的日常生活之中去。

另一方面，迪士尼的各经营领域并非是互相独立、彼此脱节的，而是相互联系、层层递进发展的。如 1994 年迪士尼推出电影《狮子王》之后，狮子王主题的电影原声碟、玩具、服装、书籍、电视剧、音乐、冰上舞蹈等所有迪士尼业务都得到开发。1997 年，《狮子王音乐剧》（The Lion King on Broadway）在百老汇 New Amsterdam Theatre 首演，并且获得 6 项托尼大奖。1998 年，以《狮子王》为主题的迪士尼动物王国（Disney's Animal Kingdom）在佛罗里达州华特·迪士尼世界 Walt Disney World 开幕，让曾经的电影观众找到梦幻与真实的结合点。1998 年，《狮子王》的续集《辛巴的荣耀》上映，更不用说 DVD、电视连续短片等次生收入了。[③] 迪士尼利用各种媒体形成一种网络状的产业链，《狮子王》的真正价值已经远远超出了这部影片本身，更多的利润来源于它的主题概念、角色和品牌。

③全球化扩张，本土化经营。由于信息技术的发展，世界联系越来越紧密，跨国界的融合和渗透、扩张和并购趋势日趋频繁。而卫星技术的兴起，更是为广

---

① ［英］吉莉安·道尔著，李颖译．理解传媒经济学［M］．清华大学出版社，2004：11.

② Walt Disney Company Fiscal Year 2007 Annual Report. http：//thewaltdisneycompany. com/investors/annual_ reports/2007/index. html.

③ 唐润华．解密国际传媒集团［M］．广州：南方日报出版社，2003：259.

播电视的全球性扩张提供了便利条件。跨国公司开拓全球市场比纯粹立足国内的公司拥有更多人力和文化资源、生产成本、后勤、营销和财务上的优势。传媒产品的初始生产成本可能很高，但随着产品被复制、发行和销售给越来越多的消费者，边际成本将逐渐减少。当每多生产一个单位产品的成本随着生产规模的扩大而降低时，就出现了规模经济。① 低复制成本使得跨国公司期望在更大的市场中实现规模经济。为了开拓国际市场、开展全球业务，迪士尼公司专门成立了迪士尼国际部门（Disney International），该部门主要负责调整、拓展和加强迪士尼公司的各项国际业务，帮助每一个独立的业务部门在世界范围内的新老市场上发展成长，包括创建和并购新的国外业务与发行渠道；通过零售方面的合作、特许、管理、协作、品牌管理和新市场开发提高迪士尼的经营业绩；整合迪士尼国外机构的财务、人力、信息技术、法律、房地产和战略信息等资源。②

迪士尼国际部门整合和推进迪士尼业务部门的推广活动。2001 年，华特·迪士尼诞辰 100 周年时，迪士尼国际在全球策划组织了“迪士尼百年神奇”的大型纪念和品牌推广活动。在拉美，迪士尼国际与西班牙电话运营商 Telefonica 创建了合资企业 Miravista，用来生产西班牙语电影。2005 年，香港迪士尼乐园开业。2007 年，首部迪士尼品牌的中国语言电影《宝葫芦的秘密》在中国获得成功。在埃及，米奇和米妮访问了 Great Pyramids of Giza，宣传迪士尼冰上表演。在台湾，《海底总动员》的舞台秀受到 150 万人的热烈欢迎。③

迪士尼 2010 年财报显示，美国及加拿大市场当期为公司贡献利润 54.74 亿美元，欧洲 12.75 亿美元，亚太地区 6.2 亿美元。④ 作为一家文化娱乐公司，其海外市场的业务规模随着文化差异的增大而缩小十分正常，但是迪士尼却希望能在新兴市场中获得更多的份额。对于如何跨越文化差异的问题，迪士尼国际部主席安迪·伯德在接受网易记者采访时表示，要做本土化的迪士尼公司。“十年前，我们曾想把在美国推广的业务、产品简单地复制到全世界，但这并不成功。现在，我们要做的不是迪士尼公司在中国，而是中国迪士尼公司、印度迪士尼公司、巴西迪士尼公司。相信消费者能够体会出两者的分别。”⑤

---

① ［英］吉莉安·道尔著，李颖译．理解传媒经济学［M］．北京：清华大学出版社，2004：10.

② Walt Disney Company Fiscal Year 2008 Annual Report.

③ Walt Disney Company Fiscal Year 2001—2007 Annual Reports. http：//thewaltdisneycompany. com/investors/annual _ reports/2001/index. htm；http：//thewaltdisneycompany. com/investors/annual _ reports/2002/index. htm；http：//thewaltdisneycompany. com/investors/annual _ reports/2003/index. htm；http：//thewaltdisneycompany. com/investors/annual _ reports/2004/index. htm；http：//thewaltdisneycompany. com/investors/annual _ reports/2005/index. htm；http：//thewaltdisneycompany. com/investors/annual _ reports/2006/index. htm；http：//thewaltdisneycompany. com/investors/annual _ reports/2007/index. htm.

④ Walt Disney Company Fiscal Year 2010 Annual Report.

⑤ 迪士尼：老牌娱乐帝国的新拓展［E］．网易财经 http：//money. 163. com/11/0919/14/7EAPHSGD00253G87. html。

④运用新技术，开发新平台。作为世界娱乐产业的龙头，迪士尼在早期的创业阶段就充分利用了新技术打造高质量的内容。从动画的无声到有声、黑白到彩色直至长篇动画的创作，迪士尼一直致力于在讲故事中运用最先进的科技。另一方面，技术的进步拓展了消费者的娱乐选择和获得方式，电视、电脑、移动终端设备……只要是有屏幕的地方，就能看到迪士尼的内容。技术和消费者消费模式的变化可能影响到娱乐产品的需求或者生产销售产品的成本。迪士尼认为，新技术能够影响消费者对产品的需求、获得并观赏产品的时间和方式，因而媒体娱乐产品和网络业务的竞争力很大程度上来自于其获得、发展、开发运用新技术的能力。[①] 与此同时，技术融合必将带来媒介企业间的合作，整合后的迪士尼涉足了多种媒体及媒体相关领域，更加全面地与迪士尼的离线资产整合，运用同一资源来生产电影、广播、电视、平面、网络、游戏等多种媒介产品和主题公园、消费产品、歌舞演出等非媒介产品，从而进一步扩大了范围经济，增加其对用户和市场伙伴的价值。

⑤适时并购。迪士尼在近年的发展中，除了注重内容质量的提高，更加强了传输渠道的扩展，通过适时并购以实现资产的重组和垂直产业链的整合。并购是目前世界传媒业界最为常见和有效的资本经营方式之一，从最初的上游生产环节（制作传媒内容），到下游的产品加工环节（把传媒内容编辑成产品），最后到向顾客供应和销售产品的环节（发行或销售媒介产品），传媒公司通过并购供应链上游或下游环节中已有的公司，实现了业务的垂直扩张。[②] 垂直产业链的整合将使媒介产业的资本相对集中，媒体集团能以较小的成本、较快的速度实现资产存量的增加，从而接近或达到最佳经济规模，实现传媒产业资产存量的有效配置。同时并购整合还可以降低媒介企业在生产、销售、增加覆盖方面的成本、减少管理费用，从而提高媒介整体竞争实力。

20 世纪 90 年代中期以来，美国及欧洲各国纷纷修改媒体法和电信法，以打破媒体间壁垒，放宽媒体所有制的限制、促进竞争，推动电信产业和媒介产业的重组和融合，[③] 迪士尼正是在此背景下于 1995 年以 190 亿美元巨资收购 ABC。美国政府放松电信管制使得电视网能够制作并拥有更多自己的节目，而迪士尼这样的内容制作商所生产的产品则可能被排除在黄金时间之外，因而，同时拥有节目和播送节目的渠道才能够增加市场占有率，获得利润。[④]

---

① Walt Disney Company Fiscal Year 2011 Annual Report.

② ［英］吉莉安·道尔著，李颖译．理解传媒经济学［M］．北京：清华大学出版社，2004：13.

③ 胡正荣主编．外国媒介集团研究［M］．北京：北京广播学院出版社，2003：165.

④ 周鸿铎．世界五大媒介集团经营之道［M］．北京：经济管理出版社，2005：68.

进入21世纪以来，迪士尼收购了皮克斯动画工作室及漫威娱乐，拥有了一支足以满足所有年龄层需求的制作团队组合。这些举动并非仅仅用来拓展市场范围，而是希望迪士尼品牌形象能够持续不断地出现在消费者的各个年龄阶段，以此培养出品牌忠实度，并且随着家庭的延续而传承。[①] 在迪士尼的想象中，婴儿可以看 Baby Einstein 录像、小姑娘玩迪士尼公主娃娃、儿童们看迪士尼频道、少年们看加勒比海盗、男士在 ESPN. com 上关注他们最喜爱的球队、年轻的家庭准备去迪士尼乐园制造快乐的回忆。每一个人都可以在庞大的迪士尼人物形象集合中找到适合自己的内容，无论年龄、性别与文化。[②]

## 二、迈向数字化之路："老鼠"转身

在数字化时代，迪士尼积极应对传媒格局变化的挑战，通过制作优质的内容、运用新技术铺设媒体网络、开展全球化扩张和跨领域经营，营造出一个适合各类人群的"全媒体"娱乐产品线。

### 1. 开拓数字媒体业务

如前所述，在涉及网络传播的初期，迪士尼试图通过收购 Infoseek、建立品牌网站 Go. com 开展互联网业务，以实施数字媒体战略转型。但之后 Go. com 的失败让迪士尼转换战略，凭借其原创内容和传统媒体品牌优势建立网站，同时加强了与其他公司的合作。2005年新任总裁伊格上任后，开始加大迪士尼在宽带网络、手机通信、移动应用等数字媒体领域的建设。2008年，迪士尼整合旗下迪士尼互动工作室和迪士尼在线，成立了互动媒体集团。近几年中，迪士尼互动部门集中开展了网站运营、宽带服务、网络游戏以及移动互联网等数字业务，并将重点放在社交游戏和移动应用之上。总体而言，迪士尼的数字媒体战略转型历程大致可分为以下四个阶段：

①早期试水互联网。20世纪90年代初互联网浪潮席卷全球，传统传媒业的生存状态面临严峻挑战，世界各大传媒集团纷纷选择上网。1994年，迪士尼公司推出迪士尼网站（Disney. com)，主要宣传推广公司电影及电视节目。1997年网站改版，以提供家庭性内容为主，包括游戏、商品等，从而扩展公司的在线内容。1998年，迪士尼网络公司开始在线销售迪士尼主题公园和度假区的门票及旅

---

① 迪士尼：老牌娱乐帝国的新拓展［E］. 网易财经 http：//money. 163. com/11/0919/14/7EAPHSGD00253G87. html.

② Walt Disney Company Fiscal Year 2003 Annual Report.

游套餐，当年在线销售了5%的门票及10%的旅游套餐。[①]

20世纪90年代中期美国股市出现了网络神话，很多网络公司股票一夜暴涨，许多大型传媒公司开始收购一些有创意和发展潜力的网络公司。[②] 然而，由于迪士尼在1996年花费巨资收购了ABC，所以在互联网业务方面，它并未投入过多精力。直到1998年，迪士尼为了开拓互联网业务，才收购了总部设在西雅图的互联网公司Starwave，创立ESPN.com和ABCNEWS.com网站。1998年秋天，ABCNEWS.com引入由ABC著名主持人Sam Donaldson主持的首个仅供互联网的新闻常规直播节目SamDonaldson@ABCNEWS.com，一周三次播出。此外，ABCNEWS.com旗下还附属一些小的站点，如关于娱乐的网站Mr. Showbiz.com和关于音乐的网站WallofSound.com。奥斯卡奖的官方网站Oscar.com是ABC.com的下属网站，1998年的奥斯卡奖颁奖转播中，Oscar.com提供了第一个与电视同步的网络互动。在一个称作"And the Envelope，Please."的游戏中，世界各地的观众都可以预测奖项得主，将电视与网络融合以提供新的娱乐体验。[③]

1998年秋，迪士尼公司出资购买了全美著名搜索引擎Infoseek的43%的股权。[④] 1999年1月，在Infoseek的基础上迪士尼建立Go.com作为自己的门户网站，大举进军互联网业务，与AOL、Yahoo!、Netscape、Lycos竞争。这样的信心来自于迪士尼在其他业务领域建立起来的品牌。艾斯纳在Go Network亮相的前夕曾表示："我们的竞争力来自于品牌的深度以及消费者对它们的忠诚度。"[⑤] 1999年11月，迪士尼完成收购Infoseek。ESPN的创始人之一和ABC的总裁Steve Bornstein被任命为Go.com的主席，迪士尼期望有着丰富电视经验的Bornstein可以为Go.com提供专业的指导，以将之打造为互联网上的娱乐媒体平台。[⑥]

Go.com成立之初，迪士尼就通过ABC、ESPN有线电视、主题公园、杂志和邮轮等途径大力宣传，同时也为各业务的网上拓展开通了渠道（如ABC.com、ESPN.com等）。[⑦] Go.com作为一个门户网站，向用户提供了包括E-mail、搜索引擎、聊天室、股票、地图、天气等服务。但是，与提供综合信息的搜索网站不同，Go.com更专注于为用户提供娱乐和生活方面的信息，并将用户导向迪士尼

① Walt Disney Company Fiscal Year 1999 Annual Report. http://thewaltdisneycompany.com/investors/annual_reports/1999/toc.html.

② 许玲．并购整合——新闻集团成立跨媒体集团的重要组战略［J］．科技创业月刊，2011，8.

③ Walt Disney Company Fiscal Year 1999 Annual Report.

④ Blevins，J effrey Layne.（2004）. *Battle of the online brands：Disney loses Internet portal war*. Television and New Media，Vol. 5：247－271.

⑤ Hansell S.（1998）. *Mouse Attack in Cyberspace*. The New York Times，12.13：C1.

⑥ Walt Disney Company Fiscal Year 1999 Annual Report.

⑦ Lieberman.（1999）. *Company Town：Disney Opens Portal to Internet*. The Los Angeles Times，01.13：C7.

旗下的网站和其合作网站，如它会把新闻搜索者导向 ABC. com、娱乐搜索者导向 Disney. com、体育搜索者导向 ESPN. com。此外，Go. com 提供了迪士尼产品目录的直营销售，试图开拓电子商务业务。① 迪士尼期望通过 Go. com 的建立来打造自己的“垂直网络门户”，将 Infoseek 的专业技术与迪士尼全球知名的品牌、市场以及丰富的网站内容和直营销售相结合，以建立一个市场领先的互联网娱乐商业平台，和 Yahoo!、AOL 竞争互联网市场份额。

然而，这种明显的自我导向趋势使得许多用户仅将它看作是迪士尼旗下各个网站的门户，从而影响了 Go. com 的访问量，使得竞争力减弱。重新调整定位之后，新版 Go. com 提供了三个入口：一个入口通向顶级知名站点，一个提供综合内容列表，第三个入口则提供迪士尼站点链接。可是，这次改版却没有扭转网站的经营状况，1998 年，Go. com 亏损 9. 91 亿美元，1999 年亏损 10 亿美元。②

2000 年 1 月，在放弃综合门户网站之后，迪士尼重新将 Go. com 定位在娱乐和休闲上，并希望凭借动画的优势吸引儿童和青少年用户。然而由于缺乏多样性的内容，Go. com 始终在和 Yahoo! 的竞争中处于下风。根据 Jupiter Media Metrix 的数据，2000 年迪士尼互联网部门仅位列整体网络份额的第六位。③

2000 年 8 月，迪士尼互联网集团（Walt Disney Internet Group）成立，专门负责迪士尼公司所有互联网业务的管理，其职责主要是监督、设计并建构公司的所有 web 站点，另外直接负责 Go. com 网站的经营管理。2000 年 8 月 2 日，迪士尼互联网集团上市（NYSE：DIG），成为独立的股票追踪网站。在运营方面，迪士尼互联网集团和迪士尼公司保持了相对的独立性。网络部门会向迪士尼公司收取相关技术设备、信息系统服务等费用，而迪士尼公司则授予网络部门非独家的迪士尼知识产权，并且协定在网络部门第一个完整年度税前盈利之前，不另外收取特许授权费，而是收取除去 DisneyStore. com 运营收入的净营业收入的 1. 25% 以作为特许权使用费，并且规定任何时候，特许权使用费都不会超过网络集团税前盈利的 25%。④

2000 财年，迪士尼网络部门总收入为 3. 92 亿美元，比 1999 年提高了 13%。其收入主要来自三个渠道：其一是媒体内容，主要是广告和赞助收入；其二是商业收入，主要是 DisneyStore. com 的商品交易和 DisneyVacation. com 的旅游产品销售；其三是邮购服务，即迪士尼产品目录在 DisneyStore. com 上的运营。收入

---

① 周鸿铎. 世界五大媒介集团经营之道［M］. 北京：经济管理出版社，2005：71.

② 周鸿铎. 世界五大媒介集团经营之道［M］. 北京：经济管理出版社：71.

③ Walt Disney Company Fiscal Year 2000 Annual Report. Accessed at http：//thewaltdisneycompany. com/investors/annual_reports/2000/index. html.

④ Walt Disney Company Fiscal Year 2000 Annual Report.

增加的部分来自于媒体网站注册用户的增加提升了其对广告商的吸引力，ABC品牌网站、ESPN. com、Disney. com和Family. com的收入抵消了Go. com的损失。2000年9月，网络部门的注册用户已达2700万。然而，由于巨大的投入，迪士尼互联网部门还是在2000年亏损了3.96亿美元。①

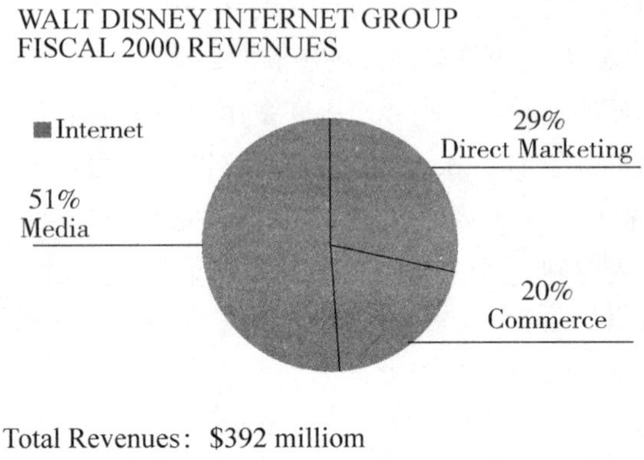


**图4－2－1　2000年迪士尼网络部门收入来源②**

尽管迪士尼公司雄心勃勃花费巨资收购Infoseek开通Go. com门户网站，并在之后业绩不佳时频频做出调整，试图挽回局面，但Go. com作为一个后发的门户网站，在注册用户、浏览人次、市场占有、网络销售等一系列方面都落后于对手。而且Go. com核心业务不明确，核心盈利能力不强，总是在Disney自我导向和综合门户网站之间摇摆，再加上互联网创新自由的氛围与传统媒体的管理束缚格格不入，导致到2000年第三季度，Go. com的触及率只有25％多一点，而Yahoo！是70％，美国在线则是75％。③ 因此，虽然Go. com曾一度是位居Yahoo!、MSN和AOL之后的美国第四大门户网站，但它始终未能达到迪士尼公司的预期。2001年2月，由于Go. com的巨额亏损，迪士尼公司终止了Go. com的门户业务，并裁员400人，这使得迪士尼遭受8亿2000万美元的无形资产损失，并花费5800万美元的重组费。紧接着，迪士尼电影电视宣传信息网站MrshowSiz. com和音乐网站WallofSound. com也相继关闭。④

---

① Walt Disney Company Fiscal Year 2000 Annual Report.

② 资料来源：Walt Disney Company Fiscal Year 2000 Annual Report。

③ 唐润华．解密国际传媒集团［M］．广州：南方日报出版社，2003：225.

④ Disney′s internet division closed.（2001）. BBC News，1.30，http：//news. bbc. co. uk/2/hi/business/1143425. stm.

表 4－2－1　迪士尼网络部门 1998－2000 年度运营状况[①]（单位：亿美元）

| 年份 | 网络部门收入 | 迪士尼总体收入 | 网络部门营业收入 | 迪士尼总体营业收入 |
|---|---|---|---|---|
| 1998 | 2.60 | 229.76 | －0.94 | 40.15 |
| 1999 | 2.06 | 234.35 | －0.93 | 34.77 |
| 2000 | 3.68 | 254.02 | －4.02 | 32.44 |

②重新定位于内容供应商。在 Go. com 失败之后，迪士尼网络部门被归入媒体网络部门之中，主要负责公司各部门网站的战略指导和网络技术平台建设，同时直接运营全球迪士尼在线、Family. com、Movies. com 以及移动无线服务。2001 年，迪士尼花费数亿美元重新调整互联网战略布局，试图再次与雅虎和 AOL 等门户网站一拼高下。这时，迪士尼网络集团将自己定位于网络内容供应商，凭借公司已在全球建立的 Disney. com，Disney Vocations. com，Disneystore. com，Disney Auctions，Disney Online Worldwide，ABCNEWS. com，ESPN. com，Movies. com，FamilyFun. com 等 19 家迪士尼、ABC、ESPN 品牌网站，积极推广在线内容服务。[②] 经过一年的调整，迪士尼网络部门建立起了强大的迪士尼家族品牌网站群，并不断通过为新的平台提供娱乐内容和开发新产品而发展壮大。

无线业务方面，由于新千年到来时欧美地区的手机功能大多限于通信，而亚洲地区手机用户已将其发展为娱乐的又一平台，所以迪士尼最早在日本开展了移动内容服务。2000 年，迪士尼与日本运营商 NTT DoCoMo 合作，在其经营的 i-Mode 平台推出 Disney-i 服务，为用户提供迪士尼主题的图片、铃声、游戏下载和其他手机娱乐服务。两年之后，这项服务就发展了 300 万付费无线订户，使迪士尼成为日本市场的顶级移动内容供应商之一，并和全球 20 多个国家签署无线内容传送协议，提供 6000 部作品的节目库的收费下载服务。在看到日本移动服务的成功之后，迪士尼试图将移动服务推广到美国本土。2002 年秋，迪士尼公司开始向美国 Sprint 公司的新一代移动服务“PCS Vision”提供迪士尼和 ESPN 品牌的内容，其手机用户可以下载获得迪士尼主题的多种和弦来电提示音、动态图像屏保程序、可显示动态图像的来电提示音和 Java 游戏。除此之外，互联网集团还与 AT&T 无线公司合作，在其 mMode 服务中提供彩色图像、游戏、娱乐、影片预

① 资料来源：Walt Disney Company Fiscal Year Annual Report。

② Walt Disney Company Fiscal Year 2001 Annual Report.

告等内容的订阅服务。[①]

2002 年，迪士尼还推出了宽带娱乐内容和技术服务，如 ABC News 通过西雅图的 Real Networks 媒体播放器提供的视频点播服务“ABC 新闻点播”（ABC News On Demand）、ESPN. com 提供的高速视频服务等。2003 年 3 月，ABC-NEWS. com 向高速互联网用户推出 24 小时有偿实时新闻服务，提供伊拉克战争、体育新闻、财经市场和娱乐方面的新闻。此外，ESPN. com 和迪士尼网络集团合作，创立了 ESPN Motion，可以让人们登录到 ESPN. com 上直接观看电视画质的节目，而不用等候下载。[②]

除了打造自身的网络平台，迪士尼还积极开展与世界知名软件公司的合作。2002 年 10 月 24 日，迪士尼与微软公司合作推出网上服务 Disney on MSN。这项服务结合迪士尼公司丰富的儿童娱乐内容，为各个年龄段的儿童设计相应的起始网页。同时，Disney on MSN 的用户都可以免费使用迪士尼公司面向儿童的在线信息内容服务“小旋风”（Blast），其中有近 100 种学习功能和娱乐功能，还可免费订阅《迪士尼冒险家》杂志。[③]

2003 财年，在世界上大多数网络运营商还处于财政赤字状态的时候，迪士尼网络部门凭借其核心品牌良好的网络运营以及新商机的发展和成长，终于实现了首次全年度盈利，其利润主要来自于 ESPN、Disney 等品牌网站的内容付费、广告和注册收费等。虽然这在迪士尼 200 多亿美元年收入中只占几亿美元，但却对网络部门的发展有着里程碑式的意义。调整战略之后，迪士尼继续研发技术设备、增加内容供应，注册用户随之增加。与此同时，迪士尼网络业务发展了多种收入渠道：广告、增值内容订阅、辛迪加以及电子商务。在电子商务方面，Disney. com 和 Parks and Resorts Online 的网络购物、购票和预订旅行每年增长率超过 30%。2004 年，网络部门再度盈利，且所有收入来源都有增长，但其微薄的收入仍仅占迪士尼总收入的很小一部分。[④]

③多媒体领域全面扩张。2005 年罗伯特·伊格（Robert A. Iger）接替艾斯纳成为迪士尼新任 CEO，他将公司目标定位于“成为全球虚拟空间中儿童和家庭娱乐的领导者”，[⑤] 自此迪士尼一改以往主要依靠其原创内容建立网站的发展模式，开始全面进入多媒体数字领域，发展 iTunes 平台、社交游戏、无线服务、宽带服

---

① 唐润华. 解密国际传媒集团［M］. 广州：南方日报出版社，2003：240.

② Walt Disney Company Fiscal Year 2003 Annual Report.

③ Walt Disney Company Fiscal Year 2002 Annual Report.

④ Walt Disney Company Fiscal Year 2003—2004 Annual Reports.

⑤ Giroux，H. A. （2009）. *The Mouse that Roared*：*Disney and the End of Innocence*. Lanham. MD：Rowman & Littlefield，63.

务、数字图书等多种新业务，大大加快了数字媒体战略的实施步伐。

a. 携手苹果公司，开发 iTunes 平台。Go. com 的失败让迪士尼认识到先发优势在技术飞速变革的环境中的重要性。彼时，iTunes Store 结合销量巨大的 iPod，使得音乐产业能够通过数字渠道销售，获得更多的收入。2005 年，一个迪士尼品牌的广播主页在苹果 iTunes 上发布，ESPN 也在 iTunes 上发布 ESPN 广播和在线内容的播客。[①]

伊格上任后，与苹果的乔布斯恢复良好的关系，开始更加密切的合作。2005 年 10 月，迪士尼打破传统的商业模式，成为首家在苹果 iTunes 音乐商店注册提供电视剧的公司，观众可以在 iPod 上购买观看部分 ABC 和 Disney Channel 的节目，如《迷失》《绝望的主妇》等热门剧集。节目上线第一年就有超过 1280 万 ABC 和 Disney 的剧集售出，迪士尼公司的各节目收视率也有提升。[②]

2006 年 3 月，《歌舞青春》成为首部可以在苹果 iTunes 音乐商店通过数字下载的完整版电影。2006 年 9 月，Disney 故事片在 iTunes 上均可获得，上线第一周就有 12500 部电影被下载。其时，迪士尼是 iTunes 上最受欢迎的内容之一，经典的米老鼠卡通动画已经在这些平台上播出或下载超过 10000 万次，[③] 苹果 iTunes 上的数字技术极大地拓展了迪士尼的媒体网络和 DVD 的销售市场。

b. 开发社交游戏，打造虚拟世界。2006 年，随着社交网站的兴起，迪士尼的各业务部门在 Facebook、Twitter 等社交媒体上开设了主页[④]。截至 2010 年，迪士尼、ESPN、ABC 在 Facebook 上的群组成员已有 5000 万用户。2007 年 8 月，迪士尼花费 7000 万美元收购由 New Horizon Interactive 开发的有 1200 万活跃用户和 70 万付费用户的儿童大型在线社区企鹅俱乐部（Club Penguin）。[⑤] 企鹅俱乐部目标受众为 6—14 岁儿童，是一个集游戏网站、教育资源、社交网络为一体的虚拟社区。孩子们可凭借账号创建的卡通企鹅形象在其中玩耍、参与活动和社交，还能够获得虚拟货币以购买宠物、服装，装扮自己的虚拟空间。企鹅俱乐部的大部分收入来自与用户签订的付费计划，包月 7.95 美元或全年 59.95 美元（每月约 5 美元）。[⑥]

---

① Walt Disney Company Fiscal Year 2005 Annual Report.

② Walt Disney Company Fiscal Year 2006 Annual Report.

③ Walt Disney Company Fiscal Year 2006 Annual Report.

④ 资料来源：迪士尼官方网站 www. disney. com。

⑤ Brooks Barnes. (2007) *Web Playgrounds of the Very Young*. New York Times. 12. 31. http：//173. 201. 102. 115/download/kidsonweb-nyt. pdf.

⑥ Giroux，H. A. (2009). *The Mouse that Roared：Disney and the End of Innocence*. Lanham. MD：Rowman & Littlefield，62—63.

主题公园是迪士尼业务部门的重要板块之一，迪士尼充分运用数字媒体，将主题公园的线上线下活动有机结合。2005 年，主题公园和度假区部门建立多玩家的在线主题公园。在这个“虚拟神奇王国”（Virtual Magic Kingdom）中，游客可以创建在线角色，体验基于迪士尼真实游乐设施建立的动感十足的游戏、与朋友逛街、建立并装饰自己的房屋甚至获得奖牌。虚拟神奇王国将迪士尼主题公园的体验拓展到在线领域，为游客建立了全新的链接并吸引他们到主题公园实地游玩——如加州的迪士尼乐园和佛罗里达神奇王国的虚拟神奇王国会促使在线游客去到真正的乐园中，在乐园中答对问题还能获得虚拟王国中使用的奖品。①

此外，主题公园网站运用了新的数字技术，使得游客能够个性化设置他们的旅游计划。网站界面更加友好，给游客实时更新他们关注的活动信息。迪士尼世界还运用了新的互动技术，游客可以使用 Disney PhotoPass 将他们的旅游照片与一个在线账号连接，从而能够在线浏览、分享并定制照片。2006 年，DisneyParks. com 推出互动友好的旅行计划工具，可以让全家个性化定制娱乐方式、为他们的活动项目生成个人导游图并提供建议。②

c. 改版传统网站，增强用户服务。2006 年 1 月，迪士尼推出全新的 Disney. com，新的网站可依据用户的年龄和兴趣高度定制，提供各方面的丰富内容。访客在这里可以观看视频、电影、电视节目、听音乐、创建自己的游戏列表，还能制定旅游计划服务、访问在线社区和购物。③ 可以说，Disney. com 是迪士尼世界在网上的一站式终点。2007 年 2 月，Disney. com 再次改版，更注重社区和社交网络的建设，增加了影片、音乐等多媒体内容，又增强了游戏、个性化定制等互动功能；④ 2012 年，Disney. com 第三次改版，试图打造一个“更干净、更简洁、更美观”的网站。

ABC 和该公司旗下的 ESPN 的网站则结合了优质的电视内容，为观众提供点播下载和互动交流的功能，以增强消费者与迪士尼品牌的接触和联系。2007 年 5 月，ABCNews. com 改版，每一个 ABC 新闻广播都在这个平台上有了自己的网络广播。2007 年，ESPN. com 每周制作 500 部视频，10 月访问量达到 13200 万次，比前一年同期增长了 90%。播客下载每月超过 600 万次。此外，ESPN 拓展了它的社交网站，包括粉丝资料、用户播客、谈话页面等。2008 年，用户在 ES-

---

① Walt Disney Company Fiscal Year 2005 Annual Report.

② Walt Disney Company Fiscal Year 2006 Annual Report.

③ Walt Disney Company Fiscal Year 2006 Annual Report.

④ Walt Disney Company Fiscal Year 2007 Annual Report.

PN. com上平均每月观看12000万个体育比赛视频，是竞争对手的两倍多，同时在线社区增长也很快，粉丝人数同比增长200%。ESPN的品牌节目SportsCenter. com也在2008年上线，网站内容包含解说员博客和粉丝互动。此外，为扩展内容服务，2007年ESPN还收购了世界最大的板球网站Cricinfo. com以及英式橄榄球的流行网站Scrum. com，ESPNsoccernet. com则是足球新闻和信息的世界顶级网站，可以提供5种语言的服务。①

d. 开拓移动无线市场。2004年10月底，迪士尼调整无线市场战略，其旗下负责开发无线平台内容业务的星波移动（Starwave Mobile）公司宣布购买并出版来自其他公司的内容，以及来自迪士尼公司但是属于非迪士尼品牌的内容，以提供手机娱乐业务。迪士尼网络部门负责北美移动业务的副总裁拉里·夏皮罗在接受搜狐网的采访中表示，这是他们第一次出版第三方内容，并认为这项服务为迪士尼网络部门打开了广阔的增长空间，扩展了迪士尼提供给关键消费者群体的内容。② Starwave Mobile业务发布第三方的内容，目前已经拥有了庞大的产品组合，包括知名品牌Trivial Pursuit® 和Rubik's® Cube。2005年，迪士尼在美国发布首个多玩家手机游戏《加勒比海盗在线》。③

2006年，迪士尼推出了Disney Mobile和ESPN Mobile，这是最早的专为家庭和体育爱好者设计的手机服务。ESPN Mobile是唯一一家7天24小时提供无线完整体育比赛信息的网络。2007年，体育新闻、游戏的无线服务增长显著，ESPN已成为顶级的WAP（wireless application protocol）体育内容提供商，每月可触及900万用户。在亚洲市场中，截至2006年，日本无线服务的收入已经占到了迪士尼日本业务的30%左右，④ 并且在亚太地区的13个国家和地区中，迪士尼都部署了手机内容发布服务，有超过6.95亿的手机用户能访问迪士尼品牌的手机内容。⑤

e. 提供宽带服务及其他。2003年迪士尼互联网部门和日本NTTFLET'S宽带网络合作，发布了日本第一个宽带内容服务，订户超过790万。2004年，迪士尼的ABC品牌宽带内容产品ABC News on Demand在全美最大的高速网络接入服务商Comcast. net上发布，提供互联网上首个24小时实时网络新闻频道和ABC NEWs最受欢迎节目的点播观看。ABC News Now是ABC News on Demand的一

---

① Walt Disney Company Fiscal Year 2007 Annual Report.

② 迪士尼将启动手机娱乐业务［OL］. 搜狐网 http：//yule. sohu. com/20041130/n223258067. shtml.

③ Walt Disney Company Fiscal Year 2005 Annual Report.

④ 唐潇霖. 迪士尼的无线梦想［J］. 互联网周刊，2005，41.

⑤ Walt Disney Company Fiscal Year 2006 Annual Report.

部分，可以在线网络直播 ABC 频道的内容。① 2005 年 6 月，迪士尼与中华电信 HiNet ADSL 合作发布了台湾第一个宽带服务。该公司是台湾领先的宽带提供商，拥有超过 350 万的用户。2005 年后期，迪士尼推出宽带产品 Playhouse Disney Preschool Time Online，它将 Disney Channel 中的角色带入一系列有趣的课程，以在游戏中促进孩子的学习。2006 年，ABC. com 宽带播放器 ABC. com broadband player 推出永久版，获得了广告支持。它推出 6 部完整的秋季剧集，包括《迷失》《绝望的主妇》和新剧《丑女贝蒂》等，前六周就吸引了 1900 万次观看。ABC. com 宽带播放器的普及为公司流行剧集在非传统平台的配套市场的推广贡献了力量。如今，粉丝可以在 ABC 电视网、iTunes、ABC. com、DVD 上追《迷失》。② 此外，迪士尼互动部门为宽带网络平台提供产品还包括专门为宽带用户提供的视频服务 Disney Connection 和 DIG Motion，实时传送体育赛事高清转播、采访及分析的直播终端 ESPN360. com。ESPN360. com 一年可以提供世界上 2500 项赛事的转播，用户则能够在一个屏幕上同时观看 6 项赛事。③

在数字视频点播业务方面，迪士尼公司于 2006 年推出支持用户点播无线传送节目的机顶盒 Movie Beam（电影点播）。它是一款视频点播（VOD）的产品，与光纤电视点播服务不同的是，Movie Beam 机顶盒并不是将电影文件放在中央计算机硬盘中然后传输给订购相应节目的消费者，而是其机顶盒设备中自身就预装了 100 部电影。利用数据广播技术，Movie Beam 每周通过电视广播信号未使用的部分更新大约十部电影传输给用户。除了能够播放高清晰画质的电影之外，它还能播放 DVD 碟片花絮等内容。④

2008 年，世界迪士尼出版推出迪士尼数字书（Disney Digital Books），革新了儿童的在线阅读体验。数字书将数字文件转变为一种有趣的、可互动的电子书——有特定的角色、仿真的翻页、互动词典和单词发音指导。每页中的角色都能发音说话，让读者知道他们在想什么。语言互换工具可以让角色用不同的语言朗读故事、朗读功能则能够自动地翻页并朗读。迪士尼数字书将以在线虚拟读书馆的方式推出，之后还会推出游戏和掌上电脑应用。⑤

f. 开发硬件终端设备。迪士尼不仅着意于在数字媒体中开发内容和渠道，更是推出了一系列终端产品，以期通过内容来更好的融合计算机、通信等消费类电

---

① Walt Disney Company Fiscal Year 1999—2011 Annual Reports.

② Walt Disney Company Fiscal Year 2006 Annual Report.

③ Walt Disney Company Fiscal Year 2007 Annual Report.

④ 迪士尼推升级版 MovieBeam 机顶盒，预装百部电影［E］. 网易科技 http://tech.163.com/06/0215/08/2A06ABBA000915BD.html.

⑤ Walt Disney Company Fiscal Year 2007 Annual Report.

子产品。

2005 年，迪士尼公司推出专为儿童设计的米老鼠电脑，其外形、硬件和配备的影音创作与游戏软件都试图迎合儿童需求。这部名为 Disney Dream Desk 的电脑产品，不仅鼠标有耳朵，屏幕还有耳朵，键盘、鼠标，甚至绘图画笔都是根据儿童手掌的尺寸设计。其内置软件则包括 Disney Flix 影音软件、绘画和影像处理软件 Disney Mix、数套迪士尼的游戏软件，以及供父母管控孩子上网和过滤网络内容的软件。①

2006 年，ESPN 推出 Mobile ESPN——ESPN 品牌手机。它是美国第一款为体育爱好者提供相关信息的手机。这款手机可以让用户一键查看体育信息、观看高清视频、定制喜爱的球队信息，此外还有网络和游戏应用。之后，Mobile ESPN 修改其 MVNO（移动虚拟网络运营）模式，将现有的移动内容授权业务扩展到其他尖端的应用中去。② 迪士尼推出 ESPN 定制手机的信心来自于体育爱好者对 ESPN 品牌的认同。尽管 ESPN Mobile 投入了近 1.5 亿美元，但 7 个月仅发展了 3 万用户，远远达不到 50 万才能收支平衡的要求，不得不被迫停止。究其原因，乃是迪士尼过高估计了用户对 ESPN 品牌的忠诚度。ESPN Mobile 规定，用户需先花 199 美元购买定制手机并更换运营商，之后每个月还需额外交纳从 65 美元到 225 美元不等的费用以获得不同内容。可是在其他运营商那里（Verizon、Sprint 等已和 ESPN 签约内容服务），用户能够用更便宜的价格获得 ESPN 的节目。由此，这项服务推出仅三个月就宣布终结。③

④重组成立迪士尼互动媒体集团。2008 年 6 月，迪士尼公司投资 4000 万美元将旗下的迪士尼互联网集团（Walt Disney Internet Group）和迪士尼互动工作室（Disney Interactive Studios）合并重组，成立迪士尼互动媒体集团（Disney Interactive Media Group，DIMG），主要负责公司的网站运营、宽带服务、网络游戏、移动互联网等各项业务。此外，迪士尼互动部门还为全公司的互联网业务提供技术支持，如非迪士尼品牌的网站 ABC. com，ESPN. com 和迪士尼品牌的电子商务网站 DisneyStore. com 和 Walt Disney Parks and Resorts Online，以管理网络和手机的支柱技术和基础设施。但是，这些网站受各自业务部门的管理，财务脱离迪士尼互动媒体集团。迪士尼希望这次重组能够充分利用快速发展的互动数字媒体以整合跨平台内容，从而能够向全球所有互动媒体平台传播迪士尼品牌的娱

① 儿童专用米老鼠电脑 Disney Dream Desk [OL]. 天极网 http://www.yesky.com/news_hard/361697544096448512/20040809/1840260.shtml.

② Walt Disney Company Fiscal Year 2006 Annual Report.

③ ESPN 折戟移动服务 [N]. 周末画报，2006—11—10 (B24).

乐和生活内容。①

迪士尼互动媒体集团分为两个部门，分别是迪士尼互动工作室（Disney Interactive Studios）和迪士尼在线（Disney Online），这两家内容制作单元将协力打造一系列相关的、多平台的娱乐体验，同时还负责2008年开展的日本移动手机服务。②其中，迪士尼互动工作室主要负责基于公司的原创内容制作、开发和分销多平台视频游戏和互动娱乐，包括热门的《加勒比海盗》《歌舞青春》等。迪士尼在线则负责推出与迪士尼品牌相关的家庭娱乐内容的在线服务，包括Disney. com和Disney Family Network以及一系列虚拟世界，其中有企鹅俱乐部、Disney's Toontown和迪士尼加勒比海盗在线。Disney. com目前已是儿童娱乐和家庭社区网站的首位，网站整合了公司旗下迪士尼品牌的各个网站，如迪士尼频道、迪士尼公园和度假区、迪士尼电影和迪士尼消费产品。同时，Disney. com在世界各地开办分站，并与手机网络深度整合。Disney Family Network是为妈妈们提供一个生活类的网站集群。随着虚拟世界集群的增长，Disney Online将围绕迪士尼的品牌、形象和故事吸引受众、提供最新的与年龄相配的社区和社交网络。③

迪士尼互动媒体集团的运营状况。互动媒体集团的收入来自于多平台游戏的销售、授权、广告、赞助、注册费和小额交易，也有来自于日本的迪士尼品牌手机内容服务。运营费用包括产品开发、商品成本和市场拓展。2008年，迪士尼互动部门收入增加了47%（2.29亿美元），达到7.19亿美元。其中迪士尼互动工作室收入增长了1.6亿美元，主要是依靠2008年自主开发的视频游戏新版《歌舞青春》、"Hannah Montana"和"Turok"。迪士尼在线则凭借2007年第四季度收购的企鹅俱乐部的注册收费，收入增长了7100万美元。然而由于投资巨大，迪士尼互动仍亏损2.58亿美金。④

2009年，尽管迪士尼互动工作室开发的视频游戏销售减少了5800万美元，但迪士尼在线的儿童虚拟社区企鹅俱乐部注册收入增加了1100万美元，日本的手机服务收入增加3900万美元，部分冲抵了视频游戏业务的不良状况。互动部门总体收入为7.12亿美元，与上年基本持平。在支出方面，则比2008年增加了4%，

① Walt Disney Company Fiscal Year 2008 Annual Report. Accessed at http://thewaltdisneycompany. com/investors/annual _ reports/2008/index. html.

② 指迪士尼与日本手机服务运营商合作，开发内容产品，比如彩信、图片、铃声、手机主题、壁纸等等。2008年3月，迪士尼和日本手机运营商Softbank发布了一项名为"Disney Mobile"的移动电话业务。在这项业务中，迪士尼并未自己经营移动电话网络，而是作为一个移动虚拟网络运营商（MVNO），租用Softbank的网络宽带，为用户提供移动电话服务。与此同时，迪士尼同期发布了一款夏普DM001，作为该业务的第一款定制手机，通过Softbank在日本的商店销售。

③ Walt Disney Company Fiscal Year 2008 Annual Report.

④ Walt Disney Company Fiscal Year 2008 Annual Report.

达10亿美元，主要用于技术基础设施费用、视频游戏和网络产品的开发费用以及市场推广费用。其中，单件产品分销和推广成本的增加以及日本手机服务业务运营的高额费用导致了总支出的提高。整体而言，2009年迪士尼互动部门的运营亏损增加了14%（3700万美元），达到2.95亿美元。[①]

**表4－2－2 2009及2008年度迪士尼互动部门运营状况对比[②]**

Operating results for the Interactive Media segment are as follows:

| (in millions) | Year Ended October 3, 2009 | Year Ended September 27, 2008 | % Change Better/(Worse) |
|---|---|---|---|
| Revenues | | | |
| Game sales and subscriptions | $ 565 | $ 603 | (6)% |
| Advertising and ather | 147 | 116 | 27% |
| Total revenues | 712 | 719 | (1)% |
| Operating expenses | (623) | (578) | (8)% |
| Selling,general,administrative and other | (336) | (249) | 4% |
| Depreciation and amortization | (50) | (47) | (6)% |
| Equity in the income of investees | 2 | (3) | nm |
| Operating Loss | $ (295) | $ (258) | (14)% |

2010年，为加强公司数字游戏业务，发掘新的消费市场，迪士尼以7.63亿美元的价格收购了社交游戏开发商Playdom，并任命Playdom的首席执行官John Pleasants和Yahoo! 的Jimmy Pitaro组成迪士尼互动的管理层。7月，迪士尼以5.6亿美元收购了Bart Decrem创建的手机游戏开发公司Tapulous。在Tapulous的基础上，迪士尼成立了移动部门Disney Mobile，裁减数百位游戏部门员工，取消了为微软Xbox和索尼PlayStation游戏机开发游戏的产品，集中精力于社交和移动平台游戏开发。[③] Bart Decrem被任命为移动部门高级副总裁，专门负责为迪士尼开发App应用游戏。由此，迪士尼互动将工作重点从家庭主机游戏转移到社交游戏和App Store上。2010年，迪士尼互动部门的收入略有增长，达到7.61亿美元，其中游戏销售和注册收入5.63亿美元，其主要推动力是企鹅俱乐部的收入；广告和其他收入1.98亿美元，由在线广告和日本手机服务收入的增长带动。由于视频游戏费用减少，亏损也有所下降，为2.34亿美元。

2011年4月，Facebook发布Playdom开发的游戏《时间花园》（Gardens of

① Walt Disney Company Fiscal Year 2009 Annual Report. http://thewaltdisneycompany.com/investors/annual_reports/2009/index.html.

② 资料来源：Walt Disney Company Fiscal Year 2010 Annual Report。

③ 迪士尼进军视频游戏 扭亏成当务之急［E］. 新浪网 http://games.sina.com.cn/y/n/2013－01－17/1432684541.shtml.

Time)，成为 Facebook 2011 年度最受欢迎的游戏。[①] 虽然该游戏 2011 年出现了严重的用户数量下滑，但依然拥有 900 万月活跃用户和 200 万日活跃用户。2011 年年末，迪士尼又将其引入到了 iPad 上。[②] 2011 年 9 月，Disney Mobile 发布第一款独立形象的 iOS 平台游戏《鳄鱼小顽皮爱洗澡》(Where's my Water?)，自推出后两个月就成为 79 个国家 App Store 付费游戏排行榜冠军，其累计下载量已经超过 1 亿次，同时还衍生了一个玩具产品线，并且还进驻到迪士尼世界 Typhoon Lagoon 水上乐园。[③] 此外，Disney Channel 还将推出 Swampy 短片系列，到 2012 年，Disney 在 App Store 上架的应用已达百款之多。

图 4－2－2　迪士尼在 iTunes 上为 iPhone 和 iPad 开发的应用

2011 年财报数据显示，迪士尼互动在 2011 年收入增加了 29%，达 9.82 亿美元，其中游戏销售和注册收入增长了 36%，达 7.68 亿美元；广告和其他收入增长 8%，为 1.98 亿美元。在游戏销售中，Epic Mickey 和 Lego Pirates of the Caribbean 的良好表现使得控制台游戏销售增加了 12%，同时 Playdom 在游戏和注册方面的收入也增加了 10%。而由于 Playdom 的运营，其费用也有所提升，加上为 Lego Pirates of the Caribbean 的开发者所付的费用增加了 12%，互动部门的费用增加了 6000 万美元，达 3.95 亿美元。整体而言，互动部门依旧亏损 2.08 亿元。

---

① Facebook 最受欢迎游戏榜单受质疑［OL］. 搜狐网 http：//news.domain.cn/html/hulianwangzixun/2011/1222/16548.html.

② Playdom 推出 iPad 版 Gardens of Time［OL］. 央视网 http：//games.cntv.cn/2011/news_01_1214/68213.shtml.

③ 迪士尼新规则：创造一个动画明星只需要六个月［E］. 人民网 http：//www.chinadaily.com.cn/hqgj/jryw/2012－03－26/content_5518320.html.

表 4－2－3　2011 及 2010 年度迪士尼互动部门运营状况对比[①]

Inreractive Media

Operating results for the Interactive Media segment are as follows:

| (in millions) | Year Ended October 1, 2011 | Year Ended October 2, 2010 | % Change Better/ (Worse) |
|---|---|---|---|
| Revenues | | | |
| Game sales and subscriptions | $ 768 | $ 563 | 36% |
| Advertising and ather | 214 | 198 | 8% |
| Total revenues | 982 | 761 | 29% |
| Operating expenses | (732) | (581) | (26)% |
| Selling,general,administrative and other | (504) | (371) | (36)% |
| Depreciation and amortization | (54) | (43) | (26)% |
| Equity in the income of investees | — | — | — % |
| Operating Loss | $ (295) | $ (258) | (32)% |

表 4－2－4　迪士尼互动部门 2008－2011 年度运营状况[②]（单位：亿美元）

| 年份 | 2011 | | 2010 | | 2009 | | 2008 |
|---|---|---|---|---|---|---|---|
| | | 增长率 | | 增长率 | | 增长率 | |
| 互动部门收入 | 9.82 | 29% | 7.61 | 7% | 7.12 | －1% | 7.19 |
| 迪士尼总收入 | 408.93 | 7% | 380.63 | 5% | 361.49 | －4% | 378.43 |
| 互动部门营业收入 | －3.08 | －32% | －2.34 | 21% | 2.95 | －14% | 2.58 |
| 迪士尼总营业收入 | 88.25 | 16% | 75.86 | 14% | 66.72 | －21% | 84.84 |

2013 年 1 月 15 日，迪士尼发布了视频游戏《迪士尼无限》（Disney Infinity），玩家可以基于迪士尼的著名动画人物购买玩偶，比如《超人特工队》中的英雄人物和《加勒比海盗》中的杰克船长，然后在游戏中体验这些人物在特有背景下的冒险经历，或者在一个虚拟游乐园里体验更多人物一起创造的新游乐世界。此外，该公司每年还将在实体店里为《迪士尼无限》推出多款玩偶和其他内容。其升级产品预计 2013 年 6 月在全球发行，将会推出包括个人电脑、平板电脑和智能手机在内的多个平台支持版本。[③] 迪士尼希望能够借《迪士尼无限》扭转互动部门连续 15 个季度以来总计亏损 9.77 亿美元的现状。在一系列的收购和开发之后，迪士尼现任总裁兼 CEO 伊格对前景感到乐观，并表示 2013 年迪士尼互动就能实现盈利。据 2013

① 资料来源：Walt Disney Company Fiscal Year 2011 Annual Report。

② 资料来源：Walt Disney Company Fiscal Year Annual Report。

③ 迪士尼进军视频游戏　扭亏成当务之急［OL］．新浪网 http：//games.sina.com.cn/y/n/2013－01－17/1432684541.shtml.

年一季度财报，迪士尼互动部门一季度营收为2.91亿美元，比去年同期的2.79亿美元增长4%；运营利润为900万美元，而去年同期的运营状况为亏损2800万美元。① 经过一系列的尝试和调整，迪士尼集团似乎找到了其数字媒体发展的趋势，它将重点关注时下热门的社交网络和互动游戏，并结合自身的多元经营产业链，实行跨媒体的经营策略。但其效果如何，还有待进一步的观察与分析。

**2. 数字媒体战略实施过程中的成败得失**

开拓数字媒体空间对于所有的传统媒体公司来说都意义重大。互联网的发展蚕食着传统媒体的广告市场，使得传统媒体的广告增速逐渐放缓，市场不断萎缩。此外，数字媒体的出现改变了人们的生活方式，让人们习惯于在电脑和手机上浏览新闻、享受娱乐、开展社交，通过付费定制自己的个性电视频道。数字媒体甚至消解传者与受众的界限，让用户能够在自己的平台上发布信息，扮演传播者的角色。② 由于以上原因，世界各大传媒集团在互联网发展之初均开展了数字媒体战略转型，以此保持自己的竞争优势。对于迪士尼来说，公司的受众定位是儿童群体，而这部分人群正在越来越多地使用互联网，因而其数字媒体转型的战略意义就显得愈加重要。

最初，迪士尼通过收购Infoseek开通Go.com，期望在群雄纷争的互联网领域占据一席之地。但它却没有利用迪士尼自身的品牌优势将之打造为Disney.com，而是耗费巨资重塑品牌Go.com与网络知名品牌Yahoo！和AOL竞争。其实，对迪士尼而言，收购网络公司、开展网络业务的部分原因是由于当时高涨的网络公司收购热潮。迪士尼建立Go.com的目标就是要尽快上市，由此它才愿意承受两年近20亿美元的亏损，而改用新的品牌不会影响迪士尼的品牌经营策略。随着网络的飞速发展，全球娱乐行业与之融合愈加深刻，迪士尼看到了互联网对一个娱乐媒体公司的重要性，此时，迪士尼又希望把Go.com当作公司旗下众多业务部门的门户。Disney.com的品牌定位于家庭和儿童，会限制其受众群，而Go.com可以作为一个统一的门户网站把用户推向公司的ABC电视台、ESPN体育台、主题公园、消费产品等，从而用一个综合门户网站笼罩公司所有的媒体部门。然而，时代华纳和美国在线的合并组成了当时美国最大的网络服务供应商，他们能够提供更专业的服务（高速的网路接入和有线服务），③ 迪士尼很难与之竞争。另外，在收购Infoseek之后，迪士尼继续用传统媒体的规则管理Infoseek，与自由的网络媒体之间的文化对立使得迪士尼互联网部门的管理者和技术人员纷纷出

---

① 迪士尼Q1财报解读：主题公园国际地区业绩下滑［OL］．腾讯财经 http：//finance.qq.com/a/20130206/001430.htm.

② 刘玲．世界五大传媒集团新媒体战略比较分析［J］．出版科学，2011，5.

③ Blevins，Jeffrey Layne.（2004）. *Battle of the online brands：Disney loses Internet portal war*. Television and New Media，Vol.5：247—271.

走。迪士尼一方面不知道新的经济形态要如何发展，另一方面又时常干预，定位不清晰、文化的差异使得 Go. com 问题重重，最终在巨额亏损之下 Go. com 被迫关闭。

自从 Go. com 惨败之后，迪士尼公司转换了策略，不再通过收购和开发新的品牌来拓展数字媒体领域，而是将既有的迪士尼、ABC 和 ESPN 品牌内容延伸到互联网上。在管理上，迪士尼也开始采取分散化的管理方式，网络业务不再由迪士尼互联网集团统一管理，而是将更多的权力下放到公司独立的业务部门——ABC、ESPN、主题公园等部门，各部门可自行决定网站的内容，并独立联系广告商，同时也要自行承担维持网站运营的费用，而迪士尼互联网集团（WDIG）只负责为各部门网站提供战略领导、业务运营技术支持和提供可支持迪士尼所有互联网业务的技术平台。这项措施充分利用了迪士尼内容和品牌的优势，并且使得各部门在互联网领域能够更加灵活，从而发挥更大的主动性。2003 年迪士尼网络部门终于迎来首度盈利，2004 年更是实现了持续盈利。

总体看来，艾斯纳在任期间的数字媒体策略更多的注重于内容提供，而较为忽视渠道的发展，① 2005 年伊格上任后，则更加积极投身于移动通信、网络电视等数字媒体的业务开发。数字媒体能够补充迪士尼影视娱乐的媒体网络，增加新的推销渠道。将迪士尼影视娱乐的内容扩展到互联网上，开发网络社区、网络游戏，还能创造增值价值；此外，数字媒体还可以推动迪士尼影视娱乐、迪士尼媒体网络继续向下游产业发展。在这一时期内，迪士尼的网络部门开拓了各种渠道，但同时也有许多失败的尝试，其原因在于过高地估计了迪士尼品牌对用户的影响，同时又过低估计了市场的竞争。

2008 年，随着社交网络和移动业务在全世界的发展，迪士尼重组了网络部门，将网络集团和迪士尼互动工作室合并为迪士尼互动媒体集团，统一管理数字媒体业务，并将战略重点转向虚拟社区业务。社交媒体能够触及更为广泛的受众，可以说也可能被用作一种较为隐秘的市场工具。迪士尼通过企鹅俱乐部等虚拟社区开展多种在线服务，不仅吸引了一定的市场份额，同时通过游戏中的虚拟交易培养了孩子们消费的模式，为其网络世界的营销奠定了基础。2010 年，迪士尼收购社交网站游戏开发公司 Playdom 和手机游戏开发公司 Tapulous，逐渐减少了开发成本较高的视频游戏，转而投入成本较低且颇受欢迎的社交游戏和移动 App，《鳄鱼小顽皮爱洗澡》《时间花园》等一系列热门游戏推出之后，已经受到玩家的广泛认可。虽然创立至今迪士尼互动一直在亏损，但其一直在积极调整战

---

① Mermigas.（2000）. *Open Mike：Eisner Speaks Out*. Electronic Media，9. 25，1，43－45.

略，紧随技术前沿、试图掌握市场主动权、积极探索盈利模式。

作为世界传媒娱乐巨头，迪士尼在实行数字媒体战略转型的实践中，主要坚持了以下几点策略：①作为世界知名内容提供商，迪士尼依然坚持了内容为王的策略，通过提供高质量的内容，结合自身迪士尼、ESPN、ABC等知名品牌开拓数字平台，将以往的各项业务与数字化渠道有机地整合在一起，从而实现了集团业务领域的进一步扩张。②不断开发新技术、适应新平台，在数字媒体领域积极开展宽带服务、无线服务，同时紧跟时代发展开发社交游戏、移动应用，以实现在任何媒体平台上都能提供迪士尼的内容，充分地与受众接触。③全球化推广。迪士尼的娱乐业务遍布全球，在开发数字媒体业务时，迪士尼互动也遵循着这一原则。如今，欧洲、南美和亚洲已经成为迪士尼互动的重要市场。其实，以上这三点策略和迪士尼一直秉承的发展战略是一脉相承的——制作高质量的内容、开发新的技术和全球化的扩张。然而，如前所述，迪士尼的数字媒体战略转型并不是一帆风顺的。

从迪士尼的数字媒体转型发展历程来看，其启示在于传媒集团需立足于自身优势，敏感把握技术发展方向，用开放的思维及时应对，方能顺应传媒产业数字化的变革。

**表 4-2-5　迪士尼数字媒体战略大事件**

| 年份 | 数字媒体战略大事件 |
| --- | --- |
| 1999 年 | 收购搜索引擎公司 Infoseek，建立门户网站 Go. com |
| 2000 年 | 在日本推出 Disney-i 手机移动服务 |
| 2000 年 | 成立迪士尼互联网集团，并上市 |
| 2001 年 | 关闭 Go. com、MrshowSiz. com 等一系列网站，迪士尼网络部门归入媒体网络部门 |
| 2003 年 | 迪士尼网络部门首次全年度盈利 |
| 2005 年 | 成为首家为苹果 iTunes 提供 ABC 和 Disney Channel 电视剧的公司 |
| 2006 年 | 成为首家为苹果 iTunes 提供电影下载的公司 |
| 2007 年 | 收购大型儿童在线社区企鹅俱乐部 |
| 2008 年 | 重组迪士尼互动工作室和迪士尼互联网集团，成立迪士尼互动部门 |
| 2010 年 | 收购手机游戏开发公司 Tapulous、社交游戏开发商 Playdom |
| 2011 年 | 发布第一款独立形象的 iOS 平台游戏《鳄鱼小顽皮爱洗澡》 |
| 2013 年 | 发布视频游戏《迪士尼无限》 |

## 三、迪士尼的“中国旋风”

在迪士尼的全球化推广过程中，中国市场可说是其中重要的一环。

**1. 登陆中国的筹码**

20世纪30年代，迪士尼动画就曾在上海、北京等大城市的电影院中上映。1937年，迪士尼公司的动画长片《白雪公主和七个小矮人》在中国同步上映，掀起热潮。但是之后世界大战和冷战期间的隔绝，使得迪士尼并未能够继续开发中国市场。①

直到改革开放后，1986年中央电视台与迪士尼签署许可协议，每周日黄金时段播出30分钟的迪士尼动画节目《米老鼠和唐老鸭》，很快这两个卡通人物就成为中国最受欢迎的动画明星。也正是通过它们，许多中国人知道了迪士尼这个名字。但后来由于知识产权纠纷，迪士尼公司撤消了与中央电视台的播出合同，自动退出中国市场。②

然而中国庞大的受众市场，让迪士尼公司难以割舍。1993年，《米老鼠杂志》在中国发行。1994年，迪士尼凭借ABC创办并运营的一档中国儿童电视节目《小神龙俱乐部》，向中国大陆电视台提供最新迪士尼动画片。1996年ABC被迪士尼收购后，开始播出大量迪士尼的节目，包括动画片和自制的儿童节目。从2002年起，迪士尼动画世界也并入《小神龙俱乐部》播出。该栏目覆盖了我国31个省市的49家有线电视台，拥有1.6亿受众，成为我国影响最大的青少年电视栏目之一。③

此外，1994年迪士尼控股的ESPN开始与上海有线进行合作，上海有线成了当时中国大陆第一家与ESPN合作的地方传媒。ESPN享有NBA、英超、意甲、西甲等世界著名体育赛事的独家转播权，凭借其丰富的体育转播资源和低价的市场优势，ESPN开始与更多的地方电视台体育转播频道合作，逐渐扩展到了30多家。但是后来，由于转播费用、商业运作方式等方面的分歧，有不少电视台陆续终止了与ESPN的合作。截至2002年7月，国内有33家有线电视台在转播ESPN的节目。④

---

① 孙立军，马华．美国迪士尼动画研究［M］．北京：京华出版社，2010：277.

② 方家平．迪士尼的中国野心［J］．中外企业文化，2005，11.

③ 唐润华．解密国际传媒集团［M］．广州：南方日报出版社，2003：275.

④ 唐润华．解密国际传媒集团［M］．广州：南方日报出版社，2003：275.

图 4－3－1　迪士尼在中国流行的儿童节目《小神龙俱乐部》（Dragon Club TV show）

1995 年，迪士尼动画影片《狮子王》名列中国首批 10 部引进大片之列，成为新中国成立以来第一部在中国放映的迪士尼电影，之后《人猿泰山》《加勒比海盗》等迪士尼影片相继播出并获得好评。从《米老鼠和唐老鸭》到《狮子王》，20 年里迪士尼在中国已经从一个卡通品牌进一步扩张，渗透到我国大量公众的日常生活和娱乐中。当时，迪士尼已是中国国内最大的动画节目提供商，每天通过《小神龙俱乐部》为全国几十家有线电视台供片；中央电视台体育频道近乎一半的节目从其旗下的 ESPN 体育娱乐网引进；中影每年引进的十部大片中至少有一部由迪士尼出品。①

2. 如何“搭台唱戏”

迪士尼的作风和对知识产权的重视，使它始终将注意力放在了发达国家与地区。2001 年之前，迪士尼在中国的业务主要是提供儿童节目和 ESPN 体育节目，凭借内容来塑造品牌，但它没有在中国进行直接的投资，因此迪士尼公司在中国获得的收益与其全球总收入相比，几乎可以忽略不计。但从 2000 年开始，发达国家和地区的竞争白热化，网络业开始萧条，世界经济总体上趋于低落，传媒巨头们都希望能通过扩展亚洲尤其是中国市场来寻求新的盈利点。此时，迪士尼的几个竞争对手已经明显抢在了前面：维亚康姆“MTV 天籁村”、新闻集团的 Channel [V]、Discovery 等都已经在中国的电视台获得了稳定的播出时段，AOL 时代华纳在与中国联想集团联手搭建跨媒体平台，甚至一些小型的娱乐文化传播公司

① 孙立军，马华．美国迪士尼动画研究 [M]．北京：京华出版社，2010：298.

(如美国的星光映佳公司)，都已成功登陆中国大陆。[①]

面对这样的情况，迪士尼当然不会袖手旁观。然而，由于中国对传媒、电信领域控制较严，有许多政策限制，迪士尼直接部署媒体网络的可能性很小，因而它采取了迂回的方法。其一是从网络和娱乐业务切入，待时机成熟之后再大力拓展其他业务。其二是兴建香港迪士尼乐园、开办迪士尼英语培训、部署消费品零售渠道。通过线上线下的拓展与互动，迪士尼进一步向中国传输其娱乐文化。

①网络切入，构建数字媒体平台。与众多外资媒体进入中国的方式不同，迪士尼公司在搭建网络平台时，并没有选择常见的参股、控股等资本运作方式，而是充分利用迪士尼的品牌价值，采用授权方式开展合作。2001 年 3 月 8 日，迪士尼互联网集团和中国大陆的海虹控股宣布达成战略合作协议，双方携手共同开发中国互联网市场。海虹控股负责独家经营迪士尼中文网站“www. disney. com. cn”及迪士尼收费游戏频道“迪士尼小旋风 DisneyBlast”，并全权负责该网站及收费频道在中国包括网络广告在内的所有业务，迪士尼则提供海虹控股境外的广告客户及赞助商资源。迪士尼中国网站将涵盖迪士尼英文网站的全部精华，包括娱乐、游戏、游乐、家庭和度假等频道，全天候 24 小时为中国 2000 万网络用户提供迪士尼旗下的娱乐和新闻；而 DisneyBlast 收费频道除了原有的内容以外，还将增加由双方合作共同开发的网上英语教学内容。此外，根据协议，迪士尼中文网站将链接到海虹控股旗下的所有网站，这包括中国最著名的游戏网站——联众游戏世界（ourgame. com）和亚联游戏（asiagame. com)，以及教育网站——启迪网(ChinaED. com）等。在合作期内，海虹支付迪士尼公司一定的内容使用费，双方并就信息收入和广告收入进行分成。在这项合作中，迪士尼几乎没有投入任何的费用，付出的是品牌、内容和广告商资源，海虹付出的是资金和运营。通过与当地互联网服务商的合作，迪士尼还避免了中国的网络内容审查。当然，迪士尼更深一步的目标不只在在线游戏等娱乐方面。从业务上看，它的核心业务主要是电影作品、娱乐性电视频道和主题公园三大块，建立中文网站只是给了迪士尼打开中国市场的一把钥匙。而海虹看重的是迪士尼的品牌。[②]

然而，由于海虹控股在与迪士尼的合作中投入较多、所获甚少，成立之后一直亏损，加上要持续支付给迪士尼版权费用，两年之后，这项合同提前终止。2003 年 10 月 30 日，搜狐宣布接收迪士尼互联网在华的一切业务，成为迪士尼在中国大陆新的互联网领域合作伙伴。迪士尼借用搜狐对中国市场的了解和对用户广泛的触及率，结合自身跨媒体服务提供商的经验和技术平台，提供了一系列在

① 唐润华．解密国际传媒集团［M］．广州：南方日报出版社，2003：276.

② 彭程，武齐主编．迪士尼营销［M］．北京：中国经济出版社，2003：233.

线和无线的内容服务。搜狐改造了原来海虹建设运营的迪士尼中国网站，提供了迪士尼最新的信息和娱乐内容，另外还提供了迪士尼品牌的其他娱乐内容，如好莱坞制片厂、试金石影业、米拉麦克斯等影讯。此外，迪士尼和搜狐的合作不仅限于网站内容的合作，更有在手机短信、彩信等移动增值业务等方面的合作，由此，米老鼠、维尼熊、狮子王等迪士尼卡通形象第一次正式登陆中国大陆的无线增值服务。①

除了迪士尼中文网站之外，迪士尼充分利用新的数字技术，和本土企业合作，将各项业务带入中国。2005 年，香港迪士尼主题公园正式对游客开放后，迪士尼授权旅游网站携程网为香港迪士尼主题公园在内地的唯一合作网站，负责销售香港迪士尼门票、香港迪士尼乐园酒店和迪士尼好莱坞酒店的网上预订。2005 年 7 月，迪士尼公司与空中网进行合作，在中国市场推出了一款专门针对女性玩家的手机游戏——米老鼠麻将，这是迪士尼为中国用户量身定做的第一款手机游戏。② 2009 年 4 月，一向以授权商生产并铺设卖场、百货专柜、专卖店销售品牌的迪士尼在上海推出中国首个迪士尼授权的 B2C 网络购物平台“小主人网迪士尼专区”，相比传统线下零售，其网购渠道可覆盖 300 个一、二、三线城市。同年，迪士尼与中国网络游戏巨头盛大达成合作意向，共同开发以迪士尼品牌故事为背景的本土化游戏——《迪士尼魔幻飞板》。③ 2010 年，SNS 网站人人网宣布与迪士尼公司下属的迪士尼互动媒体集团合作，在人人网上推出“迪士尼品牌专区”，米老鼠、唐老鸭、小熊维尼、白雪公主等迪士尼卡通人物形象皆登陆到人人网的装扮中心、礼物频道等相关频道，双方还结合了节日或促销等主题，运营迪士尼娱乐专区的线上活动。④ 2010 年 5 月，迪士尼消费品部门与淘宝合作，宣布正式进驻淘宝商城，提供 5000 多种正版迪士尼授权产品。⑤ 由于文化的差异和政治环境不同，迪士尼向中国提供的互联网产品和服务经历了本土化的发展的困境与突破。尽管迪士尼是一个彻底的美国公司，但它通过本土化的营销方式以适应当地的商业环境和消费习惯，由此迪士尼终于融入了中国互联网市场。

②各领域投资，本土化经营。2003 年 1 月 12 日，投资总额约为 35 亿美元的香港迪士尼乐园正式破土动工，意味着迪士尼调整中国战略，大举开发中国市

---

① Weber，Ian.，&Lu，Jia.（2007）. *Internet and self-regulation in China：the cultural logic of controlled commodification*. Media Culture Society，Vol. 29（5）：772 - 789.

② 方家平．迪士尼的中国野心［J］．中外企业文化，2005，11.

③ 赛艾厦．迪士尼——娱乐王者的网络之舞［J］．销售与市场，2010，3.

④ 人人网联手迪士尼 探索营收新模式摆脱同质化［E］．凤凰科技 http：//tech.ifeng.com/internet/detail_2010_05/13/1512883_0.shtml.

⑤ 迪士尼开通淘宝商城旗舰店 销售正版产品［E］．凤凰财经 http：//finance.ifeng.com/usstock/realtime/20100105/1667312.shtml.

场。香港迪士尼乐园是中国首个迪士尼主题乐园，是除美国本土之外的第三个主题公园，也是沃特·迪士尼公司的全球第 11 个主题乐园。迪士尼为此投资了 3.14 亿美元，拥有香港迪士尼乐园 43%的股份；香港政府承担 4.17 亿美元，拥有 53%的股份。除此之外香港政府还斥资 17.4 亿美元建设与乐园相关的基础设施。迪士尼公司在与香港政府的合作中，主要提供的是品牌与管理经验。①

显然迪士尼投资香港迪士尼乐园的主要目的是为了给其他业务进入中国提供一个机会，最终是要进入市场前景广阔的中国大陆娱乐传媒市场。迪士尼前 CEO 艾斯纳在谈到中国时说："这是一个经济正在持续增长的国家，他们的文化非常重视家庭，而这正是迪士尼的主要顾客。"② 迪士尼现任 CEO 伊格也认为，对迪士尼来说，中国市场有着全球最大的增长潜力，虽然在未来的几年里，迪士尼在中国的投资不太可能实现盈利，但迪士尼看中的是中国传媒市场的未来。③

**图 4-3-2　2005 年 9 月 12 日，香港迪士尼乐园开幕**

在开拓中国市场业务时，迪士尼认为本土化的合作方式更易打开中国的市场，因此一直坚持用本土化的内容和人才，以建立和巩固迪士尼品牌的国际化地位。香港迪士尼乐园在保留着美国本土风格的同时，也采用了许多中国的概念。负责香港迪士尼乐园景观设计的 Paul Comstock 表示，在考虑自然景观时，他特意设计了很多具有中国特色的景观。为配合中国传统节日，如春节、中秋节，乐园也会举办各种庆祝活动。④ 在香港迪士尼乐园，所有园内的演艺工作人员都需掌握普通话、英文和粤语三种语言，演出的节目也考虑到当地语言，园内更有许

---

① Walt Disney Company Fiscal Year 2003 Annual Report.

② Walt Disney Company Fiscal Year 2005 Annual Report.

③ Walt Disney Company Fiscal Year 2010 Annual Report.

④ 炎炎．走进香港迪士尼［J］．沪港经济，2005，4.

多亚洲特有的美食。但是，占地面积小、游玩项目相对较少、收费标准高于国内、互动优势较难发挥等等问题让香港迪士尼乐园“中国化”的过程中依然遭遇障碍。开张后的第一年，其游客数量比其预期的560万人少了40万。2012年，在开张7年之后，香港迪士尼乐园才迎来首度盈利。①

2008年，迪士尼英语学习中心在上海开办，目前已经在中国开设了44家培训中心，这是迪士尼针对中国市场特别推出的一项业务。英语学习中心在教授孩子学习英语时，使用迪士尼卡通形象为主要元素的电子互动材料，会让他们对迪士尼卡通形象产生深刻而良好的印象，② 这项业务成为了迪士尼开拓业务、塑造品牌的又一渠道。

2011年4月8日，迪士尼和上海申迪集团〔Shanghai Shendi (Group) Co., Ltd〕联合声明中国政府已经同意在上海浦东建设迪士尼公园。在上海迪士尼乐园项目中，双方投资设立了两家业主公司——上海国际主题乐园有限公司和上海国际主题乐园配套设施有限公司，其中迪士尼持有43%的股份，上海申迪持有剩余的57%；同时还将成立一家管理公司——上海国际主题乐园和度假区管理有限公司，迪士尼持股70%，上海申迪集团持股30%，负责度假区的创意、发展和运营。上海迪士尼乐园预计总投入245亿元人民币，此外将投入45亿元人民币用于建设其他设施。上海迪士尼乐园总规划面积7平方公里，第一期占地3.9平方公里，包括上海迪士尼主题公园、2家共提供1220个床位的主题酒店、一家零售、餐饮娱乐的综合体和一处户外娱乐休闲区，预计在5年内开业，未来还将继续拓展。③ 迪士尼公司总裁兼CEO罗伯特·伊格表示，上海迪士尼乐园是公司历史上的一个重要的举措，而在上海的度假区将是一个融合经典迪士尼故事人物与中国特色和魅力的世界级家庭度假胜地。鲜明的迪士尼特色和中国特点的上海迪士尼度假区将是两国合作的共同诉求。④

移动通信技术与互联网的结合可说是近年来传媒领域最为引人注目的新变革，迪士尼在这方面也在中国市场上把握好了良机。2011年8月，中国移动与迪士尼正式签署战略合作协议。迪士尼是中国移动首个移动梦网品牌合作伙伴，通过此次合作，中国移动以迪士尼移动官网的形式在中国大陆独家运营迪士尼内容，为中国超过6亿手机用户提供精彩的迪士尼内容与故事。根据合作计划，双方将基于移动通

---

① 香港迪士尼乐园营业七年首度盈利［OL］. 华尔街日报 2012－11－30，http://cn.wsj.com/gb/20121130/bch115220.asp.

② 迪士尼：老牌娱乐帝国的新拓展［OL］. 网易财经 http://money.163.com/11/0919/14/7EAPHSGD00253G87.html.

③ 资料来源：上海迪士尼乐园官方网站［OL］. http://www.shdsn.com/disney/?page_id=45。

④ 邓林. 2011年中国动漫游戏产业发展回顾与思考. 崔保国主编. 2012：中国传媒产业发展报告［M］. 社会科学文献出版社，2012：202.

信网络平台展开多个产品和服务的合作，在移动梦网（wap.monternet.com）共同建立品牌社区，包括“迪士尼移动官网”和“漫威英雄会”，同时，还将合作推出国产动漫品牌“喜羊羊与灰太狼”移动互联网社区。此外，手机用户还可以享受到丰富的迪士尼品牌移动增值业务，包括高品质的手机图片、手机主题、手机游戏、手机动漫和手机图书等资源，涵盖了迪士尼旗下的米奇、唐老鸭、小熊维尼、迪士尼公主、史迪奇、加勒比海盗，漫威旗下的钢铁侠、蜘蛛侠等经典人物形象，以满足不同年龄和性别的手机用户的需求。①

技术的迅速发展和家庭收入的增长，使得中国的娱乐需求逐渐增加，对娱乐的质量要求也越来越高。迪士尼凭借其知名的品牌、优质的内容，广泛开发各合作平台，结合本土化的营销，成功地打入了中国的市场。迪士尼已经在中国总部成立电影部门，今后会打造更多具有中国本土特色的系列人物，以实现多元化多平台的盈利。现在，迪士尼几乎所有的业务部门在中国都有部署，电影、出版、数字媒体、消费品、香港迪士尼乐园和正在建设中的上海迪士尼乐园，与美国总部基本一致的业务架构使得迪士尼成为在中国影响范围最广泛的国际娱乐传媒公司之一。

## 四、迪士尼转型的启示

迪士尼作为全球娱乐传媒业的巨头，其数字化转型的策略和实践对于中国传媒业在数字化时代的发展，有一系列启示。以下我们将结合关于我国传媒业数字化发展现状的讨论，分析这些启示。

### 1. 中国传媒产业数字化发展现状

进入21世纪以来，我国互联网在网络技术、基础设施、内容资源、用户数量等方面持续稳定增长，网络化程度日益提高。根据中国互联网络信息中心（CNNIC）2013年1月发布的《第31次中国互联网络发展状况统计报告》，截至2012年12月底，我国网民规模达到5.64亿，全年共计新增网民5090万人；互联网普及率为42.1%，较2011年底提升3.8%，保持低速增长。与之相比，移动网络各项指标增长速度全面超越电脑网络，手机在微博用户及电子商务应用方面也出现较快增长，移动媒体已经发展成为数字媒体中最有潜力的一股新力量。2012年我国手机网民数量为4.2亿，年增长率达18.1%，网民中使用手机上网的比例也继续提升，由69.3%上升至74.5%，其第一大上网终端的地位更加稳固，但是

① 中国移动与迪士尼宣布战略合作［E］. 和讯网 http://tech.hexun.com/2011-09-23/133677791.html.

手机网民规模与整体 PC 网民（包括台式电脑和笔记本电脑）相比还有一定差距。[①] 据台湾研究机构 Digitimes Research 称，2012 中国大陆智能手机销售量达 1.89 亿部，同比增长 137%，[②] 据工信部统计的数据，2012 年我国移动电话用户达 11.12 亿，宽带接入用户达到 1.67 亿，其中 3G 用户为 2.32 亿户。[③] 与此同时，以苹果 iPad 为代表的平板电脑也加入了移动互联网终端的行列。

在各类网站之中，我国社交网站的发展最为迅猛。截至 2012 年 12 月底，我国微博用户规模为 3.09 亿，较 2011 年年底增长了 5873 万，网民中的微博用户比例达到 54.7%；其中手机微博用户规模 2.02 亿，占所有微博用户的 65.6%，成为近 2/3 中国网民使用的最重要的互联网应用之一。微博基于用户关系分享和获取信息，这种方式改变着人们的社会生活体验，并且不断推动着人们信息传播与社交方式的变化。此外，CNNIC 的报告还显示，截至 2012 年 12 月，我国网络购物用户规模达到 2.42 亿，网络购物使用率提升至 42.9%。与 2011 年相比，网购用户增长 4807 万人，增长率为 24.8%。在网民增速逐步放缓的背景下，网络购物应用依然呈现快速的增长势头。

网民规模的壮大、社交网站的兴起、电子商务的发展以及网络基础设施的不断完善，为我国网络经济的持续发展奠定了基础。在信息经济和数字技术革命的推动下，网络、智能手机、移动终端等数字媒体设备愈加普及，媒体愈加呈现出网络化、移动化、融合化、社会化的趋势。根据艾瑞咨询提供的数据，2012 年我国网络广告收入达 753.1 亿元，较去年增长 46.8%；网络游戏收入为 518 亿元，增幅 19.4%；2012 年，中国网络经济市场总体规模达 3850.4 亿元，同比增长 54.1%。[④]

在此背景下，我国传统传媒集团近年来亦致力于发展数字化战略转型，在数字技术的推动下，由传统单一媒体走向多媒体融合、立体传播，报网融合、广电网融合成为大众传播领域的热点。许多报业集团都建立自己的新闻网站，将报纸内容数字化；出版集团着力打造内容运营平台，大力发展电子书，拓展各种多媒体终端形式的阅读；广电集团通过战略联盟的方式在广电技术、内容、渠道、终端上全面整合。然而，我国传媒产业"条块分割"的管理体制、不明晰的产权和不合理的股权结构，造成了传统媒体区域化分割和行业化分割，大多媒体都局限在某一区域之内，规模较小、实力较弱，盈利意识、市场导向不显著。国内传统

---

① 数据来源：第 31 次中国互联网络发展状况统计报告［EB］. CNNIC，http：//www. cnnic. net. cn/。

② 2012 年中国智能机销量达 1.89 亿部 同比增长 137%［EB］. 和讯科技 http：//tech. hexun. com/2012－12－26/149516100. html.

③ 数据来源：工信部 2012 年全国电信业统计公报［EB］. http：//www. miit. gov. cn/n11293472/index. html。

④ 数据来源：艾瑞咨询［OL］. http：//ec. iresearch. cn。

媒体在与市场化数字媒体竞争的过程中，其数字媒体发展处于劣势。[①] 目前来看，我国传媒集团面向数字媒体转型的方式，主要表现在以下四个方面：

①建设数字媒体新平台。传统媒体通过自身内容、渠道等原有资源优势，大力拓展数字媒体业务，抢占数字媒体发展市场。20 世纪 90 年代，国内许多报社、电台、电视台等传统媒体都建立自己的官方网站，并把网站运营作为自己接触数字媒体的基本手段和主要阵地。传统媒体网站能够凭借其内容优势实行一体化发展，随时发布信息，及时更新网站内容；还能结合互联网的特点设置话题，供受众直接参与交流。[②] 2012 年，传统新闻媒体机构创办的新闻门户网站日均覆盖人数 2228 万人，其中新华网日均覆盖人数 338 万，日均网民到达率 1.9%，居于第一；人民网日均覆盖人数 375 万，位居第二。但与综合门户网站的新闻频道相比，传统媒体网站的用户覆盖率仍处于下风。如腾讯新闻中心的用户覆盖率为 21.8%，新浪新闻中心为 14.8%，搜狐新闻中心为 9.4%。[③] 广电方面，2011 年 8 月 25 日，由深圳广电集团等 30 家成员单位共同组成的城市网络电视台 CUTV 获国家广电总局批准正式开播，与此同时各地网络电视台也相继成立开播，中国广播电视网络公司即将上市。[④]

总体来看，我国传统媒体虽然建立了网站，但这些网站还处于信息经营的初级阶段，信息栏目设置严重同质化、内容功能结构比较单一，很难找到有效的盈利方式。目前传统媒体网站的收入主要依靠在线广告（64.9%）、企业信息化服务（29.7%）、移动增值（24.3%）和内容产品销售（16.2%）。可以说，新闻网站很多盈利模式都是依靠政策垄断资源带来的盈利。而另一方面，商业网站则呈现出立体化的盈利布局，尤其是网络游戏已进入相对成熟的阶段。[⑤]

②与其他数字媒体开展业务合作。传统媒体凭借其内容优势、人才优势、渠道优势、品牌优势等，与数字媒体公司开展各种形式的合作。2004 年上海文广新闻传媒集团分别与中国电信集团公司、上海移动、江苏移动共同签署战略合作框架协议，在电信增值业务及数字媒体业务开发应用领域结成全面战略合作伙伴关系，快速而又低成本地进入相关产业，实施多元化扩张。[⑥] 2010 年国内四大门户

---

① 林晖．“双重转型”态势下中国传媒业发展战略［J］．新闻记者，2009，9.

② 许振洲．新媒体的勃兴与传统媒体的迷失［J］．新闻爱好者，2011，3.

③ 数据来源：中文网站排行榜，2012 年 2 月 27 日新闻地方综合排名［OL］．http：//top.chinaz.com/list.aspx? id=29。

④ 张惠建．传统媒体转型前沿探索．崔保国主编．2012：中国传媒产业发展报告［M］．北京：社会科学文献出版社，2012：150－151.

⑤ 钟瑛，罗昕．中国主流媒体网站管理现状调查分析．尹韵公主编．中国新媒体发展报告 No.3（2012）［M］．北京：社会科学文献出版社，2012：222－226.

⑥ 张惠建．传统媒体转型前沿探索．崔保国主编．2012：中国传媒产业发展报告［M］．北京：社会科学文献出版社，2012：150－151.

网站均开设微博，霎时间掀起热潮，各传统媒体也不甘落后，纷纷在新浪、腾讯等微博平台上开辟官方微博，一方面提高自己的传播能力与水平，以营造适应时代和公众的传播生态；另一方面也提升了自己的品牌和影响力。如今，微博已经成为不少传统媒体开拓数字平台的新手段，如《人民日报》在新浪微博的“粉丝”已达516万，《南方都市报》“粉丝”数达422万，《新闻晨报》有363万。然而，这其中大部分的官方微博基本上是传统媒体的摘要版，与“粉丝”的互动也很弱，其运作方式和盈利模式仍处在探索之中。

另外，随着智能手机、平板电脑等移动终端的普及，各大传统媒体也相继推出自己在移动平台上的应用，如基于iOS平台和Android平台的“新华炫文”、《广州日报》《解放日报》《新京报》《东方早报》等移动App。人民网则针对Andriod开发了“人民网新闻综合客户端”，针对iPhone开发了“人民网阅读器”“人民网视频”“人民网日语版”“People's Daily Online”等不同的应用客户端。[①] 2011年6月，央视联合中国移动在2011年首次推出国内第一份视频手机报，试图建立一条覆盖“终端—业务—内容”的产业链，加深视频产业内容与移动平台的融合。[②] 传统媒体期望通过全方位、多渠道的布局争取不同的受众群体，从而进一步提升自身的竞争力和影响力。在盈利模式方面，传统媒体也在不断地摸索之中。2010年11月《第一财经周刊》推出iPad版本后坚持收费的策略，两年后全年订阅的用户达到2.5万人。[③]“2012中国新媒体30强”的上榜应用“财新网for iPhone”则是以财新网的内容为基础，在对用户不产生干扰的情况下，适当、适量地植入广告，通过广告收入获得增值。[④] 然而，就目前状况而言，传统媒体移动App仍存在诸多问题，如信息的同质化趋向、缺乏个性订阅功能、不注重用户体验指标、盈利模式仍不明确等等。

③建设新媒体产业园。随着数字媒体产业的飞速发展，我国部分实力强大的传统媒体开始投资建设新媒体产业园、新媒体产业基地和媒资中心等，以开拓产业发展空间、实现数字化战略转型。新媒体产业园是一个独立的空间区域和产业形态，包括原生的新媒体形态以及信息网络技术和传统媒体融合产生的新媒体形态，还包括数字技术与工业生产结合后出现的实体产品。新华社的新媒体研发基地新华网产业园区创建于2011年，是新华社第一个传媒高新技术研发生产基地，

---

① 贾金玺，张逸．新闻网站移动化发展报告．尹韵公主编．中国新媒体发展报告No.3（2012）[M]．北京：社会科学文献出版社，2012，283.

② 栾轶玫．媒体从“新”出发——2011年新媒体年度盘点．崔保国主编．2012：中国传媒产业发展报告[M]．北京：社会科学文献出版社，2012，231.

③ 传统媒体突围新媒体：站在内容和技术十字路口[E]．腾讯科技 http://tech.qq.com/a/20130104/000013.htm.

④ 张德君，徐园，张宇宜．传统媒体App应用的问题与方向[J]．中国记者，2012，9.

可拓展新华社“全媒体”业态、增强在数字媒体领域的传播力和竞争力；南方报业传媒集团投资的南方新媒体文化产业园则于2011年8月成立，按照“政府引领、市场主体、借势借力”的模式运行。这些新媒体产业园可以为传统媒体集团提供基础设施、技术支持，完善上下游产业链，开发数字媒体技术和多媒体产品，并发展一条集网络媒体、移动互联网、网络视频、电子商务、触摸媒体、LED媒体、数字出版于一体的新媒体产业链。①

④资本运作。随着三网融合的推进和移动互联网时代的到来，IPTV、网络视频、手机电视等新的媒体业态相继涌现。国内传媒企业通过上市融资，能够借助资本市场的力量研发各数字媒体技术并拓展内容运营，继而提升其数字媒体技术与市场营销能力，构建数字媒体产业链，从而实现战略转型。数字媒体属于资本密集型产业，没有资本运作，很难与国外或商业数字媒体企业相抗衡。

在实践操作方面，2011年12月，经过一年多的重组工作，上海广播电视台、上海东方传媒集团有限公司（SMG）旗下的百事通新媒体股份有限公司正式在上海证交所挂牌上市，成为国内新媒体上市第一股，致力于打造集合电视、计算机、手机、移动智能终端等多屏联动的“一云多屏”智能媒体。② 2012年4月，人民网在A股市场上市，成为第一家在国内A股上市的新闻网站和第一家在国内A股整体上市的媒体企业。此外，新华网、东方网、北方网、千龙网、大众网、浙江在线等数十家新闻网站也在积极筹划上市，③ 反映了主流媒体通过资本运作的数字媒体转型战略。

从国内的发展情况来看，虽然传统媒体采取了多种方式与数字媒体相融合，但其时机相对滞后，总体转型效果一般。从政策环境来说，中国的媒介产业在管理体制方面仍处于条块分割管理的框架下，严重制约着媒体集团的跨地域跨媒体经营；从技术环境来说，传统媒体集团作为传统的内容供应商和媒体运营商，在信息数字化技术、移动通信终端技术的发展之下没有了渠道控制的优势，也不具备终端制造的能力，其相对单一的信息聚合能力与社会多元而海量的信息需求形成矛盾。从市场环境来说，传统媒体的广告市场正在不断被数字媒体侵蚀，企业的营销活动及其信息传播越来越趋向于个性化营销和精确传播。然而，随着数字传播技术的不断发展，我国受众获得信息和进行娱乐的方式将快速改变，数字媒

---

① 李大元．中国新媒体产业园区发展报告．尹韵公主编．中国新媒体发展报告No.3（2012）[M]．北京：社会科学文献出版社，2012：178.

② 张锐．2011年中国传媒业资本运作分析．崔保国主编．2012：中国传媒产业发展报告[M]．社会科学文献出版社，2012：309.

③ 尹韵公，刘瑞生．成长中的新媒体：虚拟和现实社会的冲突和融合．尹韵公主编．中国新媒体发展报告No.3（2012）[M]．社会科学文献出版社，2012：14.

体在用户数量、影响力、经营水平等方面都会对我国传统传媒集团形成挑战。在这种情况下，我国传统传媒集团必须转变观念，加快完成数字媒体的战略转型，才能在未来的竞争中立于不败之地。

**2. 迪士尼的“他山之石”**

随着数字化时代的到来，受众对数字体验的需求在逐渐上升并成为趋势，传媒行业的数字消费开始迈入黄金年代。根据《全球娱乐及媒体行业展望》在2011年6月发布的数据，世界数字化传媒产品的收入已占媒体行业全部收入的26%，并预计到2015年将达到33.9%。为了应对数字时代的变革，世界上的许多大型传媒集团已经开展了数字媒体战略转型，纷纷布局数字媒体产业，以获得新的领先优势。我国在加入世界贸易组织后，已经置身于国际竞争的大环境中，我国传媒产业不再仅仅应对体制内的竞争，更是面临着传播全球一体化传播的挑战。因此，我国传媒集团必须及时应对环境，积极接触数字媒体，尽快完成数字媒体战略转型。

迪士尼是世界五大跨国传媒集团之一，在娱乐传媒业拥有绝对的优势。作为一个老牌传统媒体集团，在面对新的传媒技术变革时，迪士尼凭借其高质量的内容开拓数字媒体新平台，积极实施数字媒体战略转型，实现了传播渠道的进一步整合及扩张。虽然迪士尼的数字媒体战略仍在摸索之中，但其中有一些经验和教训仍值得我国传媒集团发展数字媒体战略时有所借鉴。

①坚持内容为王，开发个性定制。随着有线、卫星以及数字压缩技术的发展，媒体产品可以向观众传递的流通渠道不断扩展，在多平台的环境下，媒体传播已经逐渐从传输途径的稀缺转为内容制作的稀缺，媒体集团的成功与否往往取决于是否能够一直获得与众不同的、有吸引力的节目的使用权。[①] 迪士尼在数字媒体技术飞速发展的时代一直致力于提供高质量的故事和个性化的娱乐体验，在大力开拓发展中国家市场的时候，迪士尼更是认为现在是做内容产品的最好时机。因为发展中国家人口众多、中产阶级增长很快，他们有更多的可支配收入并且寻求高质量的家庭娱乐。[②] 好的内容能够塑造一个好的品牌，而一个好的品牌能让消费者更易识别、对他们有更强的吸引力，[③] 因而专业化发展广为人知的品牌将使公司更容易在新的传播媒介上获得成功。[④] 通过卡通角色和情感故事，迪士尼已经将自己打造成一个专注于提供高品质家庭娱乐的媒体品牌。尽管2001年

---

① ［英］吉莉安·道尔著，李颖译．理解传媒经济学［M］．北京：清华大学出版社，2004：54.

② Walt Disney Company Fiscal Year 2008 Annual Report.

③ Bellamy, R. V., Jr., P. J. Traudt. (2000). *Television Branding as Promotion. In Research in Media Promotion, edited by S. T. Eastman. Mahwah.* NJ: Lawrence Erlbaum.

④ ［英］吉莉安·道尔著，李颖译．理解传媒经济学［M］．北京：清华大学出版社，2004.

迪士尼关闭了重金塑造的新门户网站 Go.com，但将其网络项目的重点回归到迪士尼、ESPN 和 ABC 等核心品牌上之后，迪士尼网络集团即在 2003 年首次获得盈利。可以说，迪士尼数字媒体战略最成功的部分之一就是对内容和品牌的运用和维护。

目前我国传媒产业正向着多元化发展，但众多媒体的竞争导致目前市场上媒体同质化现象严重。在传播内容同质化、受众群体分散化、碎片化的媒介环境之下，传媒的特色内容和优质品牌将成为竞争的有效手段。专业化的内容和鲜明的品牌形象能够帮助媒体打破同质化的印象，吸引目标受众的注意力，促进受众与媒体建立牢固的情感纽带和心理认同。此外，传媒的品牌形象也成为广告主选择广告投放媒介的新指标。因此，我国传媒集团在实施数字媒体转型战略的时候，首先应坚持内容为王、打造品牌，提升专业制作的影视娱乐内容质量，以提高流量和用户黏性，并吸引广告商。

然而，在提供媒体产品时，应该注意不能简单地将传统媒体上的内容照搬到数字平台上，而是需要针对不同的媒体平台提供不同的内容。美国学者约翰·帕夫利克认为，在线媒体产品如果能提供原创的内容，而不仅仅是重新组合其他媒体的信息时，给人的印象是最深刻的。[①] 传统媒体在打造数字媒体平台时，可以根据用户的个性化需求，运用先进的技术生产大批量低成本、高质量和高效率的定制产品和服务，这样能够有效解决信息需求的共性与个性之间的矛盾，以及信息生产的成本问题。通过大规模定制，还可以有效克服以往信息生产的模糊性，更直接地指向定制者的信息需求，实现信息的个性化生产和精确传播。

②拓展数字技术，注重互动体验。数字媒体技术正在飞速改变着媒介地图。通信、互联网和媒体技术的发展不仅改善了目前已存在的传播方式，并且还在创造着一个全新的媒介环境，从而对现有的媒体秩序提出挑战。[②] 随着各种传媒内容的数字储存、管理、包装和传输技术的普及，所有媒介都向电子化和数字化的方向转化，音频、视频和文本信息融合在一起，各种信息类型之间的差异越来越模糊，传媒产品被重新包装，以不同的形式分发。技术的整合不仅模糊了地理概念上的市场界限，更是模糊了不同类型传媒和通信产品与市场之间的界限。传统媒体集团不仅要关注数字媒体平台上内容的质量，更需要丰富其内容表达的多媒体形式。如今，第三代移动通信（3G）技术、云技术、流媒体技术、搜索引擎技

---

① ［美］约翰·帕夫利克著，周勇、张平锋、景刚译．新媒体技术——文化和商业前景［M］．北京：清华大学出版社，2005：341.

② ［美］约翰·帕夫利克著，周勇、张平锋、景刚译．新媒体技术——文化和商业前景［M］．北京：清华大学出版社，2005：329.

术、电子纸技术、数字电视技术等等都在飞速发展。传统媒体集团应及时把握，充分开发互联网、手机、iPad、移动电视等数字媒体终端，提供新闻网站、搜索引擎、手机短信、彩信 MMS、手机报纸、PDA 报纸、语音杂志、手机电视、移动电视、App 应用等各种信息和服务，运用最先进的技术打造各种媒体产品的优势组合，从而提升“全媒体”竞争力。

值得注意的是，互联网用户、智能手机用户与传统媒体用户的互动方式存在极大的不同。在数字媒体平台上，用户可以自由选择浏览的内容并快速反馈，因而运用新技术、为用户设计能够吸引用户的高度互动的用户界面，制作更多样化和个性化的内容，才能满足用户的需求，强化用户的忠实度。迪士尼在开展数字媒体战略转型的时候，非常注重对新技术的运用和互动体验的提升，比如在 21 世纪初就开始提供电影网络视频点播服务；推出数字电子书将迪士尼人物从纸上转移到网络，让儿童进行沉浸式阅读；主题公园推出在线“虚拟神奇王国”，使得游客可以创建在线角色、体验乐园游戏、个性化设置旅游计划等。

③整合跨媒体产业链，探索多元盈利模式。随着数字化技术在传播领域的普及，传媒集团之间的跨媒体扩张并购急剧增多，其中最引人注意的就是媒介产业和新技术产业、电信产业之间的相互并购。[①] 建立跨媒体集团可以加快资源整合，延长产业链，通过转移媒介所有权或控制权的方式来实现自身的扩张。这种合并在横向上可以实现规模经济效应，扩大市场份额，缓解竞争的压力；在纵向上可以节约成本，实现范围经济，产生极大的经济效率。迪士尼集团是一个综合性的传媒集团，其本身就具有跨媒体的多元产业链，包括媒体网络、影视制作、公园旅游、消费产品等业务。在数字化转型的过程中，迪士尼积极采取了跨媒体并购，并开发了多种盈利模式。在 20 世纪 90 年代刚开展互联网业务时，迪士尼就先后收购了 Starwave 网络公司和搜索引擎 Infoseek，接着在社交网站和移动终端兴起的时候又收购了大型儿童在线社区企鹅俱乐部、社交游戏开发商 Playdom 和手机游戏开发公司 Tapulous，从而保持了它在数字媒体平台方面的市场优势。

如果传统媒体集团在进入数字媒体领域的时候选择重新组建一个新公司，一则壁垒较高、技术水平难以达到；二则一时也难以与已经成熟的企业相抗衡，所以并购重组是传统媒体在数字平台发展的便捷通道。同时，跨媒体整合也有利于增强企业的全球影响力。由此，世界上许多大型传统媒体集团都期望通过资本运作，收购与自身业务具有互补性的数字媒体，运用其技术和平台，在最短的时间内获得技术的优势，从而进军数字媒体市场。2001 年时代华纳并购美国在线

---

① 张金海，黄玉波．整合与扩张：中国传媒集团发展的路径选择［A］．媒介产业全球化·多样性·认同——第七届世界传媒经济学术会议论文集［C］．2006：143—149.

AOL；新闻集团在 2005 年 7 月宣布投资 5.8 亿美元收购网络媒体公司 Intermix Media，其主要资产是仅成立两年的社交网站 MySpace，都是采用了这一策略。

另外，传统媒体的盈利方式主要依靠内容产品和广告服务产品的销售，而数字技术的发展则为进一步尝试灵活的商业模式和新的盈利渠道提供了可能。如迪士尼就在网上提供主题公园的门票预订和旅店房间的预订服务、建立 DisneyStore.com 开展电子商务业务、提供 iTunes 电影电视和 Appstore 应用的有偿下载、网站和在线游戏的注册收费等，从而将电子商务、媒体内容、网络通信、顾客社群充分整合起来，使其盈利方式更加多元化。

对于我国传统媒体集团而言，一些大型的媒体集团已经拥有了良好的品牌形象和一定的影响力，同时还有许多具有一定消费能力的主流人群受众，这些优势构成了其在广告销售、内容付费、电子商务等领域的市场基础。如，2007 年 12 月，杭州日报报业集团筹建电子商务平台“杭网每日商城”，成为浙江首家开展配送业务的 B2C 电子商务网站。又如，2012 年 2 月 21 日，上海文广集团所属东方网与承大网络技术公司、唐镇电子商务产业发展有限公司三方共同投资成立上海市电子商务集成服务平台，以综合电子商务运营为载体，集一站式注册、搜索、导航、导购等服务于一体，打造涵盖网络购物、大宗贸易、跨境贸易等各类电商模式的上海超级电子商务平台。[①]再如，2012 年 6 月，南方都市报与闪购合作，以南都“全媒体”的传播优势为渠道，以闪购的技术优势为业务基础，实现网络购物、媒体购物、手机购物、POP 购物、见物购物等各种销售方式的一体化，拓展广告客户的商品销售渠道。以上这些都是传统媒体在数字平台上开创电子商务盈利模式的积极探索，未来可以在内容付费、信息服务等更多方面做新的尝试，依托自身独特的内容核心资源，通过多种渠道拓展资金来源，积极寻求适合自身发展的盈利模式。比如传统媒体集团还可以充分开发历史信息数据，并从中挖掘信息增值服务的潜力。传统媒体的数字平台所依附的母媒在数十年发展中都积累了丰富的历史数据和各种报道资料，可为网站整合开发提供宝贵资源，凭借广告合作、企业收费和读者订阅带来盈利，打造出一条完整的“过时内容”产业价值链。

④布局全球市场。随着信息技术的发展和国家市场的不断开放，世界之间的联系越来越紧密，跨国家和无界限的传播使得传媒市场的传统界限正在逐渐消失，传媒业的竞争日益激烈。全球化和并购整合提升了传媒集团对于媒体内容再包装的可能性，使得媒体内容在技术和商业允许的范围内尽可能多的被再利用，

---

① 赵泽润．传统媒体实施新媒体战略的风险及防范措施 [J]．视听界，2012，5.

并通过尽可能多的销售渠道在最广泛的市场之中向尽可能多的消费者提供服务。世界媒体巨头一直致力于在全球范围内扩张，通过拥有尽可能多的媒体类型、构建庞大的媒体平台，实现协同增效并分担市场风险。近年来迪士尼公司一直致力于海外业务的开展。从ESPN、迪士尼频道、迪士尼专卖店、迪士尼主题公园到迪士尼网站、在线社区、休闲游戏，迪士尼正通过各个业务领域构建全球版图。为此，迪士尼还专门成立了迪士尼国际部门，为迪士尼45个国际公司提供行政服务，协调公司对国际发展的计划、开展市场活动并寻求新的市场机会。在数字媒体全球化拓展方面，迪士尼早在20世纪初就为日本提供了无线内容服务，之后在全球建立多种语言的官方网站，为世界各国提供不同版本的游戏和应用，以实现互动业务的全球化发展。

我国经济的持续发展为中国传媒产业的国际化奠定了坚实的基础。但是，我国的传媒集团在传播对象、传媒组织以及传媒全球性影响力等方面，与西方巨型传媒集团相比仍然存在不小的差距。因此我国传媒集团要想在激烈的全球竞争中立足，必须向全球化扩张，大力拓展国际空间。

⑤改革文化体制。在美国，媒体大多为私人所有，媒介集团可以进行独立的经营管理，发展空间较为宽松。1996年美国《联邦电信法》的发布，在法律上确认了放松媒介规制的思想，并将互联网纳入媒介产业的一部分，由市场来管理规范。由此，美国互联网经济飞速发展，并引发了一系列并购热潮。为了防止媒介集团之间兼并整合形成垄断，美国的法律在数字媒体的所有权、数字媒体与电信公司之间的业务融合、数字媒体的跨地区经营等方面都设定了新的限制。①

从管理体制来说，我国的媒介产业目前仍处于“条块分割”的框架之下，要想在竞争激烈的数字媒体市场上继续发展，就必须面对市场竞争环境，用市场手段来拓展自己，而不能再用以往事业行政或计划经济的垄断方式。因此，在改革的过程中，我国媒体集团应大力推进传统媒体的转企改制，完善内部管理体制，按照现代企业制度的组织框架和经营建立起现代企业制度，成为真正自主经营、自负盈亏的具有自生能力的市场主体。经营管理上，我国传媒集团可以引进社会资本，实现股权多元化，真正建立起有效制衡、较为完善的公司治理机制，以整合和配置资源，实现产业的多元化经营，从而推动传统传媒集团向数字化、多元化产业集团的转型。

⑥加强版权保护。随着数字技术的不断发展、宽带网络速度的不断提升以及硬件设备价格的不断降低，人们获得未授权内容的数字拷贝变得更为容易和快

① 胡正荣主编．外国媒介集团研究［M］．北京广播学院出版社，2003：60.

捷，知识产权保护也愈加艰难。内容的共享及其自由流动是数字化技术的最大特征，同时也是数字媒体生存发展的基础。然而，它却违背了传统版权的专有性和地域性特点。[①]有证据显示，娱乐产业的盗版现象十分突出，并且增长迅速。尽管目前对于用电子方式存储内容的保护花费很大，但如果对盗版妥协，则将导致更多的损失、失去拓展市场的机会并损害品牌声誉。迪士尼传媒集团之所以能够成为世界娱乐传媒巨头，其成功很大程度上都依赖于对现有娱乐产品和服务的知识产权保护。迪士尼每生产一部影片，都会立刻为片中的所有形象和场景注册版权，并且会申请市场看好的动画形象的图书、音像制品、主题公园造型、特许经营等一系列领域的版权。[②] 在实行数字媒体战略转型的同时，它也非常注意保护自己的商标、名称、版权和专利权。如 2004 年与微软达成协议，使用其数字版权管理技术防止非法发送和复制以数字形式存储的声讯和视讯内容；[③] 2006 年开发 Movie Beam 机顶盒提供电影点播购买服务等。

在我国，版权保护本来就是一大难题，数字媒体的出现则更是加大了这种难度。传统传媒集团在开发数字媒体平台的时候，应特别注意保护自己的版权，维持相同的媒体发展环境，力促传统媒体与数字媒体在同一框架下实现共同发展。2011 年天线视频六名高管因盗播而被捕，这是我国首次将视频盗版依犯罪行为进行追责，由此引发了 2011 年视频网站大规模自动删除盗版影视剧以及大规模购买正版影视剧的行动。[④] 未来，加强版权保护的力度仍是转型中需要重视的问题之一。从以上讨论中可以看出，迪士尼实施数字媒体战略转型的措施在一系列方面，如打造优质内容、开发数字技术、整合跨媒体产业链、布局全球市场、改革文化体制、加强版权保护等方面值得我国媒体借鉴。

* * * * * * * * * * * * *

概而言之，科学技术的飞速发展让人类拥有了实现梦想的能力，数字技术的进步正在深刻地改变着传媒产业的版图。在美国，三大新闻周刊中的《新闻周刊》和《美国新闻与世界报道》已经停止印刷版的出版，改为发行网络版；谷歌 2012 年上半年的广告收入就达 109 亿美元，首次超越同期美国报纸杂志广告收入的总和（105 亿美元）。在日本，2010 年互联网广告就已超过了报纸广告，欧洲近三年很多国家报纸的发行量下降了 10％以上。我国新闻出版总署发布的《2011 年

---

① 郑保卫，樊亚平，王静，等．数字化技术与传媒的数字化革命［J］．国际新闻界，2007，11.

② 张凤杰．奇迹：从 3200 美元到 436 亿美元——版权经营促成的迪士尼跨越式发展及启示［J］．传媒，2007，9.

③ 迪士尼将采用微软版权保护技术进行在线电影销售［OL］．搜狐网 http：//it. sohu. com/2004/02/09/42/article219004256. shtml.

④ 栾轶玫．媒体从“新”出发——2011 年新媒体年度盘点．崔保国主编．2012：中国传媒产业发展报告［M］．北京：社会科学文献出版社，2012，231.

新闻出版产业分析报告》显示，2011年我国报业的净利润为98.61亿元、期刊为22.92亿元，合计121.53亿元，预计2012年不会超过120亿元。而百度2012年的净利润就高达104.56亿元，几乎是中国平面媒体的净利润总和。在数字媒体强大的市场力量之下，我国传媒集团必须顺应媒体融合趋势，积极开展数字媒体转型发展，重新调整定位、提升传播能力，实施内容精品打造、产业优化升级、布局“全媒体”网络，以提升市场竞争力。而在这个过程中，著名国际传媒集团已经进行中的数字化转型战略能够为我们提供一些有益的思考，这也是本文的目的所在。

作为“内容为王”传媒集团的代表，迪士尼一直坚持提供原创的、高质量的内容，将内容制作和品牌推广作为核心业务来发展。由此，它能够凭借自己原创的影视动画、体育节目和网络游戏与运营商、终端制造商开展合作，在互联网、移动通信、终端上部署平台，分销自己的内容。尽管迪士尼在数字媒体战略实践过程中经历了挫折与失败，但其能够及时调整战略、基于自身优势找到正确的定位，并在新的形势下积极开拓数字媒体领域，其经验对于我国的传媒集团数字化转型仍具有借鉴意义。

信息社会时代里，传媒在综合国力竞争中的地位和作用越来越突出。大型传媒集团不但是国家扩大国际影响力的有力工具，也是促进国家经济、政治和文化全面发展的重要手段。十八大提出“扎实推进社会主义文化强国建设”、“推动文化事业全面繁荣、文化产业快速发展”，强化了文化建设在中国特色社会主义五位一体总体布局中的地位，为国有传统媒体集团的数字化发展战略转型提供了必要的政策基础。在具体战略部署方面，十八大报告提出了“加强和改进网络内容建设”“促进文化和科技融合，发展新型文化业态，提高文化产业规模化、集约化、专业化水平”“构建和发展现代传播体系，提高传播能力”“扩大文化领域对外开放，积极吸收借鉴国外优秀文化成果”等政策。① 数字技术的不断发展为我国传统传媒集团的发展提供了条件，而随着传媒政策的改革，我国传媒产业将迎来史无前例的机遇。当前，我国传媒产业需积极探索与数字媒体之间的融合模式，开发数字媒体领域的商业盈利模式，从而有效带动传媒经济市场的繁荣与发展。

---

① 扎实推进社会主义文化强国建设——胡锦涛同志代表第十七届中央委员会向大会作的报告摘登［EB］．人民网—人民日报 http://culture.people.com.cn/n/2012/1109/c87423-19533409.html.

# 第五章 贝塔斯曼：出版巨擘的“创造性价值”聚焦

当今世界不断变革的信息传播技术，极大地改变了传媒产业的风貌和格局。互联网、数字广播电视、移动媒体等新兴媒体，以其传播迅速、受众广泛、互动性强、集多媒体功能于一身等优点，给报纸、广播、电视等传统媒体带来了巨大挑战；但在带来挑战的同时，新媒体的崛起也给传统媒体带来了新的发展机遇和方向，一些富有远见的传统媒体企业尤其是全球知名的传媒集团，在数字技术尚处于方兴未艾之时便率先开始拓展新媒体业务，不仅成为了传媒产业数字化转型历史进程中的典范，其传统媒体业务的整体实力也得以巩固和提高，从而在当时挑战了传统媒体的“寒冬”已经到来的预言。世界传媒业中的巨擘——德国贝塔斯曼集团（Bertelsmann A. G.），便是其中表现突出的一员。

始建于1835年的贝塔斯曼集团，迄今已有170余年的历史，经过近两个世纪的发展，这家最初的家庭式印刷小作坊目前已成长为一家跨国、跨媒体经营的全球知名传媒集团。值得一提的是，贝塔斯曼是最早涉足新媒体业务的传统媒体企业之一：早在互联网尚未普及的20世纪90年代中期，贝塔斯曼就已经开始与美国在线（AOL. com）组建合资公司共同开拓数字化市场。随后几年内，它继续着自己在数字化世界的前进脚步，尽管这条数字化道路并非一帆风顺，而是与各种困难与挫折相伴，但是这一享誉全球的超级传媒“帝国”并未因此而放弃在新媒体领域的探索。在经历了业务重心回归传统媒体和稳健推进新媒体业务的时期之后，2008年初，集团新任首席执行官哈特穆·奥斯特洛夫斯基（Hartmut Ostrowski）将新媒体战略定位为贝塔斯曼集团的“一个重要的决策性挑战”，认为“数字化为媒体公司打开了一个全新的局面。是否能抓住机会并积极参与塑造今日的数字媒体世界，则取决于我们”[①]。目前，数字化转型已成为贝塔斯曼的一项核心业务。

媒介创新，是贝塔斯曼集团一步步走向成功的重要动力。研究贝塔斯曼实施

---

① 数字化意味着增长［OL］. http：//www. bertelsmann. com. cn/news/detail. asp? id=275.

新媒体战略的历程及启示，不仅能够加深我们对于走在传媒业发展前列的发达国家传统媒体的运作，及其背后的传媒理论、传媒技术和经营理念等的了解，而且也可为学术界同行展开传媒企业的新媒体运作的研究提供一定的参考素材，从而有利于该领域的学术积累和丰富新闻传播学科的专业知识体系。从当今世界传媒产业朝着数字化方向发展的历史潮流和贝塔斯曼集团在全球传媒市场上的重要地位来看，以贝塔斯曼集团为研究个案具有典型意义。它能够为我们打开一扇了解以德国为代表的欧洲国家传媒业发展概况的窗口；并且能为我国传媒企业寻找一条适合自身发展的数字化道路提供借鉴和参考，从而提高我国传媒业的整体竞争力和在国际传媒市场中的地位。

## 一、贝塔斯曼的“光辉岁月”

20世纪60年代，世界闻名的加拿大传播学者米歇尔·麦克卢汉提出了“媒介即讯息”的观点，认为：“任何媒介（即人的任何延伸）对个人和社会的任何影响，都是由于新的尺度产生的；我们的任何一种延伸（或曰任何一种新的技术），都要在我们的事务中引进一种新的尺度。”① 换句话说，“每一种新媒介一旦出现，无论它传递的具体内容如何，这种媒介的形式本身就会给人类社会带来某种信息，并引起社会的某种变革。从这个意义上说，媒介本身就代表着某种时代的信息，媒介就是信息。”②

### 1. 新媒体概念及其发展趋势

①新媒体概念。信息传播技术的变化发展的确对人类社会的方方面面都产生了重要影响，使我们的工作、生活变得更加便捷和丰富多彩；这种变化发展也给依托其运作的传媒业带来巨大变革，因为它促使新媒体的定义被不断改写，而传统媒体与新媒体之间的界线也被不断打破和重新划分。换言之，在媒介技术不断推陈出新的作用下，所谓的新媒体和传统媒体的概念就总是相对的，譬如，当大众化的报纸诞生时，它相对于更为古老的图书而言是一种新媒体；而当电影、广播和电视诞生时，报纸相对于这些新兴的声像媒体来说又逐渐成为了一种传统媒体。

“新媒体”一词，最早出现于1967年美国哥伦比亚广播公司技术研究所所长、NTSC电视制式的发明者P. 戈德马克（P. Goldmark）发表的一份关于开发电子录像商品的计划书；1969年，美国传播政策总统特别委员会主席E. 罗斯托

---

① ［加］马歇尔·麦克卢汉著，何道宽译．理解媒介——论人的延伸［M］．北京：商务印书馆，2000：33.

② 张国良主编．传播学原理［M］．上海：复旦大学出版社，2005：127.

(E. Rostow) 在向总统尼克松提交的报告书中也多处提到“新媒体”这一概念。由此，“新媒体”一词开始在美国社会上流行，并在不久以后影响了全世界。①当然，电子录像在今天看来早已不是什么新鲜的事物了，如今，我们对于新媒体的定义又出现了革命性的理解和认知，这主要是由以互联网为代表的数字化媒体的兴起和普及引起的。所谓数字化，“特指把传媒内容以由0和1组成的二进制代码的形式储存、复制和传输的方式。这项新技术的主要含义是任何类型的传媒内容，一旦压缩为数字，就很容易进行处理和重新包装，以另一种形式或格式传播。”②然而，迄今为止，新媒体仍旧是一个范围比较宽泛、定义有些混乱的概念。

由于依托数字化技术而崛起的许多新兴的传播形态存在一定程度的交叉与重叠，人们至今对“新媒体”一词的界定还存在一定的困难。在相关的学术文献和参考资料当中，中国人民大学新闻学院匡文波教授的观点可说比较具有代表性，他在比较和归纳了国内外对新媒体定义的几种主要观点后，从比较全面、深入的角度对新媒体的定义进行了解释，认为，从技术和传播特征上看，新媒体应是“数字化互动式新媒体……互动性是新媒体传播的本质特征”，从内涵上看，新媒体应是“利用数字技术，通过计算机网络、无线通信网、卫星等渠道，以及电脑、手机、数字电视机等终端，向用户提供信息和服务的传播形态”，而目前新媒体的外延则“主要包括网络媒体、手机媒体、网络电视等媒体形态③”。为保证整体规范性和逻辑严密性，以下就将借用上述有关新媒体概念的界定作为参考依据，对我们的研究对象——贝塔斯曼集团的新媒体业务展开探讨，具体涵盖如下这样一些媒体：

一是网络媒体，包括搜索引擎、各类网站、网络报纸、网络图书、网络期刊、博客、播客及其他相关网络媒体，其中，各类网站又包括门户网站、专业网站、视频网站、网络论坛和网络社区等。

二是数字声像媒体，包括数字化的电影、广播、电视、IPTV④等，但是，车载移动电视、楼宇电视等数字声像媒体由于缺乏互动性而被排除在外。

三是移动媒体，主要指以手机终端上网的媒体，包括手机报纸、手机期刊、手机图书和手机电视等。

②发展趋势。媒介数字化的趋势也在使传统传媒产品市场之间的界限变得日

---

① 景东，苏宝华．新媒体定义新论［J］．新闻界，2008，3.

② ［英］吉莉安·道尔著，李颖译．理解传媒经济学［M］．北京：清华大学出版社，2004：102—103.

③ 匡文波．新媒体概念辨析［J］．国际新闻界，2008，6.

④ 根据国际电联FG IPTV（focus group on IPTV）的最新定义：IPTV是一种多媒体业务，包括电视、视频、文本、图形和数据等，是在具有一定的QoS/QoE、安全、交互性和可靠性的可管理的IP网络上传送的。作为交互式网络电视服务，IPTV能够向家庭用户提供包括电视、视频等在内的多元化综合应用服务。

益模糊，呈现出一种媒介融合的发展趋势。所谓媒介融合，理论上指的是“各种媒介呈现出多功能一体化的发展趋势”,①它是“基于信息技术的飞速发展，媒体形态所呈现出的一种全新的变化”,②其主要表现形式是“随着媒体技术的发展和一些樊篱的打破，电视、网络、移动技术的不断进步，各类新闻媒体将融合在一起”。③ 而在实践上，这种趋势不单表现为传统媒体为了适应新的媒介环境而向数字媒体靠拢，以便扩大各自在网络世界中的影响力（例如前面所提到过的网络报纸杂志，又如许多电视台将节目搬上互联网等），也表现为人们关注到新媒体所不具备的一些传统媒体的优势，从而加强了新媒体与传统媒体的互动合作，比方说不少深受网民喜爱的网络文学作品最后都推出了其印刷版本甚至被拍摄成了影视剧作（如几年前红极一时的网络小说《第一次亲密接触》），一些流行网络歌曲也纷纷发行了专辑唱片。

在新媒体辈出、媒介不断融合的市场环境下，传媒集团，尤其是一些全球知名的传媒集团，首当其冲地扮演起了传媒发展史中弄潮儿的角色。以德国的贝塔斯曼集团为例，在其近200年的历史中，先后见证了作为大众传播媒介的报纸的诞生和人类社会由印刷媒介（书籍、报纸、杂志）向声像媒介（电影、广播、电视），又由声像媒介向数字媒体（以互联网为代表）转化的发展旅程；而贝塔斯曼本身也受到媒介技术变迁的深刻影响，从德国居特斯洛小镇上一家家庭式印刷小作坊，逐步发展成为今天举世瞩目的全球性传媒集团。可以说，贝塔斯曼既是这一特殊历史时段的观察者，也是其中一位积极的参与者与建设者，因此，首先明确贝塔斯曼在近现代人类传播技术发展史中的角色与地位十分必要，这个认知将有助于我们从一个比较宏观的层面了解这家历史悠久的企业是如何在历次媒介创新浪潮中重新认识和完善自身，并最终走向了如今这个多元化发展的传媒帝国的。

**2. 媒介创新思路指导下的创业史**

①以印刷出版起家。“能够清醒地对待公司的历史是以史为鉴、面向未来的重要先决条件。170年的传统构成了贝塔斯曼企业文化的重要元素。”④ 德国图书业历史悠久并享有盛名，世界上最大的国际图书博览会法兰克福书展就诞生于德国；而作为目前全球最大的图书出版集团，贝塔斯曼的历史也是从图书出版这一现代大众传播领域最早的行业开始起步的。

1835年7月1日，印刷商卡尔·贝塔斯曼（Carl·Bertelsmann）在位于汉堡

---

① 郑瑜．媒介融合：新媒体时代的发展观［J］．当代传播，2007，3.

② 关梅．媒介融合的现状及其应对．新闻爱好者［J］．2008，3.

③ 高钢，陈绚．关于媒体融合的几点思考．国际传播界［J］．2006，9.

④ 冈特·蒂伦．贝塔斯曼——世界就是一个大舞台［EB］．http：//www.arvatoservices.com.cn/html/cn/aboutus_bw_bag.html.

西南145公里处的德国小镇居特斯洛（Gutersloh）创建了一家以本人名字命名的出版社 Carl Bertelsmann Verlag，身兼居特斯洛教会会长的他将主营业务放在了出版《圣经》和圣歌集等宗教类读物上。与此同时，出身于商人家庭的卡尔也拥有一颗非常敏锐的市场头脑。19世纪初期，以蒸汽机为动力的新型印刷机的问世使印刷品生产能力得到飞跃性的提高，并促成了大众化报纸在19世纪30年代的诞生。那是一个印刷出版业呈现蓬勃发展态势的年代，卡尔敏锐抓住了这一行业中的商机。

在随后将近一百年的时间里，贝塔斯曼的继承者几经变更，从卡尔·贝塔斯曼到其儿子海因里希·贝塔斯曼（Heinrich Bertelsmann），又从海因里希·贝塔斯曼到外姓的约翰尼斯·摩恩（Johannes Mohn）[①]及其儿子海因里希·摩恩（Heinrich Mohn），再到其孙子莱恩哈德·摩恩（Reinhard Mohn），不变的是，作为公司名称的"贝塔斯曼"被保留了下来，同时企业的家族式传统也得以延续。在贝塔斯曼集团的整个历史的前半段中，卡尔·贝塔斯曼的继承者们并没有刻意将业务伸向更为广阔的空间，而是选择了继续在印刷出版领域拓展。

以海因里希·贝塔斯曼为例，尽管他通过推行收购策略扩大了公司规模，但收购的对象也仅仅限于印刷厂和出版社。不过，也正是在这种策略的指导下，贝塔斯曼的出版事业得以稳步壮大，除了宗教神学类作品外，也出版历史、哲学和教育学等作品；报纸方面，则出版了《总汇——比勒菲尔德、哈勒和魏登布吕克三县县报》《保守的人民之友》《威斯特法伦老友》等报，[②] 其中，1869年创办的 *Konservative Volksfreund* 发行时间更是长达30年之久。1887年，海因里希·贝塔斯曼的女婿约翰尼斯·摩恩成为贝塔斯曼第三代接班人，似乎与卡尔·贝塔斯曼一样对神学和政治有着浓厚兴趣的他，将贝塔斯曼的出版方向重新拉回到宗教领域，并先后创办了《医生的使命》《传教领域的种子和收成》《新教布道》等刊物。

进入20世纪，人类传播技术获得前所未有的巨大发展，最主要的表现是声像媒介的出现。20世纪初期，电影作为最早的声像媒介在美国诞生，以波动起伏的形态世界把机械的和有机的东西融为一体，还和印刷技术联系在一起，[③] 从无声、黑白发展为有声、彩色，在随后的几十年时间里成为世界各国人民最主要的一种娱乐工具；1920年11月2日，美国西屋电气公司在匹兹堡市创办 KDKA 电台，

---

① 海因里希·贝塔斯曼育有两子一女，两个儿子均在婴儿时期不幸夭折，使贝塔斯曼的继承权最终落在了海因里希的女婿约翰尼斯·摩恩的手中。

② ［德］托马斯·舒勒尔著，朱刘华、黄孝阳译．贝塔斯曼背后的家族［M］．广州：花城出版社，2008：27.

③ ［加］马歇尔·麦克卢汉著，何道宽译．理解媒介——论人的延伸［M］．北京：商务印书馆，2000：350.

播出当时美国总统选举的相关新闻，这标志着作为大众媒介的家庭无线电广播成为现实；20世纪二三十年代，电视技术改进，逐渐从实验室走入了百姓家庭，至第二次世界大战结束后，电视作为声像媒介家族中最晚兴起的一员，日益在美、英、德、法等西方资本主义国家普及。这个阶段的贝塔斯曼领导者们，依然没有展露出对这些当时的新兴媒体的兴趣，还是继续坚守在其传统的印刷出版项目上，而贝塔斯曼之所以能够在声像媒介如雨后春笋般崛起的年代岿然屹立于世界传媒市场当中，除了因为印刷媒介本身具备声像媒介所无法超越的优点，使印刷出版不可能随着新媒体的诞生而消亡外，与第四代领导人海因里希·摩恩①在企业管理与经营方式方面的大胆创新亦有着密切的关系，例如，推出一系列非神学类的长篇小说，并运用一些创新性的营销手段（为书店设计橱窗、推出简装本和礼品套装、举办有奖竞赛、新书邮包等等），成功地打入普通图书市场，不仅扩大了处于经济萧条非常时期的贝塔斯曼的盈利空间，也摆脱了长期以来人们对贝塔斯曼只是一家在宗教书籍方面颇有建树的公司的印象。

二战末期，美、英、苏三国盟军向纳粹德国发起了最后的总攻，1945年3月，在英军对居特斯洛的一次空袭中，贝塔斯曼公司遭受了致命性的打击，“袭击持续了约12分钟……贝塔斯曼出版社的公司大楼彻底毁于空袭和随后几天的大火中”。② 1947，海因里希·摩恩将贝塔斯曼交给了儿子莱恩哈德·摩恩。这对于一个家族而言，或许只是又一次继承权的交接；但对于整个公司来说，莱恩哈德的出现却意味着贝塔斯曼的历史将从此改写，在随后的半个多世纪中，这家饱受炮火摧残的公司不仅成功走出了战争的阴霾，而且真正迈上了一条集团化和全球化发展的道路。

②集团化与全球化。在贝塔斯曼集团化和全球化的历程当中，第一个具有里程碑式意义的事件是在20世纪50年代成立了贝塔斯曼读者俱乐部（即贝塔斯曼书友会）。将图书通过俱乐部的渠道向会员推广的营销策略，虽然并非贝塔斯曼首创，③ 却在贝塔斯曼得到了深入广泛的运用，并且在世界范围内获得了成功。1950年6月1日，贝塔斯曼正式以“读者俱乐部——贝塔斯曼图书”为俱乐部名称进行图书销售，公司首先对所有已经出版的图书进行筛选，从中确定最有阅读价值的图书，再将图书目录和内容简介邮寄给俱乐部会员，然后根据会员反馈将

---

① 海因里希·摩恩为贝塔斯曼的第四代继承者，生于1885年，1921年其父亲约翰尼斯·摩恩将公司管理权全盘交给了他。

② ［德］托马斯·舒勒尔著，朱刘华、黄孝阳译．贝塔斯曼背后的家族［M］．广州：花城出版社，2008：111.

③ 早在20世纪二十年代，就有一些德国图书零售商希望通过成立一个由图书零售商领导的书友会，抵制在大城市里设有分部属于工会所有的古腾贝格书业工会及其书友会，但最初尝试由于种种原因而告失败。

需求量较大的图书印刷成简装的普及本图书低价卖给读者。书友会的模式不久之后即被读者接受并受到了人们的热烈响应，“仅仅6个月，书友会的会员便达到52000人”,[①] 它的意义不单在于创新了贝塔斯曼的图书销售网络，使贝塔斯曼图书的销售量有了飞跃性的增加，更让处于战后经济困难时期的德国民众有了以较低廉价格购买优质图书的能力。

大获成功的书友会概念也被运用到了其他领域，1956年7月1日，贝塔斯曼成立了其第一家音乐俱乐部“乐友会”（Schallplattenring）向会员销售唱片，开始了向音乐行业的进军。但从总体上看，新的俱乐部还存在不少内容及技术方面亟待解决的问题，这主要是因为唱片对于当时的人们来说还是一种完全意义上的新媒体形态，而且德国为数不多的那几家唱片公司也不愿同这家名不见经传的新公司进行业务往来。在这种情况下，“为了在这一市场上达到盈利规模”,[②] 贝塔斯曼于1958年成立了自己的唱片公司Ariola并收购了刻录工厂Sonopress，通过与作为第三方的著名唱片公司合作开始了真正意义上的唱片出版发行,[③] 之后的几年里，随着一批卓有影响力的艺人的加盟和“乐友会”规模的不断壮大，Ariola最终在接下来的60年代成为了德国最为成功的音乐品牌之一。

至20世纪60年代，莱恩哈德·摩恩赋予了贝塔斯曼几个新的角色。1962年，贝塔斯曼在西班牙首都巴塞罗那成立了海外第一家图书俱乐部，迈出了向国际市场发展的第一步。不过，从媒介技术的角度来看，更具有划时代意义的则是在随后几年内先后收购UFA集团和以25%股权参股古纳雅尔印刷出版社，将贝塔斯曼的触角分别伸向了视听领域和杂志领域，奠定了其从单纯的印刷出版公司向多元化的传媒集团转型的基础。

正如前面所提及的，二战前后逐渐在西方主要国家普及的电视媒体，在20世纪60年代获得了更为长足的发展，成为人类最主要的大众传播媒介之一；此时的电影，尽管仍然是深受世界各国受众喜爱的一种娱乐方式，但光芒已经因为电视的崛起而变得有所黯淡。就在这样一种媒介生态环境下，1964年，莱恩哈德·摩恩从德意志银行手中买下了该银行所持有的德国UFA集团的股份，包括UFA唱片出版公司、UFA广告制作公司、UFA剧场公司及由其出品的所有影片的版权等等。[④] 这对于贝塔斯曼而言又是一次具有里程碑式意义的事件，因为它标志着

---

① ［德］托马斯·舒勒尔著，朱刘华、黄孝阳译．贝塔斯曼背后的家族［M］．广州：花城出版社，2000：3。

② 贝塔斯曼大事记1950—1960［OL］．http：//www.bertelsmann.com.cn/index1.asp.

③ Uwe Tack. *The Launch of the Schallplattenring Music Club*［EB］．http：//www.bertelsmann.com/bertelsmann_corp/wms41//customers/bmcorp/pdf/Launch_of_the_Music_Club.pdf.

④ *Company History*：*UFA TV & Film Produktion GmbH*［E］．http：//www.answers.com/topic/ufa-tv-film-produktion-gmbh-2.

贝塔斯曼开始了向声像媒体领域的首次尝试。不过，在随后的若干年里，或许正是看到了电视媒体日益崛起、锋芒不断盖过电影这一现实和趋势，贝塔斯曼将主要精力集中在了电视市场的拓展上，一些不相关的产业被悉数售出（例如，在1972年将UFA剧场公司卖给Reich集团，仅保留了UFA最大的一家影院等等），新兴的电视市场迅速发展成为UFA产品的重要商业领域，并最终在20世纪80年代确立了贝塔斯曼在电视内容制作领域的全球性市场领导者地位。麦克卢汉曾在《理解媒介——论人的延伸》一书中说道，“电视来临之后，许多东西都行不通了。不仅电影，而且全国性杂志都遭到这一媒介的沉重打击。甚至连环漫画的发行量也锐减下来。”[①] 尽管如此，莱恩哈德·摩恩还是在1969年以25%的股权参股了德国汉堡的印刷出版社古纳雅尔，这让贝塔斯曼首次涉足进入了杂志业，获得了与古纳雅尔出版社旗下《明星》（*Stern*）等著名杂志合作的机会；这次事件的意义还在于，它为贝塔斯曼在未来将古纳雅尔这家实力雄厚的出版社完全纳入公司旗下以及在杂志、报纸等印刷出版领域进一步开拓空间打下了基础，“同读者俱乐部一样，参股古纳雅尔也是加快贝塔斯曼上升为传媒集团速度的另一个精彩念头。”[②]

20世纪70年代，贝塔斯曼完成了集团化转型，其全球化进程也在这一时期加快了步伐。1971年，莱恩哈德·摩恩将贝塔斯曼转变为一个股份有限公司，完成了从中等规模的家族企业向由董事会领导的现代化集团的过渡。贝塔斯曼书友会的业务也从西班牙扩展到了中、南美洲。1979年，莱恩哈德又收购了美国的阿里斯塔唱片公司（Arista Records），[③] 使得集团的影响力不但辐射到了欧洲以外的其他地区，更深入到美国这个全球传媒业最为发达、新媒体技术开发和应用最为广泛的国家。

在迈入多媒体数字时代之前的最后十年里，贝塔斯曼的图书、电视、音乐等传统媒体业务的发展又有了新的突破。图书方面：1980年和1986年，贝塔斯曼分别收购了当时美国最大和第二大的图书出版社矮脚鸡（Bantam Books）和道步戴尔（Doubleday），并正式组建矮脚鸡—道步戴尔出版集团。在此过程中，矮脚鸡音像图书出版公司、矮脚鸡古典文学出版社、云雀出版社等十九家出版社也都开始创立，[④] 诸多出版社的加盟为贝塔斯曼集团成为世界图书业中的巨擘进一步

---

① ［加］马歇尔·麦克卢汉著，何道宽译．理解媒介——论人的延伸［M］．北京：商务印书馆，2004：384.

② ［德］托马斯·舒勒尔著．朱刘华 黄孝阳译．贝塔斯曼背后的家族［M］．广州：花城出版社，2008：178.

③ 阿里斯特是世界上最成功的唱片品牌之一，由克里夫·戴维斯1975年创建于美国纽约，历史上曾录制了很多有传奇色彩的艺人的唱片，也制作了《保镖》和《佳偶天成》等享誉全球的电影音乐。

④ ［美］本杰明·M. 康佩恩、道格拉斯·戈梅里著，詹正明、张小梅、胡燕等译．谁拥有媒体？——大众传媒业的竞争与集中［M］．北京：中国人民大学出版社，2000：117.

扫清了障碍。电视方面：1984年，贝塔斯曼旗下的UFA参股40%于卢森堡的RTL电视台，双方合作成立了世界上第一家德语电视台RTL plus。[①] 音乐方面：几乎与收购道步戴尔出版社一事同步，莱恩哈德·摩恩于1986年还收购了美国的RCA唱片公司；1987年，贝塔斯曼的全球音乐业务整合成为了贝塔斯曼BMG音乐集团，从此其音乐业务也开始了规模化的运作和发展。

③媒介创新：贝塔斯曼走向成功的原因。"未来并非遥远，它已经来临。然而，它的命运在不同的公司、行业和国家却大相径庭。"这段出自当代市场营销学大师、美国西北大学教授菲利普·科特勒（Philip Kotler）的话也许可以作为我们对19世纪30年代到20世纪80年代的贝塔斯曼发展历程的一种规律性注解。从最初的印刷小作坊到今天实现多元化经营的全球知名传媒集团，从世界大战中的一片废墟到一座庞大的传媒"帝国大厦"，从一个只有几百人的小书友会到如今拥有千万会员的超级俱乐部，从某种意义上说，贝塔斯曼的成功不是一种偶然的个体行为，而是一个特殊时代的产物。由于创办于被称为真正面向大众的大众报纸——便士报（廉价报）诞生的19世纪30年代，贝塔斯曼的"基因"里注定打上了媒介创新的烙印，这也正是贝塔斯曼能在其170余年的历史中不断创造新的成功的真正原因。当然，后天的勤奋才是更重要的。对于传媒业，尤其是进入20世纪以来的传媒业而言，提高对不断变革的媒介技术的利用率是当今传媒业走向未来的必要手段，是否能够准确、充分地把握这一未来趋势对传媒企业的生存发展来说至关重要。这一点或许正是与许多在同一时期出现但早已不复存在的同类型企业相比，一直以媒介创新思路为指导的贝塔斯曼集团能够延续至今，并在日益激烈的传媒竞争环境里不断创造新的成功的真正原因。

在接下来的部分中，我们将集中探讨一个对今日世界产生更深层次影响的对象：数字化新媒体。尽管数字化媒介的杰出代表互联网的起源可追溯至20世纪60年代，但是作为一种传播新闻、娱乐和信息的大众媒体的新媒体的出现和普及却大致是在20世纪90年代。这样一种全新的传播介质和方式的产生，无疑对构成传媒产业基本单位的传媒公司来说具有重要意义，原因在于，人类社会业已进入了信息时代（或者说新经济时代和知识经济时代），与以往以工业革命和管理制造业为基础的旧经济相比，信息时代建立在数字革命和信息管理的基础之上。[②] 新经济与传媒业、新媒体三者之间的互动关系，使得传媒公司必须为了适应这种新的竞争环境做出相应行动。而身处全球传媒市场风口浪尖的贝塔斯曼集团，也必然要采取一定的行动以应对和适应这种新的变化。那么在下文中，我们就将对

① RTL Group History.

② ［美］菲利普·科特勒著．梅清豪译．营销管理［M］．上海人民出版社，2003：3.

当代贝塔斯曼集团的新媒体应对与发展策略，包括其在实施过程中的得失成败进行进一步的研究，以期从中找出可供我国传媒企业今后发展作参考借鉴的地方。

## 二、贝塔斯曼的数字化创新与探索

新媒体中的杰出代表互联网的历史进程可以追溯到20世纪的五六十年代，一开始是孕育于军用的、作为美国和苏联进行通信网络技术竞争的技术手段的（“阿帕网”），在经历了一个在冷战中初具雏形、在教育科研中发展”的较漫长阶段之后，互联网终于在20世纪80年代末90年代初迎来了商用化和大众化，1993年美国克林顿政府提出题为《国家信息基础设施：行动计划》的政府报告，宣布将投资4000亿美元用20年时间建成美国国家信息基础设施，[①] 这对于互联网的发展而言无疑是一个巨大的利好消息，而另一件标志性的事件则是1994年美国网景通讯公司（最初取名为马赛克通讯公司）的创立。该公司在1994年年底推出一款Mosaic网景0.9版浏览器（后更名为网景领航员，即Netscape Navigator），旨在为不同电脑操作系统的用户提供一个一致的互联网使用平台。网景领航员一经推出便受到了外界的广泛关注，并很快成为引领当时互联网的大众化潮流的技术产品，但它在“第一次浏览器大战”当中却没能竞争过实力雄厚的微软公司推出的IE浏览器（Internet Explorer）。1998年，网景公司被在线服务供应商美国在线（AOL）公司以转股方式收购，美国在线获得网景旗下2000万注册用户；2008年3月，网景公司正式宣布终止其浏览器业务，不过，美国在线至今仍在使用网景品牌，主要包括其价格低廉的互联网服务和社区新闻网站等等。

### 1. 早期探索的甜蜜与苦涩

①紧随互联网商用化步伐的贝塔斯曼。在互联网开始商用化的第二年，即1995年，贝塔斯曼与美国在线各自出资50%组建了美国在线欧洲分公司AOL Europe，以便共同开发欧洲的数字化市场。1985年成立的量子计算机服务公司是美国在线的前身，1991年，该公司正式更名为美国在线公司，员工仅250人，用户不足20万，年收入仅3000万元，其股票市值仅为6600万美元，[②] 而到1995年，美国在线依然属于一家名不见经传的网络公司，其影响力也仅仅局限于美国本土。作为一家闻名于世的巨型传媒集团，贝塔斯曼能够在美国在线尚处于成长阶段时便选择与之合作，首先表明了贝塔斯曼多媒体决策中蕴含着不可小觑的远见与胆识，随后几年里在贝塔斯曼的支持下，美国在线不仅成功地在欧洲传媒市

① 张海鹰，滕谦．网络传播概论［M］．上海：复旦大学出版社，2004：41.

② 唐润华．解密国际传媒集团［M］．广州：南方日报出版社，2003：75.

场上登陆，更迅速崛起成长为互联网世界中的新标杆，至1999年已成为互联网上最大的实体，拥有1700万用户，为美国60%的在线浏览者提供互联网接入服务；① 不过对贝塔斯曼的发展意义更加深远的则在于，正是通过与美国在线联姻，使得贝塔斯曼在互联网尚处于方兴未艾阶段的20世纪90年代中期一跃成为了最早步入数字化时代的传统媒介集团之一。此后，贝塔斯曼也没有停止自己在数字化征途上的探索脚步，其中比较重要的事件包括：

1996年，贝塔斯曼收购了当时德国信息技术领域的领头羊像素园公司（Pixelpark）。像素园公司1991年创立于德国柏林，最初以CD光盘的生产和销售为主营业务，但公司创始人之一Paulus Neef敏锐地洞察到数字化将在人类社会日益扮演重要角色这一历史发展趋势，在公司发展的早期阶段将像素园转型成为一家互联网服务供应公司并且获得了成功。1996年贝塔斯曼买下像素园公司75%的股权，将这家在欧洲颇具影响力的互联网公司收入了旗下。② 也在同一年，贝塔斯曼又与当时隶属于汽车工业巨头戴姆勒·克莱斯勒集团（Daimler Chrysler）的信息技术公司德比斯公司（Debis Systemhaus）合资成立了在德国仅次于德国电信（Deutsche Telekom）的第二大网络供应商mediaWays公司，向网络用户提供在线服务和基于互联网、局域网和在线系统的解决方案等等，这一举措“标志着（贝塔斯曼）挺进多媒体市场以进入互联网技术服务领域的成功”。③

1997年12月，贝塔斯曼宣布与Lycos公司组建合资公司Lycos－Bertelsmann，共同发展互联网业务。（Lycos是Lycosidae的缩写，意为一种很善于捕捉猎物的狼蛛。）Lycos公司是世界上最早开发网络搜索引擎业务的公司之一，最早源于1994年美国卡耐基·梅隆大学（Carnegie Mellon University）的一个搜索引擎研究项目，当时的Lycos搜索引擎被用于该校的数字图书馆工程，1995年Lycos公司正式成立，时任首席执行官鲍勃·戴维斯（Bob Davis）开始致力于将Lycos由一家搜索引擎服务供应商向一家以广告为主要收入来源的门户网站转变。在此次的合作项目中，贝塔斯曼集团的新媒体分支机构互联网服务部（Bertelsmann Internet Services）向Lycos－Bertelsmann投入约一千万美元，Lycos则为新公司带来了其著名品牌“网络导航技术”（Net－Navigation Technology），通过双方在资金和技术方面的强强联合拓展Lycos－Bertelsmann在欧洲37个国家的互联

---

① ［美］本杰明·M. 康佩恩、道格拉斯·戈梅里著，詹正明、张小梅、胡燕等译．谁拥有媒体？——大众传媒业的竞争与集中［M］．北京：中国人民大学出版社，2006：63.

② *Pixelpark at a Glance*［OL］. http：//www. pixelpark. com/de/pixelpark/meta/english/index. html.

③ 周鸿铎．世界五大媒介集团经营之道［M］．北京：经济管理出版社，2005：111.

网（包括搜索引擎）服务。[①]

1998 年 2 月，美国在线宣布收购美国网络服务公司 CompuServe 的全球在线业务。在此过程当中，已经与美国在线建立合作关系运营 AOL Europe 的贝塔斯曼通过向美国在线再次注资 7500 万美元获得了 CompuServe 欧洲在线服务业务 50%的股权。[②] 这一举措帮助贝塔斯曼进一步巩固了在欧洲数字化市场中的领先地位。

电子商务作为一种新兴的经济形态在 20 世纪 90 年代形成和逐渐发展，它指“使用电子方式和技术进行商务活动，包括内部商务、商务对商务和商务对消费者等活动往来。”[③] 1999 年对于贝塔斯曼而言又是不平凡的一年，这一年它开始投入其多媒体战略中一项新的发展举措——电子商务，创立了以图书和音乐唱片为主要销售对象的网络媒体商店贝塔斯曼在线（BOL. com）。BOL 的创建不仅意味着贝塔斯曼将继续推行多媒体发展战略的决心，更重要的是，它将成为贝塔斯曼与 1995 年诞生于美国的亚马逊网上书店（Amazon. com）抗衡的主要手段，以便有效应对这家来自美国的电子商务网站将触角深入欧洲市场的可能。

1995 年诞生于美国的亚马逊是目前世界上最大的电子商务平台，早期的经营范围主要包括图书、音乐光盘、录像带等文化消费产品。亚马逊网站充分利用互联网的技术优势，1997 年的营业收入就达到了 1.48 亿美元，1998 年更猛增至 5.4 亿美元，增幅达 365%，[④] 成为电子商务领域的典范。而事实上，早在 1998 年还未同巴诺书店合作前，贝塔斯曼就曾向亚马逊的创始人兼现任首席执行官杰夫·贝索斯（Jeff Bezos）抛出橄榄枝，希望能与亚马逊一道共同拓展在线零售业务，不过这项提议遭到了贝索斯的拒绝，原因之一是他担心这家出身传统媒体的家族企业无法兑现将未来的战略重心真正调整到发展互联网业务的承诺。在 1998 年的《财富》杂志上，相关文章中是这样描述当时的情景的：“今年早些时候，亚马逊网站的创始者、亿万富翁杰夫·贝索斯正面临着一个两难境地。他或将与贝塔斯曼集团合作拓展网上业务，或将以贝塔斯曼集团转投其竞争对手（指巴诺在线）为代价继续保持独立。”[⑤] 在同亚马逊合作的最初愿望破灭之后，贝塔斯曼转

---

① *David Lazarus, Lycos, Bertelsmann United in Europe* [E]. http: //www. wired. com/techbiz/media/news/1997/05/3803.

② *America Online, Inc. Completes Acquisition of CompuServe Worldwide Online Services and Sale of ANS Communications* [OL]. http: //www. timewarner. com/corp/newsroom/pr/0, 20812, 668111, 00. html.

③ [英] 吉莉安·道尔著，李颖译. 理解传媒经济学 [M]. 北京：清华大学出版社，2004：103.

④ 张志安，柳建能. 媒介营销案例分析 [M]. 北京：华夏出版社，2004：243.

⑤ *Is Competition Closing In On Amazon. com? After Amazon. com CEO Jeff Bezos nixed a partnership with Bertelsmann, the German media giant allied with his main competitor. Now everyone's asking (again): Is the party over for Amazon?* [OL]. http: //money. cnn. com/magazines/fortune/fortune _ archive/1998/11/09/250889/index. htm.

向与亚马逊在美国最主要的竞争对手之一的巴诺在线合作。

巴诺在线（barnesandnoble.com）是美国著名图书销售商巴诺有限公司（Barnes & Noble，Inc）旗下的网络图书零售平台，始创于1997年。1998年10月，贝塔斯曼宣布与巴诺公司联合投资运营巴诺在线，旨在通过与巴诺的合作"将目标市场直接定位为美国"①。根据协议，贝塔斯曼在向巴诺在线投资两亿美元后获得了该网站50%的股权；同时，双方还各自追加了一亿美元作为联合投资基金。贝塔斯曼负责图书的出版，巴诺则负责图书的存储和在线销售。这一举措，让贝塔斯曼从美国直接获得了更多的图书资源，也为其在全球传媒业最发达的国家拓展图书直销模式打开了渠道，从而巩固了贝塔斯曼集团的多媒体发展战略；在巴诺公司公布的1999年年报上显示，该财年巴诺在线总共吸引了超过30万名会员，并且与美国在线、MSN和Lycos等知名门户网站建立了战略合作关系，网络书店的影响力得以进一步壮大。

1999年4月，贝塔斯曼旗下的BMG音乐集团与美国环球音乐集团（Universal Music Group）合资组建了音乐媒体公司GetMusic，旨在借助网络媒体共同推广两家集团旗下的签约歌手和销售音乐唱片。作为一家基于互联网平台的音乐公司，GetMusic主要由一家电子商务网站getmusic.com及Peeps Republic、BUGjuice、Twang This!、Rock Universe和Connect2Music等几家在线音乐频道组成，对于音乐爱好者来说，他们不仅可以通过访问上述网站查询自己喜欢的歌手的个人资料和最新动态，还能够实现与歌手之间的在线互动交流；此外，在这些网站上还特别设置了一个"一键式链接"（one-click-away）的功能按钮，只需点击一下这个按钮，访问者就能够被链接到getmusic.com网站主页上，通过发送电子邮件的形式预订和购买由BMG或环球出品的音乐产品，② 从而使足不出户地购买唱片成为了现实。

同年5月，Lycos Bertelsmann又分别同另外两家欧洲公司World Online和VNU及美国网景公司达成了合作协议，共同开发美国网景公司在欧洲的门户网站Netcenter，三方将致力于协助Netcenter网站拓展在欧洲各国的业务范围，并为该网站提供更贴近欧洲网络用户需求的本土化传媒内容。其中，Lycos Bertelsmann主要负责与VNU③一起推广Netcenter网站在荷兰和西班牙的业务，前者的

---

① ［美］本杰明·M.康佩恩，道格拉斯·戈梅里著．詹正茂等译．谁拥有媒体？大众传媒业的竞争与集中［M］．人民大学出版社，2006：88.

② *BMG Entertainment and Universal Music Group Form GetMusic - An Unprecedented Internet Content and Commerce Alliance*［E］．http：//new.umusic.com/News.aspx？NewsId=28.

③ 荷兰VNU集团（英文全称Verenigde Nederlandse Uitgeversbedrijven，简称VNU）是欧洲最大的出版集团之一，也是全球最大的市场资讯服务与出版公司之一。

具体职责包括创建和维护该网站的搜索引擎以及“商业”“娱乐”“艺术”“电影”“职业”和“旅游”等几个主要的本地内容频道的日常运营。

截至1999年底，贝塔斯曼集团的多媒体业务组合（包括合资公司）就已经涵盖了如下重要的新媒体公司：美国在线欧洲分公司AOL Europe、在线服务订制用户超过270万的CompuServe、网景在线（Netscape Online）、知名搜索引擎服务供应商Lycos、已在欧洲五个国家运营的贝塔斯曼在线以及会员人数超过220万的美国巴诺在线等；此外，贝塔斯曼还计划同美国在线在澳大利亚成立一家新的合资公司。[①]“互联网对于贝塔斯曼集团而言意义重大，它不仅蕴含着巨大的发展潜力，与传统媒体业务之间的互补也是贝塔斯曼在传媒市场当中保持领先地位的重要保障。”时任贝塔斯曼新媒体部负责人的克劳斯·埃尔霍夫（Klaus Eierhoff）的这段话可以说概括性地表达了贝塔斯曼集团欲在20世纪90年代中后期成为信息高速公路领航者的决心。

②贝塔斯曼拓展新媒体业务的主要方式。大型传媒公司的成长，一般来说，可以通过以下几种方式实现：第一，多元化经营；第二，并购；第三，联合行动；第四，协同效应；第五，企业内部的组织和管理。不难看出，贝塔斯曼集团早期在新媒体领域的作为也基本是沿着这几种方式展开的。[②]

首先，多元化经营和加强新旧媒体产品和服务之间的联系，有效地帮助贝塔斯曼集团平衡了市场收益风险，使其不致过分依赖某个产业或地区并受其经济周期波动的牵制。其次，通过合并或收购一些具有市场潜力的实力企业和新兴网络公司，例如像素园和CompuServe，贝塔斯曼进入互联网这一新的媒体产品市场的成本得以降低，而且还获得了后者专有技术的合法使用权，从而扩大了自身规模和提高了市场竞争力。再次，与其他公司联合，共同拥有另外一家新媒体公司所有权的合作，诸如建立新的合资公司或建立正式的业务网络，也有效地降低了贝塔斯曼进入新媒体市场的风险和壁垒，与美国在线的合作就是最具典型意义的案例之一，抛开美国在线这颗初生的数字“种子”倚靠贝塔斯曼的充沛“阳光”在欧洲大陆上生根落地、茁壮成长不说，借着美国在线在媒体新技术方面的潜力和实力，贝塔斯曼也第一次步入了数字化殿堂。而协同效应，即通过跨媒体协作和建立战略联盟创造协同作用、通过生产不同类型的产品和有着不同发行能力的公司提高企业绩效等，比如依托贝塔斯曼图书资源、发行渠道和俱乐部而创建的贝塔斯曼在线，以及与巴诺图书公司合资组建的依托双方出版、发行等优势资源的

---

① Bertelsmann Commands Leading Web Position Among Media Enterprises [E] . http: //www. bertelsmann. com/bertelsmann _ corp/wms41/bm/page _ popup. php? type=mitteilung&news _ id=610&language=2.

② [美] 罗伯特·皮卡德著，韩俊伟、常永新等译．传媒管理学导论 [M]．北京：人民邮电出版社，2006.

巴诺在线等等，亦是贝塔斯曼进入新媒体领域初期的主要举措之一。此外，由于每个传媒公司性质不一、情况不同，因此基本都是按照自己的企业文化和管理模式运转的，这对传媒公司的定位发展也起着非常重要的影响。就贝塔斯曼而言，与其他许多大型传媒集团不同，由于该集团是由莱因哈德家族控股的私人公司，所以其拓展新媒体业务的范围与力度，不仅取决于市场需求和管理者决策，很大程度上还取决于管理者与莱因哈德家族之间的协调沟通，换句话说，莱因哈德是否具备创新思维对贝塔斯曼的新媒体发展构成重大影响，就这一问题将在下文中作更详尽的分析阐述。

而贝塔斯曼在数字领域的这些大规模投入以及由此带来的一系列正面效应延续到了新世纪之初，之所以说是延续到了新世纪之初，恐怕要先从2001年那场席卷全球的网络泡沫经济说起。

③出版巨擘传统媒体业务与新媒体业务的博弈及得失。2001年的网络泡沫经济危机，可说是在企业的非理性投资与大众媒体的炒作下共同酿成的。在网络经济发展的初期阶段，网络经济所依托的社会基础和技术条件尚不成熟，一些企业没有看清楚这一现实情况，对互联网市场需求过高估计，盲目进行投资和大规模扩张，最终酿成了网络经济的泡沫现象。而这场危机对于全球传媒市场的打击也是尤为严重的：世界上最大的几家传媒集团均遭受重创。以美国在线时代华纳集团为例：2000年1月10日，美国在线并购了世界上最大的传媒公司时代华纳（Times Warner Inc.），这个总价高达1840亿美元的天价并购案曾经轰动一时。对于时代华纳而言，其与美国在线联姻的最初设想是希望借助后者的互联网平台与资源使自己实现数字化飞跃，而美国在线所拥有的2200万注册用户也可以成为自己产品的潜在市场。[①] 然而，这场新旧媒体互利协作的“世纪联姻”并没有向外界传递出令人欣喜的讯息，反而变成了牵绊两家公司发展的沉重包袱，至2002年第一季度，美国在线时代华纳集团的亏损已达到542亿美元，创下了美国历史上季度亏损的最高纪录。[②] 尽管美国在线与时代华纳合并后不尽如人意的经营表现是在多重因素的综合作用下形成的，例如，过度的集中化和商业化、企业文化差异、传媒内容质量下降等等，但是，过高估计新旧媒体结合所产生的能量和互联网对人们消费行为的影响，以及盲目收购导致产业负担的加重等，仍然是其中不可忽视的重要原因；除了美国在线时代华纳之外，包括沃尔特·迪士尼（Walt Disney）、新闻集团（News Corporation）等在内的其他几大全球传媒集团在互联

---

① 孙梅．美国在线时代华纳公司的并购历程及整合启示［D］．东北师范大学，2007.

② Howard M. Schilit and Financial Shenanigans.（2002）*How to Detect Accounting Gimmicks & Fraud in Financial Reports*. McGraw-Hill，P36.

网领域的错误投资同样给它们造成了数十亿美元的损失。

然而，贝塔斯曼集团却成为了为数不多的没有在这场新千年危机当中遭到重大打击的传媒巨头。1995 年与美国在线联手组建美国在线欧洲分公司的时候，贝塔斯曼总共向这家新公司投入了 5000 万美元的资金，并以此购买了美国在线 5% 的股份；而在 2000 年初美国在线并购时代华纳公司前不久，贝塔斯曼又将这些股份以 80 亿美元的高价回售给了美国在线，尽管这也预示着与美国在线长达五年之久的合作宣告结束，但是，因为赶在了危机来临之前及时将所持有的互联网高科技股票售出，在“这桩交易结束后，贝塔斯曼人撬开了香槟酒的瓶塞。贝塔斯曼自 1995 年起，在互联网这块领域连续布下大手笔。现在那些投资有望获得介于 135 亿至 165 亿美元的回报。贝塔斯曼的股本一下子翻了三番。”①

如果说企业家是企业发展与进步的核心与灵魂，那么在数字技术已成为行业发展潮流的时代背景下，传媒企业的成长就更离不开一些富有远见卓识和创新精神的传媒企业家的领导。他们不断寻找扩张的机会，一旦发现某个企业存在的弱点可以利用，就会对其实施收购和兼并。鲁伯特·默多克领导的新闻集团就是一个典型案例，正是在他“对建立庞大的帝国有着常人不可想象的野心和能量，如同魔鬼的力量”② 的驱动下，新闻集团一步步成为了如今令许多人难以望其项背的庞大帝国。而在贝塔斯曼集团中，也不乏这样一位传媒企业家的作用和影响，这位关键性人物就是自 1999 年起担任贝塔斯曼集团首席执行官的德国人托马斯·米德尔霍夫（Thomas Middelhoff），上任时年仅 46 岁。当年说服贝塔斯曼集团董事会达成与美国在线的合作协议，又在网络经济泡沫破灭之前及时做出决策售出所持美国在线股份的正是米德尔霍夫本人，而在大刀阔斧地进行集团业务改造调整的同时，米德尔霍夫也开始在集团内部实施了一项规模庞大的“互联网革命”：在他上任后不久，一项被命名为“PC/WEB OFFER FOR ALL”的项目即被推行，它的主要内容，是要保证让贝塔斯曼集团每一位员工，只要他/她参与到了该项目当中，那么无论其工作地点是位于总部德国居特斯洛，还是在贝塔斯曼分布于其他国家和地区的分公司，都能免费享有一台配备了互联网接入服务的高质量个人电脑的使用权。③ 在这位具有首创精神的首席执行官带领下，贝塔斯曼作为一家有着悠久历史和家族传统的古老传媒企业迈向了真正意义上的数字化转型。

不过，贝塔斯曼集团毕竟是一家从未公开上市的私有公司，集团的控股权自 19 世纪 80 年代开始便由摩恩家族（Mohn Family）掌管着，莱恩哈德·摩恩，作

---

① ［德］托马斯·舒勒尔著，朱刘华译．贝塔斯曼背后的家族［M］．广州：花城出版社，2008：279.
② 蔡宸亦．媒体帝王的“本能”［N］．I时代报，2009－03－09.
③ Bertelsmann Annual Report 2001.

为贝塔斯曼书友会概念的创始人，则从20世纪50年代至今一直牵引着这艘“传媒巨轮”的航行方向。尽管他已经在1993年将集团68.8%的股份交给了贝塔斯曼基金会，[①] 但他仍然认为，“贝塔斯曼不适合一下子脱胎换骨升华到数字时代，他的公司是世界上最大的图书出版商，它的主力业务仍然在图书杂志、音乐和电视这些‘世俗’的业务上面。”[②] 这种保守的主张显然与米德尔霍夫大胆的数字理念产生了矛盾，因为后者一直致力于将贝塔斯曼转变成为一家世界顶尖的数字媒体公司和电子商务公司。

公正地说，米德尔霍夫并非在传统媒体业务的拓展上毫无作为，相反，他曾经在这方面为贝塔斯曼做出过重要贡献，尤其是在图书出版领域和广播电视领域。在米德尔霍夫的推动下，贝塔斯曼集团顺利地收购了美国著名的兰登书屋出版公司（Random House，Inc.），从而使美国成为了贝塔斯曼最重要的市场，也为进一步推广贝塔斯曼的全球化战略打下了基础：总部位于美国纽约的兰登书屋出版公司始创于1925年，是目前世界上最大的英语类大众图书出版商，旗下拥有班坦姆·德尔出版集团（Bantam Dell Publishing Group）、皇冠出版集团（The Grown Publishing Group）、双日·百老汇出版集团（Doubleday Broadway Publishing）、克诺夫出版集团（Knopf Publishing Group）、兰登书屋音响出版（Random House Audio Publishing Group）、兰登儿童图书出版社（Random House Children's Books）、兰登多样化出版集团（Random House Diversified Publishing Group）、兰登信息集团（Random House Information Group）、兰登书屋出版集团（Random House Publishing Group）、兰登事业公司（Random House Ventures）等多家品牌出版公司。[③] 1980年，兰登书屋被拥有《时尚》（*Vogue*）、《名利场》（*Vanity Fair*）、《纽约客》（*The New Yorker*）等著名出版社与杂志社的美国高级出版物公司（Advance Publications，Inc）收购。1998年，米德尔霍夫与高级出版公司的所有者希·纽豪斯（S. I. Newhouse）达成全资收购协议，从该公司手中接过了兰登书屋的所有权，之后兰登书屋与贝塔斯曼旗下的矮脚鸡出版集团合并成立了新的兰登书屋出版集团。这项总额高达11亿美元[④]的收购交易被贝塔斯曼誉为“公司历史上耗资最大的单笔投资”，但它“同时也是在信息时代来临时对书籍出版业的庄严承诺”。[⑤] 1998年10月，同在米德尔霍夫的主持下，贝塔斯曼获得了德国科学出版巨头施普林格（Springer-Verlag Gmbh & Co. KG）82%的股份。1842年

① 柴野．取之社会　汇报社会——访德国贝塔斯曼基金会［N］．光明日报，2004—5—21.

② 陆敏君．贝塔斯曼生死之辩．周末画报［N］．2008—06—28.

③ 魏龙泉．以出版纸皮书闻名的兰登书屋出版集团［J］．出版参考，2007，3.

④ 顾琪．贝塔斯曼．转身已迟？［J］．21世纪商业评论，2008，8.

⑤ 贝塔斯曼大事记1990—2000［OL］．http：//www.bertelsmann.com.cn/history/1990.asp.

创立于德国柏林的施普林格出版公司，是当时世界上最大的私营科学出版社，出版范围涵盖医学、药学、心理学、生物学、数学、物理学、化学、经济学、法学等十余个学术领域，它的签约作者队伍则包括全世界众多著名科学家，其中许多是诺贝尔奖获得者和各学科的领先人物。① 施普林格在学术类图书出版市场中的影响力与巨大声望，是贝塔斯曼向该公司抛出橄榄枝的主要原因，它标志着贝塔斯曼迈出了成为科学出版领域主要竞争者的第一步，同时也再次印证了米德尔霍夫欲将贝塔斯曼集团的传统业务朝着更加多元化的方向发展的决心。在广播电视领域，2001 年年底，贝塔斯曼终于完成了对 RTL 广播电视集团的收购。RTL 集团是由贝塔斯曼旗下的 CLT-UFA 广播电视公司（1997 年成立于卢森堡，由贝塔斯曼控股的 UFA 影视集团与 Audiofina 集团控股的 CTL 电视公司合并各自的广播、电视及电视制作业务而成）与隶属于英国皮尔森传媒集团（Pearson Inc.）的皮尔森电视制作公司（Pearson Television）在 2000 年年初合并组建的，合并之初作为控股方的贝塔斯曼拥有 RTL 集团 89%的股份。② 2001 年 12 月，贝塔斯曼从皮尔森电视制作公司手中买下了该公司所持 RTL 集团 22%的股份，从而全资获得了这家欧洲最大的广播电视机构的所有权。③ 如今，作为欧洲领先的广播电视集团的 RTL 已经成长为贝塔斯曼利润最多、规模最大的子集团，在德国、法国、比利时、荷兰、英国、卢森堡、西班牙、俄罗斯、匈牙利和克罗地亚等 10 个国家经营着 42 个电视频道及 32 家广播电台，同时还拥有出品了《流行偶像》（Pop I-dol）、《达人秀》（Got Talent）、《明星魅力》（The X Factor）、《好时光，坏时光》（Good Times，Bad Times）等风靡世界的电视节目的制作公司弗里曼特尔传媒（Fremantle Media）。

尽管如此，莱因哈德·摩恩并未因此而改变其对贝塔斯曼集团总体发展规划的看法。集团所有者与集团管理者之间的矛盾没有得到化解，在互联网等领域的盲目投资所引发的各种问题开始逐渐暴露，加之米德尔霍夫坚持希望莱因哈德所有的贝塔斯曼集团能在 2003 年公开上市，④ 这一主张更是从根本上危及了摩恩家族对集团的控制权，最终在 2002 年 7 月，集团管理者与所有者之间强烈的个人冲突及观点分歧使得米德尔霍夫在担任集团首席执行官后的第三年被解除了职务。

其实，类似的冲突在大型传媒集团内部并不少见，20 世纪 90 年代中后期，

---

① 顾犇．施普林格出版公司——世界出版巨人的 150 年历程［J］．中国出版，1992，11.

② 陈燕珊，梁伟雄．RTL Group —— 交互业务的典范［J］．世界宽带网络，2002，7.

③ 目前，贝塔斯曼集团持有 RTL 集团 89.8%的股份，其余的 10.2%已在比利时布鲁塞尔和卢森堡两地的证券交易所公开上市。

④ *Bertelsmann's Time of Trials：Can CEO Thomas Middelhoff manage in a downturn*？［E］．http://www.businessweek.com/magazine/content/01_22/b3734161.htm.

迪士尼集团首席执行官迈克尔·艾斯纳和公司新总裁迈克尔·奥维蒂斯之间的个人冲突就曾导致奥维蒂斯在任职一年内离开公司并带走了超过1亿美元的退职费，六名以上的高级管理人员也相继离开了公司。可见，管理冲突不但会影响传媒公司内部的合作，也会降低公司的整体绩效。[①] 而米德尔霍夫在任期间与美国网络音乐文件共享服务商 Napster 网站的合作，是其盲目投资所引发的一系列问题和争议中比较有代表性的一个案例。Napster 原为美国大学生肖恩·范宁（Shawn Fanning）1999 年开发的一款用于音乐文件交换和共享的电脑程序；1999 年 6 月在硅谷投资商的投资下 Napster 公司成立，向互联网用户提供 http://www.napster.com 网站服务，用户通过从该网站免费下载的 Napster 软件就可以在互联网上交换数字音乐文件。[②] 由于这种服务“可以让用户访问其他 Napster 用户的硬盘，免费把（贮存在 MP3 计算机文件中的）歌曲下载到他们自己的电脑或数字设备上”，Napster 很快成为了“历史上在最短的时间里增加客户最多的服务”，[③] 至 2001 年 2 月，这家创办时间不到两年的网站的会员人数就达到了 3800 万名且还在以惊人的速度继续增长着。[④] 但是，由于 Napster 提供的音乐免费下载服务没有事先征得版权所有人的许可，因此这种服务在事实上构成了一种侵权行为，扰乱了音乐唱片业的正常运转，1999 年 12 月 6 日，美国唱片工业协会（RIAA）和国际五大音乐集团华纳（Warner）、BMG、索尼（Sony）、环球（Universal）和百代（EMI）下属的 18 家唱片公司向美国联邦地区法院提起诉讼，控告 Napster 侵犯了其享有的音乐作品版权。[⑤] 但到 2000 年 10 月，原告之一 BMG 却宣布撤销对 Napster 的起诉，原因是其母公司贝塔斯曼集团“发现了商机，与其进一步向 Napster 索赔，倒不如同它联合起来，发展合法形式的服务……在与贝塔斯曼达成的协议下，Napster 创建了会员制服务，从 2001 年夏季起，向在网上交换和下载音乐的用户收取费用，所获收入将用于支付音乐人、唱片公司和版权所有人的报酬。”[⑥] 然而与 Napster 之间的战略合作伙伴关系并没有给贝塔斯曼带来预想的商业回报，这个向 Napster 投入巨额资金的网络音乐共享服务合作项目因为 Napster 的清算，最终没有获得成功；不仅如此，2003 年的 5 月和 6 月，环球、百代及其他三家唱片公司以贝塔斯曼集团在 2000 年 10 月至 2001 年 6 月期间向 Napster 的侵权行为提供金融援助为依据，再次向美国联邦地方法院提起诉

---

① ［美］罗伯特·皮卡德著，韩俊伟、常永新等译．传媒管理学导论［M］．北京：人民邮电出版社，2006：195-196.

② 董颖．RIAA 诉 Napster 侵犯音乐版权案分析［J］．知识产权，2000，2.

③ ［英］吉莉安·道尔著，李颖译．理解传媒经济学［M］．北京：清华大学出版社，2004：113.

④ ［英］吉莉安·道尔著，李颖译．理解传媒经济学［M］．北京：清华大学出版社，2004：114.

⑤ 刘家瑞．NAPSTER 案与文件共享技术的版权责任［J］．科技与法律，2004，4.

⑥ ［英］吉莉安·道尔著．李颖译．理解传媒经济学［M］．北京：清华大学出版社，2004：115—116.

讼，要求贝塔斯曼向他们支付总计高达650万美元的赔偿金。①

2000年9月，贝塔斯曼以1.17亿美元的价格收购了美国在线音乐销售公司CDNow。1994年2月成立于美国宾夕法尼亚州的CDNow公司，最初致力于为互联网用户提供远程终端协议（即远程登录）服务，1994年9月转型成为一家以音乐唱片为主要销售对象的电子商务公司。为增强市场竞争力与美国电子商务巨头亚马逊网站争夺市场，CDNow于1998年收购了其在美国的另一主要竞争对手——创办于1996年的N2K电子商务公司。这起收购交易的成功丰富了CDNow的优势竞争资源，例如，获得了N2K公司旗下的Music Boulevard和Jazz Central Station等热门音乐网站，前者拥有超过30万张的音乐唱片，页面浏览量也曾在1998年创下了每季度8000余万人次的数量，② 后者则专注于建立世界上最大的爵士音乐网络社区。③ 在把握住了20世纪90年代中后期这一电子商务迅速崛起的黄金时期的随后两年中，CDNow一度成为20世纪最知名的在线音乐销售网站之一。但在2000年贝塔斯曼收购该公司之时，CDNow却已经由于经营不善陷入了严重的财务危机，负债累累，所以在贝塔斯曼1.17亿美元的收购资金当中，有4200万美元被用于帮助CDNow偿还所欠的各种债务；CDNow则于2001年与贝塔斯曼电子商务集团BeCG（Bertelsmann eCommerce Group）④ 旗下在美国本土拥有1200余万会员的在线音乐俱乐部BMG Music Service合并成立了一家销售音乐唱片的电子商务网站BeMusic。贝塔斯曼集团斥巨资收购CDNow，主要意图是借助该公司已在全球形成的强大品牌效应拓展BMG旗下的音乐唱片及其他传媒内容的行销渠道，即将集团线下的传媒产品和服务捆绑到线上，从而增加盈利可能。尽管互联网能够为各类传媒内容和服务增添一个传输平台，并增强受众与传媒公司间的互动、为传媒公司巩固既有市场和打开新的市场，然而，在多媒体技术商用化的初始阶段，将资本过多地投入某个发展尚不成熟完备的数字领域却有可能成为一项失败之举。新成立的BeMusic公司很快成为一个反面案例：尽管BeMusic的注册用户数量一度突破了890万，但这个曾经占据美国网络音乐零售市场的半壁江山的网站最终还是走向了衰落。⑤ 而在电子商务领域，除了BeMusic，曾经被米德尔霍夫寄予厚望的贝塔斯曼在线和巴诺在线最终也在与美国亚马

---

① Bertelsmann Annual Report 2003.

② *Heath Row, N2K doesn't just sell music. They make their own* ［OL］. http://www.fastcompany.com/magazine/20/lookfeel.html.

③ *R. I. P. Jazz Central Station* ［OL］. http://www.allaboutjazz.com/birdlives/bl-57.htm.

④ BeCG为2001年成立的贝塔斯曼直接集团的前身。

⑤ 本段参考了Bertelsmann Annual Report 2001。

逊网站的竞争中败下阵来，仅 2002 年一年的亏损“预计就超过了 3900 万美元”。[1]

从上述对贝塔斯曼集团早期在新媒体领域的成功初探与失败教训的考察分析中可以看出，进入到数字技术日新月异的新媒体时代，创新精神已成为传媒企业成长过程中一种不可或缺的动力；但是，传媒创新既不是单纯地将企业资本投入一项新的媒体技术、产品或服务，也不等于在数字技术与传统媒体间做“1＋1＝2”式的简单加法。当我们探讨当代传媒发展这一命题的时候，应引起我们深入思考的是如何实现新旧媒体的有机融合，从而使两者能够和谐共处与共同发展。而这个问题也同样是在新媒体之路上经历了高峰与低谷的贝塔斯曼集团要重新面对与审视的。以下我们将带着这个问题对米德尔霍夫之后的贝塔斯曼在新媒体领域的作为展开进一步研究。

**2. 新老业务的平衡**

①回归传统媒体核心业务。2002 年 8 月，冈特·蒂伦（Gunter Tielen）被任命为贝塔斯曼集团新一任首席执行官。1942 年出生的冈特·蒂伦曾在贝塔斯曼集团担任欧唯特集团首席执行官和工业企业的负责人，2001 年 10 月起又接替莱因哈德·摩恩担任贝塔斯曼基金会和管理公司的主席。[2]蒂伦作为这家出版巨擘新一任首席执行官的上任颇有几分“临危受命”的意味：在贝塔斯曼集团有这样一条不成文的规定，即年满六十岁的员工不能再在集团高级管理岗位上任职，而他被推选为集团首席执行官时正好是六十岁。除了个人能力与管理才干，冈特·蒂伦在他长期服务于贝塔斯曼集团过程中与摩恩家族逐渐培养起来的密切联系与彼此信任，及其对于莱因哈德·摩恩反对贝塔斯曼集团公开上市主张的支持，也是帮助他顺利“打破”公司规定的重要因素。

当今时代，越来越多的国际性企业都已经借助上市手段来谋求更大的规模和更高的目标，他们不但需要资金投向昂贵的技术开发，而且实现全球急剧性的扩张也需要资金，正因为如此，包括美国在线时代华纳、迪士尼、新闻集团、维亚康姆、纽约时报、华盛顿邮报、甘尼特报业、培生集团、路透社、英国杂志和广播电视集团公司等在内的多家大型传媒公司均已加入了上市公司的行列。[3] 然而，冈特·蒂伦却坚持认为贝塔斯曼集团没有必要上市，在 2005 年接受中国媒体《国际先驱导报》的一次专访中他曾经态度坚决地向记者表示：“我们为什么要上市

---

① 清晨编译．纽约时报．贝塔斯曼与互联网业务说再见？［OL］．http：//tech. sina. com. cn/it/w/2002－09－04/0929136516. shtml。

② ［德］托马斯·舒勒尔著，朱刘华译．贝塔斯曼背后的家族［M］．广州：花城出版社，2008：298.

③ ［美］罗伯特·皮卡德著，韩俊伟、常永新等译．传媒管理学导论［M］．北京：人民邮电出版社，2006：166.

呢？一个公司只有在需要钱的时候才上市，而我们自己就有维护企业增长所必需的钱。迄今为止，我们在不受股市影响的情况下成功地运作着企业。上市对我们来说并没有什么好处，有时还会被迫追求短期效果，而我们着眼于长期的思考和长远经营。”[①] 尽管这段话不乏作为摩恩家族旧识的冈特·蒂伦积极维护家族利益的可能性，但它也从另一个侧面显示出，与具有冒险精神的前任米德尔霍夫相比，这位新任首席执行官行事更加谨慎、注重脚踏实地，也有着与米德尔霍夫完全不同的管理理念，正如当年德国《经济周刊》（*Business Week*）上的一篇文章所说，“对于家族代表莉兹·摩恩、[②] 监事会主席舒尔特·席伦和摩恩家族的族长莱因哈德·摩恩——这是个 81 岁的掌权者——来说，蒂伦是他们最为理想的人选：谦和不自负、精明实干、忠心耿耿。在米德尔霍夫勉强地进行了股市的尝试之后，贝塔斯曼需要也应当重新回到坚实可靠的步调上来。”[③]

“回归传统”：从积极扩张新媒体的路线中撤出。冈特·蒂伦上任伊始，即对贝塔斯曼集团的发展方向展开了较大规模的战略性调整。在他的领导下，贝塔斯曼在随后的几年内进入了一个“回归传统”的新阶段——重新以传统媒体业务为核心——它逐渐从米德尔霍夫时期在新媒体业务领域积极扩张的路线中撤出，再次聚焦于广播电视、图书出版、报刊杂志、音乐唱片以及图书/音乐俱乐部等贝塔斯曼集团原有传统媒体业务上；而新媒体领域的投资与拓展则在更加谨慎、理性判断的基础上进行。经归纳与概括，这一战略调整的内涵与效果基本上体现在以下三方面：第一，保持传统媒体业务的优势；第二，在新媒体业务上寻求特色；第三，挖掘新旧媒体融合的契机。

一批乏善可陈的新媒体业务，例如基础薄弱且长期亏损的电子商务——以直接集团为代表，成为了该集团整改的首要对象。2002 年 8 月，曾担任贝塔斯曼首席运营官的埃瓦尔德·瓦尔根马赫（Ewald Walgenbach）被任命为直接集团首席执行官。作为贝塔斯曼旗下主营图书俱乐部（书友会）、音乐俱乐部（乐友会）等俱乐部业务的子集团，直接集团曾经在米德尔霍夫时期大力开拓新兴的电子商务市场，该集团音乐部门甚至还在 2001 年年底与贝塔斯曼电子商务集团合并，在美国成立了一家新的合资公司 BMG Direct Service 共同发展音乐在线业务。然而从总体上看，直接集团的数字媒体业务始终没有获得成功，尽管该集团在 2002 年为贝塔斯曼创下了 27 亿欧元的收入，但这个数字与 2001 年相比还是减少了 4000 万

---

① 郑汉根．谨慎“进兵”贝塔斯曼．在中国市场上要有耐心［N］．国际先驱导报，2005—01—12.

② 莉兹·摩恩（Liz Mohn），莱因哈德·摩恩之妻，现为贝塔斯曼基金会主席、贝塔斯曼管理公司董事会主席。

③ 大南编译．米德尔霍夫之后的贝塔斯曼［J］．中国企业家，2002，9.

欧元。[1] 瓦尔根马赫的上任，并非只是公司管理层一次常规性的更迭变动，与冈特·蒂伦的上任相似，这次变动意味着贝塔斯曼集团开始主动退出纯粹的电子商务市场，表现之一是逐步从长期亏损的在线业务中抽身。其中，曾作为贝塔斯曼集团核心业务的贝塔斯曼在线被剥离出直接集团：2002 年下半年，贝塔斯曼在线在德国、奥地利、瑞典、瑞士几国的业务被悉数售出，该网站设在英国的公司被改造成为当地图书俱乐部的配送渠道，贝塔斯曼在线在荷兰的业务则于 2003 年被售出。[2] 同时，在 2002 年 11 月，贝塔斯曼与亚马逊在线达成协议，将直接集团旗下音乐电子商务平台 BeMusic 公司的日常运作交由亚马逊负责。此外，贝塔斯曼还于 2003 年 9 月结束了与美国巴诺公司长达五年的合作，后者以 1.654 亿美元的价格回购了贝塔斯曼所持的巴诺在线股份。此后，直接集团的战略重心转回了原来的俱乐部业务上，并将会员制推向了更广阔的全球市场：除德国本国（如 Der Club）以外，贝塔斯曼在法国（以 France Loisirs 俱乐部为典型）、西班牙（以 Circulo de Lectores 俱乐部为典型）和美国（以 Bookspan 图书俱乐部和 BMG Direct Service 音乐俱乐部为典型）等海外市场开设的俱乐部都获得了成功；2004 年初，为了开拓中国图书市场，贝塔斯曼还收购了北京二十一世纪锦绣图书连锁有限公司 40%的股份，成立了中国国内首家中外合资的全国性图书连锁机构——二十一世纪图书连锁有限公司，从而“以选择 120 至 200 平方米精品连锁店的运营模式，迈出了外资进入中国图书零售市场的第一步。”[3]

而在全球唱片市场不断萎缩的背景下，冈特·蒂伦也对 BMG 音乐集团的架构和业务进行了调整，比较重大的几个事件包括：其一，为尽快摆脱 Napster 一案的负面影响，贝塔斯曼在 2006 年 9 月以向环球唱片公司支付 6000 万美元赔款为条件与后者达成了庭外和解，此后又先后同华纳、百代、索尼三大唱片巨头及其他美国唱片发行商达成了类似和解，使纠结已久的 Napster 一案最终在 2007 年尘埃落定。其二，2002 年年底，BMG 以 27 亿欧元收购了美国 Zomba 音乐集团（Zomba Music Group），作为当时全球最大的独立唱片公司，Zomba 拥有“小甜甜”布兰妮·斯皮尔斯、后街男孩乐队和’N Sync 乐队等著名艺人，BMG 通过收购 Zomba 一举将这些全球最著名的流行乐手收入了囊中。但在全球引起更大轰动的则是，其三，2004 年 8 月，BMG 音乐集团宣布与索尼音乐集团合作，将各自的录音音乐业务合并组建 Sony BMG 音乐娱乐公司（Sony BMG Music Entertainment）。隶属于日本索尼电子公司的索尼音乐集团，在 1998 年用 20 亿美元购

---

① Bertelsmann Annual Report 2002.

② BOL 在意大利和中国两国的业务得以被保留下来，原因在于其与这两国的图书俱乐部业务紧密相连。

③ 李想．贝塔斯曼参股“21 世纪图书”[N]．南京日报，2008—06—25.

买了CBS唱片之后进入了音乐唱片行业，并在随后的几年内迅速崛起、跻身为与华纳、环球、百代及BMG并列的世界五大唱片巨头，该集团旗下一些品牌公司的业绩也很好，例如哥伦比亚公司（拥有鲍勃·迪伦、玛利亚·凯莉、威尔·史密斯、巴巴拉·史翠珊等艺人）、史诗公司（拥有迈克尔·杰克逊、珍珠果酱、比利·乔等艺人）、550音乐（拥有席琳·迪翁、班布兹三人组等艺人）和工作集团（拥有青涩苹果、杰米罗奎等艺人）等。[①] 总部位于美国纽约的BMG集团，旗下则拥有RCA、艾瑞斯塔、动物园、文登山等品牌公司以及惠特尼·休斯敦、ZZ TOP乐队、TLC、凯丽·金、Grash Test Dummies乐队、基地能手乐队、唐妮·布蕾斯顿等著名艺人。[②] 合作协议达成之后，双方在各持有新公司50%股份的基础上共同运作Sony BMG音乐娱乐公司、推动音乐唱片事业的前进。

除俱乐部和音乐两大领域外，冈特·蒂伦时期贝塔斯曼向传统媒体回归的战略调整还表现在：[③]

a. 广播电视领域——RTL集团

在大多数发达国家，电视一直是传媒产业最大的组成部分，而作为贝塔斯曼集团最大的子集团，近年来RTL集团的规模不断扩大，旗下电视台和广播电台的数量分别从2002年的35家和4家增加到了2007年的42家和32家，已发展成为欧洲最大的广播电视集团。与此同时，RTL集团还拥有全球最重要的节目制作公司之一弗里曼特尔传媒（Fremantle Media），以制作真人秀节目和优秀剧集见长，代表作包括《达人秀》（Got Talent）、《流行偶像》（Pop Idol）、《明星魅力》（The X Factory）、《好时光，坏时光》（Good Times，Bad Times）等多部深受世界各地观众喜爱的电视节目。目前，RTL集团的业务在整个贝塔斯曼集团中所占比重最大，其收入自2001财年至2007财年一直位居各子集团之首，2007财年更是为贝塔斯曼创造了一半以上的营业利润（为51.9%）。这些都发生在冈特·蒂伦担任贝塔斯曼首席执行官期间。

b. 图书出版领域——兰登书屋

自1998年先后收购兰登书屋和施普林格两家出版公司以来，贝塔斯曼一直尝试沿着大众类图书和学术类专著两条主线筑造庞大的书业帝国，然而施普林格集团的实际收效却远远落后于兰登书屋，2001、2002连续两年的收入在贝塔斯曼各子集团中处于最低，贝塔斯曼欲晋级为科学出版领域主要竞争者的计划未获成

---

① ［美］本杰明·M. 康佩恩、道格拉斯·戈梅里著，詹正茂等译．谁拥有媒体？大众传媒业的竞争与集中［M］．北京：人民大学出版社，2006：466—467.

② ［美］本杰明·M. 康佩恩、道格拉斯·戈梅里著，詹正茂等译．谁拥有媒体？大众传媒业的竞争与集中［M］．北京：人民大学出版社，2006：417.

③ 以下a至c参考了Bertelsmann Annual Report 2002—2007。

功。2003年5月，贝塔斯曼以10.5亿欧元的价格将施普林格集团售给了私人投资商Cinven and Candover，从中净赚6.28亿欧元；此后，以娱乐为主要出版内容的发展方向得以明确，大众商业类图书公司兰登书屋在集团内部的地位日益上升。作为全球最大的大众读物出版商，兰登书屋目前在全球16个国家拥有200余家独立编辑出版公司，拥有丹·布朗（Dan Brown）、比尔·克林顿（Bill Cliton）、奥尔罕·帕穆克（Orhan Pamuk）等知名签约作家，每年推出逾万种出版物，包括众多诺贝尔奖得主著作以及《哈里·波特》系列、《达芬奇密码》、《我的名字叫红》等畅销读物。

c. 报刊杂志领域——古纳雅尔

古纳雅尔是贝塔斯曼集团旗下经营报刊杂志类媒体的主力军，由贝塔斯曼与德国雅尔家族各自持有该集团74.9%和25.1%的股份。目前，古纳雅尔集团已发展为欧洲杂志出版业的领跑者之一，在全球20多个国家经营着超过285种报刊杂志并设有相应网站，包括《明星》周刊“*Brigitte*”“*GEO*”“*Capital*”“*Eltern*”等品牌杂志和《德国金融时报》（*Financial Times Deutschland*）、《萨克森报》等知名报纸，广为中国读者熟知的《车迷》《父母》《体线》等杂志也是由古纳雅尔集团与中国国内出版社合作推出的；此外，古纳雅尔还在德国和美国拥有自己的印刷厂。

②兼顾新媒体业务发展。从以上的段落中可以看出，在冈特·蒂伦的领导下，贝塔斯曼集团进入到了一个回归传统媒体业务的阶段。但是，如果仅以这些表现就将目光都集中在传统媒体的单一层面上，显然不足以提炼出对冈特·蒂伦本人客观公正的评判，因为新的媒介技术已势不可当地成为助推包括贝塔斯曼在内有志于立足当今世界的所有企业前进发展的历史潮流，“传统的运作方式已不再适用于当今这个信息爆炸的数字化世界。媒介融合的趋势正在改写传媒竞争的法则，印刷媒体出版商只有积极开拓数字市场和探索媒介新技术才能有效应对广告收入不断下降的困境。”① 所以，即便在大规模收缩互联网业务的情况下，冈特·蒂伦并没有对这一历史发展规律视而不见。关于这一点，可以用贝塔斯曼在2003年年底推出的一项名为“GAIN”（全称Growth and Innovation，意为成长与创新）的计划作为例证。

“GAIN”计划的核心思想以推动集团各部门开发新产品、新内容和新服务为宗旨，“尽管焦点仍然牢牢定格在那些迅速整合进已有的核心业务中的投资上”。②

---

① Bill Hibbert.（1999）*Publishing and the media industries in the digital age*, *the journal of policy*, *regulation and strategy for telecommunications information and media*, Vol. 1（10），pp. 393－403.

② 项缪．从米德尔霍夫到冈特·蒂伦——数码时代的贝塔斯曼［J］．新闻爱好者，2005，1.

在该计划的指导下，贝塔斯曼各子集团的新媒体业务均获得了不同程度的增长，例如，早在2003年RTL集团在德国开播的第一档电视互动约会频道（interactive dating channel）“Traumpartner TV”，其具体运作模式是号召电视观众发送手机短信或彩信给希望与之约会的对象并邀请其共同参与到电视聊天节目当中；此外，近两年来，随着网络视频的不断深入与普及，RTL集团也开始将旗下的真人秀电视节目转换成网络视频在YouTube等著名视频网站上播放，以此吸引更多互联网用户的关注，减轻对传统电视广告的过分依赖。其他方面：以直接集团在法国设立的France Loisirs俱乐部为例，2004年，该俱乐部为扩大其传统（图书与音乐）俱乐部业务开辟了一种全新的营销渠道，即与美国领先的有声读物电子商务网站Audible. com合作，向网民（无论其是否是俱乐部会员）提供杂志文章、电台节目和最新图书的在线下载服务，这项服务使France Loisirs成为全法国第一家推出数字化服务的图书企业；[①] 兰登书屋开发了一种名为Insight的服务允许用户在线浏览旗下5000余种图书，此外还推出了一种可让客户把书中的数据添加到MySpace等网站社区的个人网页或零售网站的工具[②]；古纳雅尔集团拓展了其专业网站业务，还专门为电子商务网站易趣（eBay）的网上社区定制兼顾娱乐和实用的纸质杂志；Sony BMG则将旗下音乐产品搬上了Yahoo、MySpace等数字化平台。

欧唯特集团（Arvato Group）从默默无闻到成为异军突起的新媒体部门，是贝塔斯曼集团在冈特·蒂伦任首席执行官期间兼顾新媒体业务发展的又一有力佐证。在所有六大子集团中，欧唯特集团的表现尤为突出，它不仅是仅次于RTL集团的第二大盈利部门，在其成长和近年来的运作过程中更是无处不散发着数字化技术所展现的光彩。

将自己定位为“一家国际性客户服务与物流服务供应商”的欧唯特集团，目前已在亚洲、欧洲、大洋洲、非洲和美洲的33个国家或地区运作着超过110家分公司，其诞生起源却可追溯至1824年卡尔·贝塔斯曼在居特斯洛创办的一家平版印刷商店。[③] 在随后的近200年时间里，随着图书/音像出版与俱乐部等业务规模的不断扩大，印刷和物流等产业也在上述业务的带动下获得长足发展；1999年，主营相关产业的欧唯特集团宣布正式成立，当然，与最初的那家平版印刷商店相比，如今这家欧唯特集团无论是在企业规模、业务领域还是在发展定位和战略方

① Bertelsmann Annual Report 2004.

② 美国两大出版商迈向虚拟 开放图书网上浏览［OL］. http：//news. xinhuanet. com/internet/2007－03/05/content_5800858. htm.

③ *It all began in* 1824［OL］. http：//www. arvato. com/wms/arvato/About-us/History. html.

向等方面都已经有了质的飞跃，而在这一飞跃过程中发挥重大影响的关键性因素便包括新媒体技术的参与。

欧唯特集团包括欧唯特服务（arvato services）、欧唯特印刷（arvato print）、欧唯特数字服务（arvato digital services）、欧唯特系统（arvato systems）等四大业务板块，除向客户提供传统的印刷服务之外，还提供呼叫中心、财务清算以及移动服务等多元化的现代服务：欧唯特服务的服务范围从系统性采集和开发有效地址、为客户提供呼叫中心的外包服务，到发展和操作客户忠诚度项目、处理支付交易；物流服务也不仅限于递送产品到客户手中，还包括咨询、采购、生产服务，以及订单管理、仓储、金融服务、维修和退换服务。欧唯特印刷提供印刷相关的一系列服务，从咨询到印前（图像处理、版面设计），从印刷（平板、凹板、数码）到印后（装订、个性化、地址分类、配送），也提供周边服务如仓储和分销。欧唯特数字服务整合了音像、游戏和信息技术服务的供应商，其服务链囊括了后期制作、复制、发行及供应链管理、金融服务、以及电子内容发行，其创新的端到端 IT 系统为所有这些提供了技术支持。欧唯特系统在 IT 服务业有着超过 25 年的经验，以其庞大的数据中心为全球客户提供全天候综合服务，其服务链起于咨询、发展和实施，一直到复杂 IT 系统的操作，欧唯特系统还包括了欧唯特移动（数字娱乐内容和互动软件供应商）和 Empolis（欧唯特创新的内容管理产品）。①

现以欧唯特集团在中国创办的欧唯特信息系统有限公司的运作为例对该集团在新媒体领域的表现加以进一步说明。欧唯特信息系统有限公司 1999 年成立于上海，并在北京、广州、香港等地设立了办事处。作为欧唯特集团在中国市场的主要成员，欧唯特信息系统公司专注 IBM 软硬件平台的门户技术整合、电子商务、客户关系管理及客户忠诚度计划、供应链关系管理、媒体解决方案等综合解决方案，SAP 运营维护及咨询服务，微软解决方案的实施和运行等领域。公司客户除了 IBM（为 IBM 中国的 Premium 合作伙伴）和微软（为微软全球及中国的金牌合作伙伴）等世界知名 IT 企业之外，还包括拜尔制药、奔驰北京、东风日产、易趣中国、欧莱雅（中国）、华晨宝马、奥迪、雅诗兰黛、丝芙兰、克里斯汀·迪奥、香奈儿、贝肯（中国）、IHG（International Hotel Group）、多美滋、中国联通广东分公司、上海图书馆、江苏新华发行集团、苏宁电器、玫琳凯（中国）、上海花园饭店等多家知名跨国或国内企业。

---

① 欧唯特——全心全意为您服务［OL］. http：//www.bertelsmann.com.cn/index1.asp.

**案例一：**

2003年12月起，欧唯特信息系统开始为欧莱雅集团旗下的美宝莲、植村秀、卡尼尔、卡诗、兰蔻、巴黎欧莱雅、碧欧泉和薇姿等八个品牌提供整套客户关系管理系统及相关运营支持（包括IT外包），从而帮助各个品牌采集客户资料并进行整理、分类、分析和使用，加强品牌和客户之间的个性化沟通，并对客户维护、促销支持等核心业务环节提供分析和决策支持。

**案例二：**

自2004年年底起，江苏苏宁电器有限公司将其电子商务B2C（企业对消费者）项目交由欧唯特信息系统负责开发和实施。该系统除普通B2C平台完善的基本前后台功能之外，还与苏宁原有的ERP（企业资源规划）系统及银行支付系统建立接口。欧唯特成立了专门为苏宁服务的工作团队，并提供整个B2C运营中相关的物流、配送、客户服务等多项咨询和支持，帮助苏宁运营维护整个系统。①

从全球范围看，欧唯特集团的主要业绩还包括：为英国百代音乐集团提供网络平台销售Tunes、负责麦当劳和诺基亚等企业客户服务中心的运行、处理微软Xbox在欧洲的业务、承担Google点击广告的核算业务和为一些移动服务如沃达丰集团提供电信增值服务等。

**3. 数字化的新起点**

①新的首席执行官上任。2008年年初，贝塔斯曼集团再次成为了外界关注的焦点。2008年1月1日，66岁的冈特·蒂伦正式从集团首席执行官的职位上退休，并由欧唯特集团时任首席执行官的哈穆特·奥斯特洛夫斯基（Hartmut Ostrowski）接任。出生于1958年的奥斯特洛夫斯基，此前在贝塔斯曼集团的主要业绩即是带领欧唯特集团由内部一个名不见经传的部门逐步发展成为了贝塔斯曼第二大子集团。外界普遍关心的问题是，如今的贝塔斯曼在这位年轻领导者的引领下又将朝着什么方向发展？其新媒体之路又将去向何方？这两个问题的答案，将会随着奥斯特洛夫斯基执政蓝图的展开而逐渐明朗。

不过，摆在贝塔斯曼眼前的道路并不平坦。在2008年10月由美国《财富》（Fortune）杂志评选出的“2008年世界500强排行榜”上，尽管贝塔斯曼集团位列第316位，但其整体实力，尤其是企业利润已与时代华纳、迪士尼和新闻集团等其他三家也榜上有名的传媒集团拉开了较大差距（具体数据可参加下表），其企业利润在营业收入中的比例也已由2007年的11%大幅缩减至2008年的1%。除

① 案例一至案例四援引自欧唯特信息系统（上海）有限公司官方网站之成功案例［OL］. http://www.arvatosystems.com.cn/cn/solutions/succ_case.asp。

了来自传统媒体行业巨头的激烈竞争外，不断崛起的新媒体巨头也对贝塔斯曼集团的前进道路构成了巨大挑战。以美国谷歌公司为例：这家1998年才宣告成立的新媒体公司十几年来获得迅猛发展，成为了全球最大的互联网搜索引擎巨头。谷歌公司已对传统传媒市场虎视眈眈。一直以来，以传统媒体公司看中新媒体市场的巨大潜力而购买一些具有潜力的新媒体公司或与之合作为主体的情况已被打破，以贝塔斯曼为代表的跨国传媒集团将要面临的挑战由此亦可见一斑。此外，如何在以莱因哈德为首的摩恩家族的干预下保持贝塔斯曼相对独立的运作，也是奥斯特洛夫斯基将要面临的另一大考验。

**表5－2－1　2008世界500强行业内排名之传媒公司排名①**

| 排序 | 公司名称 | 国家地区 | 营业收入<br>百万美元 | 利润<br>百万美元 | 利润占<br>收入的％ | 利润占<br>资产的％ |
|---|---|---|---|---|---|---|
| 1 | 时代华纳 | 美国 | 46615 | 4387 | 9 | 3 |
| 2 | 迪士尼 | 美国 | 35882 | 4687 | 13 | 8 |
| 3 | 新闻集团 | 美国 | 28655 | 3426 | 12 | 5 |
| 4 | 贝塔斯曼 | 德国 | 25675 | 296 | 1 | 1 |

上任后不久，奥斯特洛夫斯基即对贝塔斯曼的业务结构和资本配置做出了广泛的调整，以期提升公司的竞争力。在这些调整措施当中，规模较大的举措主要包括在2008年年初将所持Sony BMG音乐娱乐公司50％的股份回售给索尼音乐集团，从而将此前已经营多年的音乐业务剥离出了贝塔斯曼集团；不久之后，贝塔斯曼北美书友会业务也被售出。截至2008年第三季度末，贝塔斯曼集团的综合收入达到114亿欧元，营业利润达到了9.26亿欧元，与2007年同期相比有所下降。

②2008年贝塔斯曼新媒体战略实施情况。哈穆特·奥斯特洛夫斯基曾在2008年3月的德国汉诺威电子通信展（CeBit）上致辞称：“数字化为媒体公司打开了一个全新的局面。是否能抓住机会并积极参与塑造今日的数字媒体世界，则取决于我们。”他表示，“我们（即贝塔斯曼）的目标是将最佳的内容带给最多的客户。为此，我们需要充分利用数字化所带来的丰富多样的手段与方式。”奥斯特洛夫斯基的数字化承诺最终能否兑现，以及贝塔斯曼能否真正抓住塑造数字媒体世界

① 2008世界500强之行业内排名［OL］. http：//www. fortunechina. com/fortune500/content/2008－10/15/content _ 12401. htm.

的机会，或许可以从2009年3月公布的贝塔斯曼集团2008年年度报告中找到一些答案。

这份总长173页的英文报告，与往年的贝塔斯曼年报相比最大的不同之处，在于它专门设置了一个名为“Screen Shots 09－Digitization & Internet”（《09视点——数字化与互联网》）的章节集中探讨2008年贝塔斯曼集团在数字化新媒体领域的表现与作为，对贝塔斯曼集团在广播电视、图书出版、报纸杂志、数字服务及俱乐部等各主营业务当中所做的数字化努力进行了较为系统、全面的阐述。其中的主要观点如下：第一，“多元化、紧贴受众、聚焦于创造性价值”（Close to customers，focused on creating value，and above all diverse）是目前贝塔斯曼数字化发展战略的主要特点；第二，“任何时间、任何地点、任何频道”（At all time，At any place，On all channels.）是今后贝塔斯曼实施数字化战略的发展方向。

广播电视领域，以RTL集团设在法国的M6集团（M6 Group）为例：该集团新落成的广播电视中心使得集团旗下广播电视内容产品基本实现了数字化。如M6集团于2008年3月建立的视频网站“M6播放器”（M6 Replay），将M6旗下各电视频道的大部分内容都搬上了互联网，用户可在节目于电视上播出后的一小时之内通过该网站在线收看这些内容。“M6播放器”每月已吸引了近200万用户在线收看M6的电视节目，用户在线收看的视频累计已超过4000万个。又如M6的电视购物频道“M6精品店”（M6 Boutique）的网站“Mistergooddeal. com”，该网站每日访问量已达25万人次，如今，“M6精品店”25％的收入均来自“Mistergooddeal. com”。除了互联网，M6集团在拓展数字移动传媒内容方面也做出了积极的实践：作为一项已开展多年的移动呼叫服务，“M6移动”（M6 Mobile）在2008年又迎来了一个新的角色——“3G＋ M6移动”（3G＋ M6 Mobile），这一角色将赋予“M6移动”在将手机与互联网融合方面更大的发展空间。

兰登书屋作为贝塔斯曼旗下图书出版业务分支的支柱性部门，在数字化拓展方面也有了新的进展。目前，兰登书屋不仅是全球最大的大众化图书出版集团，同时，也是全球最大的电子化大众图书出版商，尽管电子图书业务目前仅占兰登书屋所有业务中的一小部分，但这个新兴的业务类型却在以迅猛的速度连年递增：在美国，兰登书屋向读者提供的电子图书的书目类型已超过10000种，预计至2009年中旬将达到15000种；2008年全年，所有电子图书的销售量与2007年相比翻了四倍。在其他国家和地区，兰登书屋也在以多种方式努力促进图书业务的数字化：如德国Transatlantik. de，作为兰登书屋在德国的电子商务平台，在其网站上增加了视音频文件、新闻通讯等栏目，以增强网站的互动性；而Authorsplace. uk，网站，则为英国兰登书屋旗下的签约作家开辟了个人博客，允许作家将其出版作品的摘要和在线购买链接地址添加在博客中，并与读者展开互动交流。

2008年，古纳雅尔集团收购了在德国运营着超过160家网站的Ligatus公司，从而在德国本土拥有了更加丰富的互联网资源。2008年年底，古纳雅尔启动了该集团首次在全球范围内实施的数字在线计划“数字化父母”（Parenting Network）。依托于古纳雅尔与《父母》（Eltern）杂志德文网站Eltern. de，采编队伍的密切关系，其在参与“数字化父母”计划的其他国家《父母》网站获得了“Eltern. de,”在图片、文字、视频等多种内容资源方面的支持。很快，该计划就在法国、克罗地亚、意大利、荷兰、波兰、俄罗斯和西班牙等国《父母》杂志网站上开展。此外，古纳雅尔旗下《GEO》杂志的德文网站“GEO. de”在2008年还启动了一个名为“GEO旅行者社区”的互动板块，网络用户尤其是《GEO》杂志的读者，可以在这个社区上发表其旅行游记，并与其他网民交流旅游心得和经验。

2008年6月，欧唯特集团旗下的数字服务部门为微软公司创建了该公司面向欧洲市场的在线交易平台“微软商店”（microsoftstore. com），并提供日常运营维护服务。除了德国和英国，“微软商店”网站目前也已经开始向法国、西班牙、荷兰等其他欧洲国家的网络用户在线销售微软公司的最新产品。通过收购西班牙最大的呼叫中心服务供应商Qualytel Teleservices S. A.，以及在德国、法国、波兰、墨西哥和菲律宾等国建立自己的呼叫中心，欧唯特呼叫中心大幅度扩展了其全球业务规模，并得以与更多国家和地区的公司、客户进行合作。

目前，直接集团的业务主要由传媒社区（俱乐部业务）与在线购买（电子商务）两部分组成，后者的运作又主要依托于前者庞大的会员队伍。直接集团德国俱乐部Der Club拥有超过300万会员，其中约1/3的会员已经注册成为俱乐部网站“derclub. de”的在线用户；截至2008年年底，Der Club将近12%的收入来源于“derclub. de”网站的在线销售业务。而隶属于直接集团意大利分公司Mondolibri的“Bol. it”网站是目前意大利第二大网上交易平台，2008年，该网站启动了一项名为“mobile. bol. it”的服务，使用户通过手机搜索和购买各类商品变成了现实。

数字化转型成为核心业务。作为全球传媒巨擘之一的贝塔斯曼集团，近几年来在数字化改革方面一直进行着不遗余力的拓展。在解读近期（2010－2012年）贝塔斯曼集团在数字化业务发展方面的作为之前，让我们先来看几组数据：2010年，贝塔斯曼集团收入为110亿欧元，与2009年同期相比增长了3.5%；2011年，集团收入增至153亿欧元，销售收益率表现不俗，达到11.4%；2012年前三季度，集团总收入与利润与2011年同期相比均有所增长，在此期间，集团持续经营业务创造的总收入达 114 亿欧元，实现同比增长 5.7%。[①] 2013 年上半年，集团总收入达 74.3 亿欧元，集团业绩近十几年首次突破 4 亿欧元，转型发展顺利。[②]

2012 年是贝塔斯曼非常重要的一年，随着新的集团董事会主席兼首席执行官瀚韬（Thomas Rabe）上任，贝塔斯曼于当年年初正式启动长期性结构调整，其中，最重要的一项战略性调整即“四大战略步骤”的推出，包括：优化投资组合，数字化转型，建立新的增长平台，拓展新的增长地区。在接受媒介采访时，瀚韬甚至直接将贝塔斯曼集团未来发展方向概括为“我们的主要目标是要让公司发展得更快，使公司更数字化和国际化”。[③]

可以看出，数字化转型已经成为贝塔斯曼集团的核心业务。在日益激烈的传媒竞争中，尤其是随着国际化竞争的加剧，数字化生存已经不再是一句空洞的口号，唯有当真正将此付诸实践，才有可能在瞬息万变的传媒世界中长足进步。

尽管如此，“内容为王”仍然占据重要位置。以贝塔斯曼近几年业务板块业绩状况为例，根据其年报显示，集团旗下的兰登书屋图书出版、古纳雅尔杂志品牌和 RTL 集团电视广播节目制作等以内容输出为主体的业务板块，仍然是推动集团整体业绩增长的主要动力，然而，在遵循“内容为王”的前提之下，上述业绩增长点均在努力朝着数字化方向发展，从而进一步印证贝塔斯曼数字化战略的重要性。具体展现如下：

①贝塔斯曼集团旗下兰登书屋（Random House）。作为全球最大的大众图书出版商，兰登书屋的业绩增长不仅归功于拥有极富竞争力的出版书目和畅销图书，其在电子出版领域的强劲增长，也使得兰登书屋在充满挑战的市场中得以保持其优势。兰登书屋曾经于 2001 年关闭了旗下电子书出版社 AtRandom.com，问世于 2000 年的 AtRandom.com 仅仅经历了约一年半的时间即告结束，这一举动引发广泛讨论，业界普遍认为电子书仅仅作为纸质书的补充而存在，借用当时兰登书屋发言人裴瑞的一句话：“电子书市场并不如我们所预期的那么蓬勃。”[④] 然而，在随后 10 年左右时间内，全球出版业已经发生了巨大变化，就兰登书屋而言，电子出版业不但没有衰竭，反而与纸质图书出版一样成为公司关键性业务，并且得以利用自身在全球优质图书版权领域的领导者地位在电子书出版领域更胜

---

① 2010、2011 贝塔斯曼集团年报．《贝塔斯曼集团 2012 年前三季度收入利润双丰收》．http：//www.bertelsmann.com.cn/news/news.aspx? nid=85.

② 《2013 年上半年贝塔斯曼集团业绩再创新高》．http：//www.bertelsmann.com/index.php/news/detail Info/.

③ 《贝塔斯曼启动长期性结构调整》．http：//www.bertelsmann.com.cn/news/news.aspx? nid=76.

④ 《美国兰登书屋关闭旗下电子书出版社》．http：//www.ewen.cc/books/bkview.asp? bkid=8822&cid=14646.

一筹。当然，“媒介即讯息”，图书出版业界的此种变革在很大程度上受到了媒介技术发展的直接影响，诸如 Kindle（亚马逊开发的一款电子书阅读器）、Sony Readers（索尼开发的一款电子书阅读器）、iPad（苹果平板电脑）、iPhone（苹果手机）、Blackberry（黑莓手机）等智能化媒介载体的大量出现和迅速变化，使得电子书的普及率得到了极大提升。在兰登书屋的官方网站上，用户可以根据自己使用的智能设备和软件系统下载相应的电子图书进行阅读。迄今，兰登书屋已将电子目录增加至 52000 种，并投资开发新型数字营销工具和数据分析方法，以增进读者互动、促进销售。

2012 年 10 月，贝塔斯曼与在全球图书出版领域占有重要地位的另一国际传媒集团培生宣布合并旗下两大大众出版公司——兰登书屋出版集团公司与企鹅出版集团，并于 2013 年 7 月 1 日正式成立企鹅兰登书屋，这次的合并计划对于贝塔斯曼集团而言，标志着四大最新战略已被落实。瀚滔说：“出版业务是贝塔斯曼集团的核心业务之一，本次兰登书屋与企鹅出版集团这一史无前例的合并必然会大大加强我们在图书出版领域的优势。同时，这样的合作将扩大我们的数字化转型范围，还将增强我们在中国、巴西和印度这样的新兴市场中的实力。”[①] 贝塔斯曼将持有合并后的新出版集团 53%的股份，其余 47%由培生集团持有。根据相关统计，截至 2011 年年底，兰登书屋共出版了 4 万种电子书，包括英语、西班牙语、德语等多种语言版本，而电子书在总销售额中所占的比例也达到 15%，约为 2.62 亿欧元。[②] 来自贝塔斯曼官方报告显示，2013 年上半年兰登书屋总收入达 9.15 亿欧元，实现了历史最好成绩之一。[③]

②贝塔斯曼音乐集团（以下简称 BMG）。随着全球传统唱片业的萎缩和互联网数字音乐的兴起，传统唱片的发行量日益减少，而唱片公司与数字化转型之间的关系密切度日渐影响其在当今的音乐界能否站稳脚跟，为此，全球几大唱片集团，如华纳、索尼、百代（以下简称 EMI）和 BMG 等等纷纷寻求转型。2013 年 1 月，BMG 宣布斥资 700 多万英镑（约合 1100 至 1400 万美元）收购 EMI 旗下的 Mute 唱片目录，其中包括许多知名艺人发行的唱片，通过这项收购行为，BMG 可拥有大量经典唱片的母带权，这与 BMG 的业务规划一致，例如，BMG 可以将拥有的音乐打包卖给类似于麦当劳这样的餐饮娱乐场所作为背景音乐，并从中获得版权收益，如今，这项业务已经成为 BMG 版权收益中很重要的一部分。类似

---

① 《贝塔斯曼与培生集团联手打造图书出版巨头》. http://www.bertelsmann.com.cn/news/news.aspx?nid=83.

② 《而 2012 年这一数字还在继续上升》. http://www.cptoday.com.cn/UserFiles/News/2012－04－09/54816.html.

③ 《2013 年上半年贝塔斯曼集团业绩再创新高》. http://www.bertelsmann.com.cn/index.php/news/detail Info/.

这样的模式还广泛用在电视和电台的播出，电视广告、电影电视剧插曲、各类选秀节目中，并且是一种可以不断重复的商业模式。正如BMG音乐公司监事会委员和贝塔斯曼中国总部首席执行官龙宇所言：“BMG已经转向版权管理，向数字音乐转型。”① BMG已被纳入贝塔斯曼集团四大战略中的“增长平台”，通过将原有的传统唱片公司加速转型为音乐版权管理公司，让BMG成为未来集团业务持续增长的新平台。

③贝塔斯曼亚洲投资基金（以下简称BAI）。随着中国、印度等亚洲国家的兴起和在国际竞争中日益占据举足轻重的地位，越来越多跨国集团将目光投注于亚洲市场，贝塔斯曼也不例外。尽管贝塔斯曼于2008年关闭其中国书友会曾轰动一时，但这家有着百余年历史的国际传媒巨擘并未就此放弃中国市场，而是调整战略重新出发。

就在关闭中国书友会的同一年，贝塔斯曼宣布成立BAI，作为其拓展亚洲新兴市场和开展数字化业务的重要布局，并专注于大中华地区。从BAI近年来的表现上看，其在中国投创界十分活跃，据贝塔斯曼官方数据显示，② BAI在4年多时间内成功注资并扶持了16家处于不同创业期的公司和4家联投基金，涉及垂直化媒体、在线广告技术服务、社交媒体、游戏、移动互联网、零售交易平台、在线教育服务和业务流程外包等多个领域。其中，凤凰新媒体、易车等三项投资已在纽约上市，而豆瓣网、蘑菇街等也在国内社交网络界享有盛名。就与贝塔斯曼集团的关系而言，这些投资不仅与集团现有的业务密切相关，更为集团在中国加大数字媒体和教育领域的投资奠定了坚实的基础。

**4. 在中国市场上的新媒体战略**

中国作为全球第二大经济体，对贝塔斯曼来说是一个极具吸引力的市场。近年来，中国地区的媒体业务取得了两位数增长，外商投资环境也令人鼓舞。“数字媒体和教育服务领域尤为突出，因此，我们计划未来在全球（包括中国）加大对这两个领域的投资。”贝塔斯曼集团首席执行官瀚韬认为，“贝塔斯曼集团正获益于中国新一代的城市中产阶级，他们具有很强的购买力，且热衷于所有数字产品。中国的互联网、移动业务、电子商务、在线广告和游戏等领域正在蓬勃发展。”2012年10月，首届贝塔斯曼中国会议在北京召开，贝塔斯曼集团首次在中国召开全球管理层会议，彰显了中国市场对集团未来发展的重要性。中国是最具动力的新兴市场，除了持续发展中国现有的业务流程外包、杂志和电视节目版权

---

① 贝塔斯曼音乐集团：靠运营版权让音乐盈利．http：//finance.ifeng.com/business/shengyi/20130126/7607222.shtml.

② 《关于贝塔斯曼亚洲金投资基金》．http：//www.bertelsmann.com.cn/in_china/yz_tz.aspx.

输入等一些已经营多年的实体业务，贝塔斯曼集团计划加大在数字媒体和教育领域的投资。①

## 三、在华发展现状及对中国传媒企业的启示

自20世纪90年代中期至今，贝塔斯曼集团已经在中国走过了近20年的发展历程。

**1. 贝塔斯曼在华发展概况**

在进入中国之前，贝塔斯曼所要解决的首要问题，是如何在中国法律政策许可的范围之内进行业务拓展。根据我国对外商涉足图书、报纸、期刊、音像制品、电子出版物的编辑、出版工作的相关政策规定，贝塔斯曼采取了一种“在中国政策规定允许的前提条件下，以较小的投入先开展媒体产品的分销业务，与国有、私营和其他外资相关企业一起充分培育中国的图书市场。待大环境成熟之后，再考虑其他领域的投资”② 的竞争策略。

1995年，贝塔斯曼与隶属于上海新闻出版局的中国科技图书公司合资成立上海贝塔斯曼文化实业有限公司，以合资者身份首次打入了中国市场。1997年，上海贝塔斯曼文化实业有限公司又与中国科技图书公司合资，在上海成立了贝塔斯曼在中国的第一个图书俱乐部“贝塔斯曼书友会”，开始将贝塔斯曼已在国外运作多年的图书俱乐部经营模式引入中国，许多中国读者第一次真正了解贝塔斯曼，也就是从其“贝塔斯曼书友会”开始的。1998年，贝塔斯曼在北京成立贝塔斯曼中国投资有限公司，负责与德国总部进行联络沟通，并推动贝塔斯曼在华投资和各种项目的运作；同年，贝塔斯曼“书友会在线”（bbc. com. cn）成立，主要面向书友会成员提供新会员注册、会员关系维护、图书销售等在线服务。1999年年底，为与当时整个集团的全球新媒体战略保持步调一致，贝塔斯曼又在上海成立了主要面向国内外客户提供软件开发、网络支持和电子商务方面的上海贝塔斯曼信息系统有限公司。2000年12月，贝塔斯曼启动“贝塔斯曼在线”（bolchina. com），开始面向非书友会成员在线销售图书、CD、VCD、DVD和电脑游戏等产品；为了便于将国外优秀图书引荐给国内出版社，并向这些出版社提供相关领域的咨询服务，贝塔斯曼咨询（上海）有限公司也在同一年成立。③ 2002年，贝

① 《贝塔斯曼新战略强化新兴市场拓展，加大中国投资》. http: //www. bertelsmann. com. cn/news/news. aspx? nid=81.

② 禹建强. 贝塔斯曼进入中国市场的经营战略 [J]. 新闻战线，2005：2.

③ 禹建强. 贝塔斯曼进入中国市场的经营战略 [J]. 新闻战线，2005：2.

塔斯曼与上海榕树下计算机有限公司旗下著名中文原创作品网“榕树下”（rongshuxia. com）达成战略协议成立了贝榕公司，开始与韩寒、安妮宝贝、蔡骏、张悦然、安意如等活跃在中国文坛一线的作者合作出书。[①] 2003年年底，贝塔斯曼购买了国内第一家民营全国性出版物连锁经营机构——二十一世纪锦绣图书连锁有限公司40%的股份，开始在中国全国范围推广其书友会会员中心模式。[②] 2005年5月，贝塔斯曼与辽宁出版集团合资，组建辽宁贝塔斯曼图书发行有限公司；作为中国加入WTO后，首批履行规范的审批程序，第一家完全由国内资本与外资共同组建的图书发行公司，辽宁贝塔斯曼图书发行有限公司销售网络覆盖了全国近300个图书卖场并在中国图书市场成功发行了200余个品种。[③]

随着图书业务逐渐在中国获得起步发展，贝塔斯曼旗下古纳雅尔、BMG、欧唯特等子集团也纷纷开始在中国的报纸、杂志、音乐、数字服务等其他传媒市场上寻找机会、谋求发展。古纳雅尔采取的是与贝塔斯曼进入中国之初基本一致的“合作型”竞争策略，2000年1月成立上海古纳雅尔（G+J）管理咨询有限公司，以合资形式与上海科学技术出版社共同创办《车迷》杂志，古纳雅尔主要负责为《车迷》提供内容资源和发行咨询服务。[④] 2002年7月，古纳雅尔与中国轻工业出版社合资在北京成立中轻古纳雅尔出版顾问有限公司，与后者展开了《车》《父母世界》《体线》和《写字楼》等杂志的版权合作。2006年，该集团又与国内《科学与生活》杂志合作推出了《FOCUS新知客》。BMG音乐集团早在1996年就在北京设立了代表处，2003年与索尼音乐集团合资组建Sony BMG音乐娱乐公司之后，其音乐业务在中国得到了进一步发展，孙楠、陈坤、李泉、韩雪等中国知名艺人均系Sony BMG公司签约歌手。2000年12月，上海贝塔斯曼商业服务有限公司成立，主要业务包括提供信息流、物流和货币流“三流合一”的个性化服务方案，为中国的邮购市场和电子商务发展提供包括供应链管理、客户关系管理、呼叫中心等在内的由采购、仓储管理直到在线订单跟踪和应收账款管理在内的一体化服务。[⑤] 贝塔斯曼商业服务有限公司的成立，使得欧唯特集团在华业务拓展迈出了重要一步，也使贝塔斯曼的图书及其他产品的物流配送问题得到了一定程度的解决。

---

① 榕树下公司概况［OL］. http：//www. rongshu. com/Link/Company. aspx.

② 21世纪锦绣图书连锁有限公司［OL］. http：//www. chinapublish. com. cn/ztjj/mysy/yxqy/200704/t20070407_22347. html.

③ 辽宁贝塔斯曼图书有限公司介绍［OL］. http：//www. lnbtsm. com/.

④ 《车迷》月刊正式创办于2000年1月，是目前国内比较权威的汽车专业杂志之一，杂志主要内容包括专业汽车报告、国内外汽车动态和信息、汽车知识与汽车文化等。2002年7月，与上海科技出版社在《车迷》杂志上的版权合作提前终止。

⑤ 尚春香. 立足本土化　寻求多方合作——贝塔斯曼集团的中国攻略［J］. 中国外资，2006，1.

## 2. 图书业务退出中国前后

①事件回顾。从世界范围看，2008 年对于贝塔斯曼而言是不平凡的一年，除了要应对 2008 年下半年开始的全球性金融危机之外，贝塔斯曼也在这一年经历了集团核心领导层的再次变更；而放眼中国市场，2008 年也成为了贝塔斯曼在华发展历程中比较特殊的一年：2008 年 6 月 13 日，贝塔斯曼集团发表声明宣布，将在 2008 年 7 月 31 日之前关闭其在中国的 44 家图书门店，其中包括 8 家书友会上海门店和与北京二十一世纪锦绣图书有限公司合作的分布在全国 18 个城市的 36 家连锁门店；2008 年 7 月 3 日，贝塔斯曼再次宣布，已于 7 月 3 日当天全面终止了其中国书友会业务，即上海贝塔斯曼文化实业有限公司在华全部业务，[①] 这标志着贝塔斯曼已在华经营了十余年的图书业务宣告退出中国市场。

②原因解析。贝塔斯曼图书业务的离去，在国内引起了广泛关注，新闻媒体、产学界人士纷纷撰文对此事件展开探讨。这些文章从不同角度对贝塔斯曼图书业务败走中国的内部与外部原因进行了全面分析，例如，《贝塔斯曼败走中国之谜》《从走单骑到走麦城——贝塔斯曼营销中国得失谈》《别了，贝塔斯曼》《贝塔斯曼败走中国内情：简单拷贝失效》等；一些网络媒体也纷纷加入了讨论的行列，例如人民网文化频道的《贝塔斯曼撤离中国市场，谁的离开谁的终结?》、腾迅网文化频道的《论“贝塔斯曼”在中国的倒掉》以及中国新闻出版网的《贝塔斯曼败北中国》等等，是其中比较有代表性的。

作为一个曾以其享誉全球的“书友会”模式影响众多中国读者的世界著名传媒集团，贝塔斯曼从中国图书市场的撤退的确给我们带来了许多思考。作为一个外来者，要想真正融入中国传媒市场，贝塔斯曼所要面对的，不仅包括境外传媒企业面临的种种政策性壁垒，还需要深入解决由于水土不服而带来的本土化问题；同时，国内图书企业，尤其是在中国电子商务发展高峰期中崛起的一批在线图书销售企业，也给贝塔斯曼图书业务的在华发展之路带来了巨大的挑战。

a. 本土化进程不甚理想。未能深入体察和适应中国读者的图书消费习惯，是造成贝塔斯曼图书业务败退中国的一个重要原因。

按照其书友会入会协议，“如果会员在一个季度内没有买书，贝塔斯曼就会向会员发出‘警告’，如果在本季度内还没有买书，贝塔斯曼将向你推荐一本书友会精心挑选的图书；如果会员坚持不为‘推荐’的图书付费，将会被取消会员身份。”[②] 这项带有强制购买意味的“霸王条款”，曾长期被中国读者诟病，尽管最终得以取消，但却已经对贝塔斯曼在华图书销售业务造成了一定程度的损害。

---

① 王玉梅．贝塔斯曼书友会全面撤出中国市场 [N]．京华时报，2008－07－05.

② 杨缨，何为，昝慧昉，等．一场事先张扬的衰败 [J]．第一财经周刊，2008－06－30.

与贝塔斯曼欧洲书友会以家庭为主要成员单位有所不同，在中国，贝塔斯曼书友会的会员多为学生群体，他们流动性较大，消费能力有限，消费方式又比较多元化，这是造成书友会在中国难以为继的另一大原因。此外，长期依赖于邮政系统递送产品（以及产品目录邮册），不仅造成运送效率的低下，也成为了书友会运营成本中一笔沉重的负担，仅每期花在邮册上的费用就“高达 300 万元人民币”。[①]

b. 政策性壁垒依然存在。尽管中国于 2001 年 12 月加入世界贸易组织（WTO）在一定程度上松动了外资企业在华运作的政策，但是，境外传媒企业面对的政策性壁垒却不会在短时间内消失，只有符合法律规定的各种合作形式可以采用。

这使得贝塔斯曼集团依然无法像其在美国或其他海外市场一样自如创办独立的出版企业，而必须选择继续同国内的出版商展开版权贸易和出版合作，由此，贝塔斯曼尽管“已经利用各种符合法律规定的合作方式，把它的势力渗透到了图书出版业的每一个环节”，“但是它始终受合作伙伴和政策的牵制，无法发力。”[②]

c. 互联网业务推广不力。近年来，中国电子商务市场的高速发展，为国内一批具有前瞻性眼光的图书销售企业提供了难得的历史发展契机，乘着互联网兴起的东风，这些企业迅速成长为了中国电子商务领域的领军者，当当和卓越就是其中具有代表性的两家。

分别创办于 1999 年 11 月和 2000 年 5 月[③]的当当网（dangdang. com）和卓越网（amazon. cn），起初都以在线销售图书、音像制品等出版物为主营业务，经过十余年时间的发展，目前已成为提供家居百货、化妆品、数码、图书、音像等丰富多样的商品的综合性购物网站。

当当网和卓越网的兴起，对贝塔斯曼的图书业务造成了不小的冲击，但这并未引起贝塔斯曼的足够重视。2003 年，贝塔斯曼将其在中国的两家网站“书友会在线”和“贝塔斯曼在线”合并为一家，并将新的网站统一命名为 bol. com. cn，以期借此提升其在线业务的整体规模和实力，但这一举措并未给贝塔斯曼在华电子商务的发展带来实质性的推动作用，尤其是在 2002 年冈特·蒂伦上任、集团开始整体收缩新媒体业务之后，其在互联网业务上的推广不力就显得更加明显。比如，由于在互联网平台以外的维护成本过高，导致网上书店的图书在价格上失去竞争力，与此同时，用户可选择的图书范围也比较小，加之高昂的邮寄运费，最

① 杨缨，何为，昝慧昉，等．一场事先张扬的衰败［J］．第一财经周刊，2008—06—30.

② 杨缨．贝塔斯曼之死［J］．第一财经周刊，2008—06—30.

③ 卓越网所属的卓越有限公司已于 2004 年 8 月 19 日被美国亚马逊公司收购。

终导致很多书友会成员在贝塔斯曼产品目录上选书，却在当当网或卓越网上购买的尴尬局面。“贝塔斯曼在华13年最大败笔就是没有全力进军网上书店，他们的BOL很早就建立，但是并没有全力进军这一业务，没有想到网上书店居然能发展得这么快。”①

3. 如何在危机中寻找契机

尽管“内容为王”依然是当代传媒业生存与发展最基本和最重要的口号之一，但当代受众已经越来越多地看重传媒产品和服务的表现形式，包括其互动性、便利性和及时性等等。贝塔斯曼图书业务选择从中国市场撤退，尽管其规模之大、范围之广引发了社会各界的关注，但是，此举不应被简单地理解为一次消极被动的无奈之举。

优胜劣汰，顺应传媒市场需求。首先，图书业务只是贝塔斯曼在华整体业务板块中一小部分，而不是全部，正如贝塔斯曼中国总部执行董事于乐指出，“与书友会平行的其他业务都运作良好，关闭书友会对集团的影响微乎其微”；② 而从世界范围来看，图书业务在贝塔斯曼集团各项业务中的比例及其盈利也已经呈现出逐年下降的趋势，例如，2008年兰登书屋的盈利仅占集团盈利总额的11.1%，位列几大子集团盈利排行的倒数第二，③ 这一趋势也表明，图书业务在贝塔斯曼集团的全球性发展战略中的影响力并没有我们想象中那么大。

其次，作为一个历经了近两个世纪历史考验、经受过两次世界大战洗礼，而且在当时已有着十多年在华运作经验的全球性传媒巨擘，贝塔斯曼集团不会轻易放弃中国这片潜力巨大的新兴传媒市场。尽管图书业务由于经营不善而选择了退出，但贝塔斯曼的其他业务板块却在以更大的热情投入中国市场。2009年2月底，贝塔斯曼集团旗下欧唯特服务（中国）公司宣布与两家国内手机经销商——深圳市神州通投资有限公司和深圳市天音通信发展有限公司合资，成立深圳欧唯特物流服务有限公司，旨在为中国移动电话及高端电子产品行业提供高质量的物流服务，贝塔斯曼集团认为，“此次合资公司的成立体现了集团对拓展中国市场的持续信心与努力。”④

从上面的讨论中可以看出，贝塔斯曼图书业务退出中国一事，可被理解为贝塔斯曼应对中国传媒市场和受众需求的变化所做的一次较大规模的业务调整和战略转型，它更符合传媒业运作发展以“深入研究消费者的新闻需求，是传媒运作

① 《北京晚报》，2008年7月13日.

② 王玉梅. 贝塔斯曼书友会全面撤出中国市场［N］. 京华时报，2008—07—05.

③ Bertelsmann Annual Report 2008.

④ 贝塔斯曼集团在中国业务增添新成员［OL］. http：//www. bertelsmann. com. cn/news/detail. asp? id=307.

的第一要义”[①] 的基本规律，也更符合贝塔斯曼自身内外部发展的需要和方向。与此同时，它也充分说明，只有把握不断变化的信息消费方式和信息传播方式，以更有效地吻合受众需求和更有力地施加影响，才能抓住传媒运作的核心，这是贝塔斯曼集团带给我国传媒企业的另一大启示。

危机中寻找跨媒体发展的契机。近几年来，传统媒体产业日渐疲软的市场表现已经成为一个备受关注的全球性议题，传统媒体赖以生存的受众和广告收入均在不同程度上受到了新媒体的分流，而且，这个问题在近年来金融危机横扫全球的历史背景之下，显现得尤为突出。

以近年来美国报业市场表现为例：继拥有《洛杉矶时报》《芝加哥论坛报》、《巴尔的摩太阳报》等知名报纸和23家广播电视台、美国年收益第二、总发行量第三的论坛报业集团（Tribune Company）在2008年12月宣布申请破产保护后，明尼阿波利斯明星报公司、新闻纪事报公司和费城报业公司等三大美国报业巨头也于2009年年初相继申请破产保护。[②] 报业巨头岌岌可危，其中一个重要原因，就是互联网等新媒体的出现瓜分了受众群和广告收入，挤兑了报业生存。

放眼金融危机对中国的影响与冲击，在这场全球性的危机背景下，中国传媒业很难独善其身。尽管2008年中国广告市场受北京奥运会的良好预期拉动，呈现活跃态势，总投放同比增长15%，达到4413亿元，但由于面临国民经济下滑的风险，广告市场进一步增长的前景不容乐观。[③] 对于以传统媒体产品或服务为主营业务的我国传媒企业而言，积极提升现有产品、服务的整体质量和水平，从而有效抵御外部危机已刻不容缓，提升的方式有多种多样，但其中很重要的一点恐怕是要加大在新媒体领域的投资建设，原因不仅在于新媒体本身具有巨大的发展潜力和广阔的市场前景，也在于这种潜力和前景是传统媒体可以借以融合利用的，“这种潜力依赖于受众获取所需设备的愿望，这些设备包括硬件和接入及使用内容所需的软件；同时它还依赖于受众、广告商分别或共同对融资方式发展的广泛认同程度。”[④] 当然，传统媒体在新媒体领域的投资建设必须建立在对自身现有能力和发展方向的客观评估与正确定位基础之上，切不可盲目行事。

从1979年改革开放至今，我国传媒业取得了长足发展。1996年5月29日，广州日报报业集团作为国内首家报业集团拉开了我国传媒集团化的序幕，随后，国内报业很快掀起了一股传媒集团化的高潮，羊城晚报报业集团、南方日报报业

---

① 丁铂铨．论传媒市场［J］．新闻记者，2002，4.

② 王宏彬．四巨头先后申请破产保护　美报业须转型求生［N］．解放日报，2008－02－25.

③ 谢耕耘．金融危机对传媒业的影响及对策研究［J］．新闻记者，2009：3.

④ ［美］罗伯特·皮卡德著，韩俊伟、常永新等译．传媒管理学导论［M］．北京：人民邮电出版社，2006：14.

集团、光明日报报业集团、文汇新民联合报业集团、解放日报报业集团等国内30多家报业集团试点单位相继成立（文新与解放日报业集团二者已于2013年10月合并为上海报业集团）；[①] 同时，随着我国第一家省级广播电视现代媒体集团——湖南广播影视集团和我国最大的传媒集团——中国广播影视集团分别于2000年12月27日和2001年12月6日正式成立，国内广播电视业也掀起了一轮传媒集团化的浪潮；而在出版领域，2009年4月，在国家新闻出版总署印发的《关于进一步推进新闻出版体制改革的指导意见》中明确指出，“在3到5年内，要着力培育出六七家资产超过百亿元、销售超过百亿元的国内一流、国际知名的大型出版传媒企业。”[②] 这无疑进一步推动了我国出版业集团化发展的步伐。

虽然目前我国的传媒集团已经初具规模，但从总体上说仍处于成长的初级阶段，与发达国家传媒集团相比还存在着较大的差距，仅以广告收入一项，“2006年，我国传媒业广告经营总额为1573亿元，而美国2000年仅报业广告总收入就达486.7亿美元。在人均广告支出方面，2006年我国人均广告费用支出为120.54元，而美国1989年就达到499美元。在广告收入占GDP比重方面，2006年我国为0.75%，而美国为3%－4%。”[③] 具体到贝塔斯曼集团等国际一流传媒集团，与这些跨国传媒巨头们相比，我国传媒集团的差距就更加明显，目前我国尚未形成像贝塔斯曼这样的真正意义上集广播电视、图书出版、报纸杂志、专业服务、数字媒体和电子商务等业务于一体的超大规模的综合性传媒集团，就是其中表现最为突出的一点。尽管如此，一些本土传媒企业已经在朝着跨媒体经营的传媒集团的发展目标上迈出了重要步伐，2001年正式成立的上海文广新闻传媒集团（SMG）是其中表现比较突出的一个。

目前，SMG已将上海的广播电视资源基本整合进了集团，包括东方卫视、第一财经频道、生活时尚频道等13套模拟电视频道，以及上海人民广播电台990新闻频率、上海人民广播电台交通频率、东广流行音乐频率等11套模拟广播频道。[④] 不过，成为一个拥有庞大业务规模的广电传媒巨头并非SMG的目标，在集团总裁黎瑞刚的领导下，当前的SMG正努力朝着“从单纯为了播出而制作内容到为市场而制作内容；从一个地方广播播出机构转变为面向全国，乃至全球华语

① 常永新．我国传媒集团的发展及现状分析［J］．广西社会科学，2003，2.

② 《关于进一步推进新闻出版体制改革的指导意见》发布［N］．经济日报，2009－04－07.

③ 王垂林．打造世界级传媒集团：分析与政策建议［J］．中国记者，2008，3.

④ 电视资源方面，SMG拥有东方卫视、SMG电视新闻中心、新闻综合频道、第一财经频道、SMG大型活动、SMG影视剧、电视剧频道、生活时尚频道、体育频道、新闻娱乐频道、SMG综艺、艺术人文频道、ICS上海外语频道、戏剧频道、东方少儿频道和SMG炫动卡通等；广播资源方面，SMG拥有SMG广播新闻中心、上海人民广播电台990新闻频率、上海人民广播电台交通频率、上海人民广播电台故事广播、上海人民广播电台戏剧广播、东广新闻台、东广都市792、东广流行音乐频率、东广经典音乐频率、东广财经频率和浦江之声广播电台等。

世界的内容提供商、发型商和服务商”① 的战略方向转变。

在大力推进集团广播电视事业同时，SMG也在拓展其他媒体业务方面进行了积极尝试：平面媒体方面，SMG拥有《第一财经日报》（系与广州日报、北京青年报合办）、《第一财经周刊》、《哈哈画报》、《哈哈画报故事城堡》、《竞报》（系与北京日报、北京青年报合办）、《每周广播电视》、《上海电视》、《星尚》等；② 由SMG独资或合资运营的五岸传播有限公司、SMG广告经营中心、上海东方之星文化发展有限公司、上海东方希杰商务有限公司、上海今夜娱乐有限公司、ERA—时空之旅等，将SMG业务范围延伸到了节目发行/代理/合作、广告经营/设计制作、文化产业人才的经纪/猎头/培训/管理咨询、家庭电视购物、演出活动承办、影音产品制作、舞台剧表演等领域；③ 此外，SMG还拥有上海东方篮球俱乐部、上海东方排球俱乐部、上海女子足球俱乐部等体育俱乐部资源。④ 在新媒体领域，目前，上海文广互动电视有限公司（SiTV）、上海东方宽频（SMG-BB）、上海东方龙移动信息有限公司（DMTV）、东方网络电视有限公司（ONTV）以及文广新媒体有限公司负责运营SMG集团旗下各项新媒体业务，以成立于2001年12月31日的上海文广互动电视有限公司为例：它是中国目前最大的有线数字付费频道集成运营平台、数字电视频道运营商及多媒体内容提供商和服务商；截至2006年底，SiTV全国数字付费频道集成运营平台已播出数字节目超过100000小时，在全国有线电视用户中覆盖率超过70%。⑤ 作为国内唯一集IPTV、手机电视、高清电视、宽带电视、地面无线电视等电视传播模式于一身的广电集团，SMG的新媒体业务已经在2007年实现了盈利（IPTV除外）；⑥ 2008年北京奥运会期间，SMG还携手中央电视台合力打造新媒体平台，为全国的互联网等新媒体用户联合制作“互动奥运”节目，获得了广泛的市场关注。

SMG近年来在新媒体业务领域最重要的一盘棋，则是旗下百视通新媒体股份有限公司（BesTV，下称“百视通”）。2005年3月，SMG获得国家广电总局颁发的国内第一张IPTV集成运营牌照，并获准将“BesTV百视通”作为IPTV业务呼号⑦。2010年，SMG将原有的东方龙、东方宽频等公司资产全部注入百视通，

---

① 明叔亮．SMG：一个传媒帝国的雏形［J］．互联网周刊．2006，33.

② 上海文广新闻传媒集团 集团介绍［EB］．http：//222.68.17.190/aboutsmg/intro.html.

③ 上海文广新闻传媒集团 集团成员之其他公司［EB］．http：//222.68.17.190/aboutsmg/companymember.html.

④ 上海文广新闻传媒集团 集团成员之俱乐部［EB］．http：//222.68.17.190/aboutsmg/clubmember.html.

⑤ 上海文广互动电视有限公司介绍［EB］．http：//www.sitv.com.cn/sitv_site/site_view/CompanyIntroduction.aspx.

⑥ 李亚馨．上海文广新媒体业务实现赢利［N］．第一财经日报，2007—03—29.

⑦ “百视通”百度百科 http：//baike.baidu.com/link？url＝RGBDUtdQjOMr3GDoZw_L9KqoOTVk_TB1_srogxskd8Uz6Jy80fHj41vS3TD1nkvncNYp9D5NY1TCsVOtKd-pka.

随后的一系列动作被媒体誉为“SMG的新媒体实验”[①]，主要包括：2010年1月，百视通申请的国内首张3G手机电视牌照获得广电总局的批准；2010年9月，百视通与华侨城集团旗下康佳合作，康佳最新LED电视均加载百视通互联网电视平台和内容；2011年3月，百视通与联想公司合作，合资成立“视云网络科技公司”双方分别持股51%和49%，共同开拓移动互联网和数字家庭市场。经过在IPTV、网络电视和3G手机电视三个重要新媒体领域完整布局的成功试水后，百视通于2011年12月正式挂牌上市，成为国内第一家新媒体上市公司。上市后的百视通成为上海广播电视台、东方传媒集团从事IPTV、手机电视、互联网视频等新媒体技术服务和市场运营的唯一平台[②]。

此后两年间，百视通凭借资本优势及政策支持在新兴业态领域展开了大胆尝试与探索，成为国内具备新媒体研发、内容版权运营、技术服务等丰富业态的新媒体领先企业。2012年3月，作为SMG“台网融合”战略的一部分，百视通以3000万美元参股了风行网，同年8月又投入3.07亿人民币认购增资，双方在内部制作、网络传播、平台运营、产品营销、用户服务等领域展开整合和协同[③]；2012年，百视通建成“百视云”平台，实现了“一云多屏”的运营模式[④]；截至2012年年底，百视通版权节目已累积40万小时；2013年1月，百视通与上海炫动传播股份有限公司[⑤]结成战略合作伙伴关系，合作项目涵盖内容版权、平台融合、OTT业务、电子商务、海外业务、网络出版六大新媒体领域[⑥]；2013年7月，百视通连续第二年获得国家2013年“核高基”[⑦] 科技重大专项——“智能数字电视终端基础软件研发及产业化”的课题立项批复，项目获得中央财政资金预算3312万元人民币，用于构建终端安全框架，构建开放可扩展的智能数字电视应用框架，在人机交互、嵌入式浏览器、HTML5技术、开放API等形成创新突破，并搭建智能电视云服务平台、电视应用商店系统，形成交互娱乐、电视商务、应用商店等三个新型数字电视示范应用系统[⑧]；截至2013年，百视通成立8年多来

---

① 黄婕，黎瑞刚：SMG的新媒体实验，21世纪经济报道，2011.

② 百视通新媒体股份有限公司揭牌仪式在沪举行．http：//www. smg. cn/review/201112/0163246. shtml.

③ SMG战略增资风行网　台网战略走向纵深．上海热线财经频道 http：//rich. online. sh. cn/rich/gb/content/2013－08/15/content _ 6295195. htm.

④ SMG将设新媒体基金 加快转型步伐．上海热线财经频道 http：//rich. online. sh. cn/rich/gb/content/2013－06/12/content _ 6129562. htm。

⑤ 上海炫动传播股份有限公司是SMG控股子公司，国内领先的动漫企业，业务覆盖动漫全产业链，以动漫创投、媒体运营、产业拓展三大核心业务板块，http：//www. toonmaxmedia. com/intro. html.

⑥ 杨倩．(2013)．动漫企业青睐新媒体平台　开拓多屏战略．东方网．

⑦ “核高基”(即“核心电子器件、高端通用芯片及基础软件产品”的简称)是2006年国务院划定的与载人航天、探月工程并列的16个重大科技专项之一。

⑧ 百视通再获“核高基”OTT增添新引擎．千龙网 http：//news. qianlong. com/28874/2013/07/12/2502@8790556. htm.

累计了1600万IPTV用户，互联网电视、手机电视、网络视频等领域布局完善①。

2013年可称之为SMG新媒体业务又一具有标志性意义的年份，除了在年中宣布将设立新媒体基金外，同年10月，SMG在其“2014年度广告盛典”上宣布布局全媒体产业链：在以东方卫视直达全国、以上海地面频道群锁定中国最具营销价值的上海地面市场的同时，SMG将打通以百视通为代表的互动产业群和东方购物为代表的现代商业服务产业，为客户提供跨平台的营销方案；2014年，SMG将横向打通电视、IPTV、视频网站、电视购物、线上销售渠道，为品牌提供从媒介到销售的全方位服务，为客户创造更高投资回报②。

尽管从整体上看，我国传媒企业在新媒体业务的拓展方面仍处于初级的阶段，与发达国家传媒集团相比，除了在内容方面尚无独特的新媒体内容吸引受众之外，我国的基础网络建设也有着较大差距，而成熟的商业模式也有待进一步完善成型，这些是今后我国新媒体课题研究和产业发展过程中需要重点探讨和解决的问题。但是，对于我国的传媒企业，尤其是那些实力比较雄厚的大型集团来说，新兴的数字媒体市场巨大的发展空间正等待着它们去释放，一些具有前瞻性的企业也已经在新媒体战略实施方面做出了表率，所以，有理由相信，积极寻找跨媒体融合的发展契机、变挑战为机遇，将成为我国传媒企业在危机中占据新的有利位置、早日迈入国际一流传媒集团行列的重要途径。

* * * * * * * * * * * *

综上所述，全球化日益深入的今天，生活在同一个“地球村”的我们——无论是普通大众还是传媒企业——都已经无可避免地越来越多受到世界其他国家或地区传媒产品、服务以及传媒企业的影响；而身处全球化潮流风口浪尖的世界著名传媒巨头们，也已经开始以极大的热情投入到了新兴的中国传媒市场。

日益开放的竞争格局和政策环境、越来越多世界级“选手”的挑战、自身还存在的诸多方面的不足，使中国传媒业面临着来自内部和外部的双重考验。但在面临多重考验的同时，我们也应看到能为我国传媒业带来质的突破的历史机遇：在今天这个竞争与合作同在的“竞合”年代里，我国的传媒企业得以更加直接地观察、借鉴与参考他者的成功经验和失败教训，并从中摸索总结出一条适合自身发展的规律和方向，以期获得更广范围、更深层次的进步与发展，最终在这场看不见硝烟的全球化竞争中取得胜利、跻身世界级传媒之林；同时，媒介技术的发展历史和当今全球媒介生态环境现状已经告诉我们，新媒体与传统媒体之间的博

---

① SMG将设新媒体基金　加快转型步伐．上海热线财经频道 http://rich.online.sh.cn/rich/gb/content/2013-06/12/content_6129562.htm.

② 秦一侠．(2013)．SMG布局全媒体产业链．第一财经日报．

弈将是一个长期的过程，在这场博弈中，没有绝对的胜方或败者，融合将成为新旧媒体在竞争中走向新的繁荣的必经之道，因为，“随着新科技革命的不断推进，数字技术正在成为支撑所有传媒的存在基础、技术标准与发展取向，正在改变不同形态传媒的边界，造就新意义上的数字媒体。”①

作为国家软实力的一个重要组成部分，传媒业的发展事关国家的兴衰荣辱，同时，传媒业的表现也代表着一个国家在国际上的形象、地位与影响力。尽管在较短的时间内形成一篇具有可操作性和实际参考价值的研究成果有诸多困难需要解决，但笔者作为一名年轻的传媒研究者，在强烈的责任感推动下决定迎难而上，期望这一研究能为我国传媒业的发展与繁荣尽上一份绵薄之力。

---

① 周耀华，周志懿．报纸靠什么提升影响力［J］．《传媒》，2005，6.

# 后　记

本书是上海大学影视学院国际传播研究中心承担的世界著名传统媒体在数字化时代的生存与发展研究项目的最终成果。项目由上海市教委重点研究基地——上海大学影视与传媒产业研究基地立项、资助。

放眼世界，传媒业正处于急剧嬗变过程中，数字化新媒体迅速崛起，网上传播新形式不断涌现，传统传媒业正将新媒体和形形色色的数字化传播创新事物融合进自身传播活动之中。这是我们的研究面对的大背景。研究展开的这几年，我们见证了国际互联网的信息传播接收和发送终端的拓展（它崛起时曾经只是以电脑作为信息传播的接收和发送终端，近年来又增添了移动终端），见证了传统传媒业利用 Facebook、Twitter、新浪微博等社交媒体作为信息发布的新平台之新实践。在这样的大背景下，我们选择了以纽约时报集团、维亚康姆集团、迪士尼集团和贝塔斯曼集团这 4 家主营业务不同的世界级传媒集团作为研究对象，试图通过对它们的研究，切入到考察传统传媒业如何以变应变，以适应变化了的传媒格局，在新的“互联网星系”熠熠生辉的传播系统中找到自己的位置和增长点。

本项目由本人进行统筹和统稿。由于对上述这 4 家世界级的传媒集团的研究，是相对独立的，因而主要由本研究中心 4 位青年成员分别展开研究，并根据研究所得的资料、结果分别撰写文稿。具体而言，本书的分工如下：绪论部分，由张咏华撰写；《〈纽约时报〉：“传播形态融合的创新与扩散”》部分，由曾海芳撰写；《维亚康姆：以退为进的“内容卫道士”》部分，由柯文浩撰写；《迪士尼：“一只老鼠”的“全媒体”转身》部分，由郭玲撰写；《贝塔斯曼：出版巨擘的“创造性价值”聚焦》部分，由刘鑫撰写。最后，由张咏华对全书进行了统稿；柯文浩也为统稿工作做出了一定的贡献。

在本项目的展开过程中，课题组遭遇到了一些困难和问题，主要有：首先，鉴于我们的研究对象是国外的传媒巨擘，我们的研究资料收集难度较大，而且处理资料的过程对外语的要求甚高。其次，由于客观条件的限制，对上述 4 家世界级传媒集团的研究并非是在同一个时间进行的，这给后来书稿集结准备出版的过程带来了挑战。针对这两个困难和问题，我们分别采取了相应措施力求解决。对于第一点，我们通过利用出国机会展开对国外传媒人士访谈、使用国外高校的电子数据库等，增添了资料来源，尤其是事实性资料的来源；并且，我们始终坚持在案头功夫上不懈怠，尽力阅读和处理相关外文资料。对于上述第二点，我们采取了在书稿集结时对各部分的信息资料进行同步更新的方式弥补这方面的不足。

如绪论中所述，本项目的研究得到了上海市教委重点研究基地——上海大学影视与传媒产业研究基地的资助，研究基地主任吴信训教授给予了我们强有力的支持和鼓励，在此，谨向吴教授表示由衷的感谢！

本书完成之际，我也要向参与研究和撰写书稿的曾海芳、柯文浩、郭玲和刘鑫致谢！对于在项目展开过程中提供过帮助的所有的同行和朋友，我也要在此一并致谢（恕不一一列举）！我还要感谢本书中征引的所有信息源，包括学术文献的作者和事实性资料的信息源，感谢他（她）们的信息资料和研究成果，为本研究的展开提供了资料基础。

在我们展开本项目研究的过程中，得到了本人的工作单位上海大学的支持，在此谨向单位致谢！各位作者的家庭成员，也对此予以理解和支持，在此我也要一并表示感谢！

本书的付梓出版，得到南方日报出版社的大力支持，责编唐毅先生在对此书进行编辑过程中付出了辛勤的劳动，我们谨向出版社领导和责编唐毅先生致以诚挚的感谢！

受制于我们传媒实践经历的严重不足和学识的有限，书中缺陷和错误之处想必在所难免，衷心希望研究界和业界的前辈、同行、朋友批评指正！

张咏华

2013 年 8 月于上海大学